하루 한 번
마음 청소

하루 한번 마음청소

도널드 앨트먼 지음 | 소하영 옮김

파주Books

빈 그릇만이 다시 채울 수 있다.
당신의 그릇을 비워라.

마음 청소를 시작하려는
모든 이에게 이 책을 바친다.

Contents

과거에 생긴 감정의 찌꺼기들은 초강력 접착제처럼 들러붙어 해소되지 않고 남아 있게 된다. 그리고 우리는 감정의 찌꺼기를 자신의 자아나 정체성과 분리하지 못한다. 여기까지는 우리가 늘 겪어온, 우리에게 익숙한 이야기다. 하지만 아주 간단하고 일상적인 실천만으로도 모질게 달라붙어 있는 해로운 감정의 찌꺼기들을 청소해 버릴 수 있다. 즉 어린 시절에 생긴 오래된 나쁜 감정들과 매일 새롭게 만들어지는 감정의 찌꺼기들을 산뜻하게 청소해 버릴 수 있는 것이다. 그렇게 되면 이전의 삶과 전혀 다른 새로운 삶이 열릴 것이다.

감정의 찌꺼기란 정확히 무엇을 말할까? 우리는 어린 시절 누군가에게 거부당한 경험을 갖고 있다. 이를 계기로 자신은 사랑받을 자격이 없는 사람이라고 생각하게 된다. 이런 잘못된 믿음을 감정의 찌꺼기라고 한다. 예를 들어 감정의 찌꺼기란, 학창시절에 선생님이 내 눈을 똑바로 쳐다보며 실패할거라고 무신경하게 내뱉은 말에 대한 기억일 수 있다. 이 불쾌한 경험은 실제로 내가 경험했던 일이다! 다행히도 나를 지지해준 다른 훌륭한 선생님들이 있었고 나 스스로도 그런 감정의 찌꺼기를 내 안에 담아두지 않으려고 노력했다. 물론 당시에는 큰 충격을 받았고 무척 슬프기도 했다.

제1부에서는 후성유전학(epigenetics)이라는 최신 이론에 근거해서, 감정의 찌꺼기가 세포 단계에서부터 사람에게 악영향을 끼친다는 사실을 설명하려고 한다. 이론에 따르면 감정의 찌꺼기는 면역체계 및 노화 유전자의 스위치를 제어 할 수 있다고 한다. 심지어 고통스러운 감정의 찌꺼기는 세대에 걸쳐 전해질 수도 있다. 예를 들어 정신의학에서 공동의존관계라고 부르는 것이 세대에 걸쳐 나타나기도 한다. 공동의존관계에 있는 사람들은 서로에 대한 지나친 의존 행위에서 자신의 존재가치를 느끼는 병적인 인간관계를 형성한다.

한 가지는 확실하다. 우리 모두는 어떤 형태로든 과거에 생긴 감정의 찌꺼기나 마음의 응어리, 트라우마, 역경, 아픔을 안고 살아간다. 그 역경이 다른 사람 때문에 비롯되었건, 아니면 우리가 다른 사람에게 저지른 일이 되었건 영향은 마찬가지다. 심지어 스스로에게 저지른 일 때문에도 감정의 찌꺼기가 생긴다. 이렇듯 과거에 생긴 감정의 찌꺼기는 감정을 조절하는 능력, 기쁨을 경험하는 능력, 삶에서 무언가를 성취하는 능력에 나쁜 영향을 미친다. 감정의 찌꺼기는 면역체계에도 나쁜 영향을 미침으로써 신체 건강을 위협하기도 한다.

과거에 생긴 감정의 찌꺼기는 다락방에 쌓여 있는 오래된 물품이 들어 있는 상자와 같다. 마음에 쌓아둔 상자들로 인해 무력감과 배신감, 슬픔, 불행을 느끼고 방어적인 태도를 취하게 된다면, 삶에서 훌륭하고 좋은 일들을 인식하지 못할 수 있다. 건강하고 행복하고 균형 잡힌 삶을 살 수 있느냐는 이 다락방에 있는 상자를 얼마나 깨끗이 정리하느냐에 달려 있다. 다시 말해 우리가 마음을 얼마나 깨끗하게 청소하느냐에 따라, 우리는 의미있는 성공적인 삶을 살아갈 수도 있고 그렇지 않을 수도 있다. 우리는 삶의 목표와 꿈의 실현을 방해하는 모든 감정의 쓰레기를 덜어내야 한다.

오래된 찌꺼기의 접착력이 얼마나 강력한지 보여주는 사례가 있다. 내 고객 중 한 명인 마고에 관한 이야기다.

어느 날 50대로 보이는 잘 차려입은 한 여자가 나를 찾아왔다. 마고라는 이 여자는 우울증을 앓고 있었다. 상담 첫날 그녀는 다락방에 있는 상자에 관한 이야기를 계속했다. "아버지는... 그 사람은 나를 학대했어요. 그 사람은 저를 괴롭혔어요. 아버지는 내가 6살 때부터 나에게 끔찍한 말들을 했어요."

그녀는 이 말을 기계적으로 되풀이했다.

이것이 마고와 나의 첫 번째 만남이었다. 나는 보다 구체적인 문제로 들어가기 전에, 그녀가 살아온 이야기를 좀 더 듣고 싶었다. 나는 들은 내용에 공감을 표현한 후, 이야기를 다른 방향으로 유도하려고 했다. 하지만 그녀는 옛날 기억들로부터 벗어나지 못하고 그 이야기에만 얽매여 있었다. 마치 깊은 진창 속으로 끝없이 빠져드는 자동차 바퀴와 같았다. 결국 나는 다음과 같이 조언했다.

"마고, 당신은 아버지에 대한 이야기만을 계속 하는군요. 그 이야기에 대해서는 다음에 더 들어드릴게요. 그런데 한 가지 궁금한 게 있어요. 하루에 그 이야기를 몇 번이나 하는지, 혹시 세어본 적은 있나요?"

마고는 갑자기 멈칫 하더니 턱에 손을 괴고는 나를 똑바로 쳐다봤다. 마치 깊은 무아지경에서 막 깨어난 듯 했다.

"당신이 나에게 그런 질문을 한다는 게 재미있군요. 나도 실제로 횟수를 세어보려고 한 적이 있었거든요." 여기까지 말한 그녀는 고개를 저으며 말을 이어갔다.

"나는 항상 중간까지 세다가 잊어버려요. 하지만 나도 알아요. 그 이야기를 하지 않을 때가 훨씬 더 행복하다는 걸요."

해소되지 않은 감정의 찌꺼기는 오늘이 지나간 어제에 붙잡아두는 굵고 강한 동아줄과 같다. 이 동아줄은 그녀가 지금 이 순간에 집중하지 못하게 현재를 과거에 옭아매 두고 있었다. 그 결과 그녀는 현재의 즐거운 삶과 건강한 관계를 누리지 못하게 되었다.

감정의 찌꺼기는 더러운 창문에 비유할 수도 있다. 그녀는 일상의 사건들을 더러운 창문을 통해 바라본다. 창문은 지저분하게 얼룩져 있기 때문에 빛을 걸러낸다. 그래서 그녀는 현재를 있는 그대로 바라볼 수 없게 된 것이다.

우리는 지난 감정의 찌꺼기와 더불어 새롭게 생겨나는 새로운 찌꺼기를 모두 청소해야 한다. 감정의 찌꺼기는 마치 치아에 쌓이는 치석과 같다. 새로운 찌꺼기가 계속 축적되는 것은 자연스러운 과정이며 절대로 멈추지 않는다. 새로운 찌꺼기는 우리가 죽을 때까지 우리를 쫓아올 것이다. 그것을 피할 수 있는 방법은 없다. 너무 가혹하고 절망적인 것처럼 들릴 수도 있겠지만 이것이 진실이다. 당신이 감정의 찌꺼기를 완벽하게 차단할 수 있는 사람을 찾고 있다면, 다시 생각하는 게 좋다.

부처조차도 마음의 찌꺼기를 피할 수 없었다. 부처는 젊은 시절 건강하지 못한 욕망과 갈애로부터 감정의 찌꺼기들이 일순간에 생겨나는 것을 발견했다. 그러나 이러한 감정의 찌꺼기는 자유를 구하는 구도의 길로 부처를 이끌었다.

새로운 감정의 찌꺼기를 만들고 당신의 일상을 어지럽히는 스트레스는 어떠한 결과를 불러올까? 환경적인 스트레스는 생존 관리를 담당하는 뇌의 일부분을 장악할 수가 있다. 스트레스의 요인이 실재하는 것인지, 아니면 머릿속에만 존재하는 것인지는 상관없다. 그럼 스트레스를 받은 우리의 뇌는 어떻게 될까? 편도체(amygdala)라고 하는 뇌의 감정

찌꺼기 처리기가 과부하 상태가 된다. 편도체에 대해서는 제2장에서 더 자세하게 살펴볼 것이다.

전 시대를 통틀어 현대의 삶의 속도는 그 어느 때보다 더 빠르고, 우리의 마음을 유혹하는 사물들의 숫자는 그 어느 때보다 더 증가하고 있다. 이메일, 뉴스, 인터넷을 통해 정보가 흘러넘치고 삶의 양식은 갈수록 복잡하다. 우리는 보험, 학교, 교통수단, 의료 시스템 등에 관한 결정을 내려야 한다. 뿐만 아니라 어디에 살지, 이 모든 비용을 어떻게 감당할 지도 고민해야 한다.

인생의 중요한 전환점에 대한 걱정은 온갖 종류의 찌꺼기를 만들어 낼 수 있다. 리차드(Richard)라는 이름의 한 상담객은 앞으로 다가올 은퇴 생각에 항상 불안해하고 걱정스러워 했다.

"살면서 지금처럼 두려움에 지배받은 적은 없었어요. 나는 어떻게 해야 좋을지 모르겠어요." 리차드가 탄식하며 말했다.

인생의 커다란 전환만 감정의 찌꺼기를 만드는 것은 아니다. 우리는 작은 결정을 내릴 때도 여러 가지 선택지들을 놓고 고민한다.

예를 들어 어디서 어떻게 책을 사야할지 결정한다고 하자. 그러면 인터넷을 통해 살 건지, 아니면 서점에 직접 가서 살 건지, 또 개인 서점에서 살 건지, 아니면 체인 서점에서 살 건지 선택해야 한다. 그 뿐만이 아니다. 가격을 우선시 할 건지, 편리함을 우선시 할 건지, 전자책을 살 건지, 아니면 종이책을 살 건지, 결제는 현금으로 할 건지, 페이팔

(PayPal)로 할 건지, 신용카드로 할 건지, 마일리지로 할 건지도 결정해야 한다. 사실 뇌 과학에 따르면 하루 동안 내려야할 결정이 많을수록, 뇌의 에너지가 그만큼 많이 소모된다고 한다. 따라서 우리가 사소한 고민들과 끊임없이 씨름하느라 기력을 소진한다고 해도 과언이 아니다.

당신의 뇌가 이러한 크고 작은 스트레스의 원천들로부터 감정의 찌꺼기를 다운로드하고 있다는 생각이 든다면, 지금 잠시 책을 내려놓자. 그리고 기분 좋게 천천히 숨을 들이마셔 보라. 이제부터 당신은 이 책을 통해 완전히 다른 종류의 것을 다운로드하게 될 것이다. 이 책은 현대 과학과 고대 수행법에 기반을 둔 마음 챙김 수행법을 당신에게 소개할 것이다. 마음 챙김 수행은 당신의 감정을 조절하고, 안정감을 되찾고, 삶을 풍요롭게 만드는 데 도움이 될 것이다.

감정의 찌꺼기에 접근할 때 가장 좋은 출발점은 우리의 뇌이다.

그럼 이제부터 우리의 뇌에 관해 살펴보도록 하자.

감정의 찌꺼기를 청소하는 마음 챙김 생활

이 책의 목적은 당신이 과거와 현재의 고통, 모욕, 트라우마, 스트레스와 같은 감정의 찌꺼기를 치유할 수 있도록 돕는 것이다. 당신은 그 과정에서 당신 자신을 비난하지도, 부끄러워하지도, 벌하지도 말아야 한다. 나는 이 과정을 '마음 챙김 생활의 재부팅(mindful lifestyle reboot)'이라고 부르고 싶다. 즉 우리는 우리를 감정의 찌꺼기 안에 가두는 생활 방식을 청산할 것이다. 그리고 출구를 상상하지 못하게 만드는 낡은 사고방식을 말끔하게 삭제할 것이다. 더욱 중요한 것은 누구나 재부팅에 필요한 기술들을 터득할 수 있다는 점이다. 엄청난 시간을 투자할 필요가 없다. 신경과학자들은 우리가 하루에 몇 분만 투자하면 뇌의 회로를 바꿀 수 있고 감정의 찌꺼기를 청소할 수 있다고 한다.

『하루 한 번 마음청소』는 총 4부로 구성되어 있다.

제1부 〈마음 정리〉에서는 우리의 삶에 부정적 영향을 미치는 찌꺼기들을 다룬다. 찌꺼기의 방해로 인해 우리는 좀처럼 마음의 중심을 잡지 못하고 감정을 다스리는 데 실패한다. 1장에서는 다양한 종류의 찌꺼기들을 어떻게 하면 더 잘 인식할 수 있는지 살펴본다. 이것은 마치 컴퓨터를 재프로그래밍할 때 밟는 첫 번째 단계와 비슷하다. 우리가 뇌의 하드드라이브를 방해하는 사고(思考) 프로그램에 대해 알지 못한다면, 어떻게 운영 시스템을 고칠 수 있겠는가? 우리의 뇌는 애초에 우리가 통제할 수 없는 조건들에 의해 형성된 것이다. 그러나 동시에 뇌는 변형 가능성이 무궁무진한 기관이기도 하다. 신경과학 연구는 우리가 뇌의 내부 구조를 변형할 수 있다는 점을 입증한다. 그것은 마치 운동선수가 체육관에 가서 몸을 만드는 것과 비슷하다. 우리는 새로운 도구들의 사용법을 익힘으로써 뇌의 회로를 자유자재로 바꾸는 프로그래머가 될 것이다.

우리는 효과적인 마음 챙김 기술들 또는 도구들을 익힐 것이다. 우리는 주의(attention, 注意)와 순간 집중(present-moment focus)이라는 기술을 통해 감정의 찌꺼기를 생산하는 프로그램의 작동을 멈출 수 있다. 마치 하드드라이브에 있는 파일을 삭제하거나 쓰레기통을 비우는 것과 비슷하다. 그 결과 우리는 지금 이 순간에 존재하게 된다. 예를 들어 우리는 호흡을 인식함으로써 몸에 '존재하게 된다'. 이때는 다른 종류의 프로그램을 가동한다고 할 수 있다. 적용과 선택이 용이한 이 새로운 프로그램은 우리의 경험을 극적으로 바꾸어놓을 것이다. 우리의 가장 깊숙한 내부에 안정감, 가치, 성취감, 목적의식을 배양하는 프로그램에 집중할 것이다. 이것을 '마음 페이스북 활동(Inner-Facebooking)'이라고 한다.

제2부 〈마음 잡동사니〉에서는 중요한 인간관계, 문화적 찌꺼기, 가족 문제를 다룬다. 뇌의 회로는 다른 사람들과의 상호작용 속에서 형성된다. 따라서 찌꺼기를 청소하는 것은 매우 중요하다. 찌꺼기는 건강한 관계에 필요한 친밀함, 보살핌, 안정감, 지지와 같은 감정이 생산되는 것을 막는다. 또한 우리는 신뢰와 개방성을 장려하는 소통 방법을 연습한다. 우리는 듣기의 힘을 발견하게 될 것이다. 우리는 '우리를 힘들게 하는' 사람과의 관계에서 생겨난 감정의 찌꺼기를 듣기를 통해 변화시키는 방법도 배운다.

제3부 〈마음 예방주사〉에서는 새로운 감정의 쓰레기가 쌓이는 것을 막을 수 있는 효과적인 수행법들을 살펴본다. 우리는 일상의 스트레스와 전환에 대한 불안을 조절하는 도구들에 대해 알게 된다. 전환의 시

기가 오면 우리는 앞일에 대한 불확실성을 느끼곤 한다. 이는 자연스럽게 불안과 감정의 찌꺼기를 만들어낸다. 인생의 큰 전환점에서, 예를 들어 아이를 가졌을 때, 이사할 때, 이혼할 때, 이별할 때, 직업을 잃게 될 때, 건강에 문제가 생겼을 때, 우리는 미래에 대한 크나큰 불확실성과 불안을 느낀다. 한편 일상의 자잘한 전환점에서도 마찬가지의 일이 일어난다. 예를 들어 차를 몰고 약속장소로 이동할 때, 직장의 회의실에 들어설 때, 새로운 감정의 찌꺼기가 만들어진다. 제3부에서 당신은 마음 챙김 훈련, 자연과의 교감, 생활의 단순화와 같은 효과적인 수행법들을 삶의 일부로 만드는 연습을 하게 된다. 그 결과 당신은 새로운 감정의 찌꺼기가 축적되는 것을 방지하고, 매일 더 많은 기쁨을 느끼게 될 것이다.

제4부 〈마음 변화〉에서는 감정의 찌꺼기를 청소하는 차원을 넘어 다음 단계로 나아간다. 즉 우리는 삶을 보다 만족스럽고 의미 있게 만들어줄 깊은 삶의 목적에 대해 살펴볼 것이다. 이런 의미에서 제4부는 삶의 의미와 의도를 하나로 결합시켜주는 선물이 될 것이다. 이를 위해 우리는 세 가지의 능력을 우리의 것으로 만들어야 한다. 마음을 달래고 과거의 상처를 치유하는 능력, 복잡한 매듭이 우리를 옭아매기 전에 그것을 풀어내는 능력, 현명한 자아를 활용하는 능력이 바로 그것이다. 이러한 탐험을 거쳐 우리는 진정한 자율적 방식, 삶을 긍정하는 방식을 배울 것이다. 그리고 우리의 가장 소중한 가치들을 세상에 전달하는 존재가 될 것이다.

찌꺼기를 청소하는 마음 챙김 근육 기르기

여정을 시작하기 전에 우리가 앞으로 사용하게 될 기술들을 간단하게 소개하고자 한다. 당신은 마음 챙김(mindfulness)이라는 말을 들어본 적 있는가? 마음 챙김이라는 것은 무엇일까? 본디 마음 챙김이란 일종의 명상 수행법으로서 지금 이 순간에 마음에서 일어나는 일을 있는 그대로 관찰하는 것을 말한다. 당신은 앞으로 이 책의 도움을 받아 마음 챙김을 바탕으로 한 여러 기술들을 직접 사용하게 될 것이다. 이 기술들은 감정의 오래된 찌꺼기와 새로운 찌꺼기에 모두 적용된다. 나는 이 기술들을 '찌꺼기를 청소하는 여섯 가지 마음 챙김 기술(Six Clutter-Clearing Mindfulness Skills)'이라 부르고자 한다. 나는 이 여섯 가지 기술을 보다 쉽게 떠올릴 수 있도록 기술들 각각의 머리글자를 따서 '짝 되기(PAIR UP)'라고 이름을 붙였다.

감정의 찌꺼기가 버겁게 느껴질 때 스스로에게 이렇게 질문해보라. "나는 어떻게 하면 바로 지금 일어나고 있는 사건과 더 좋은 '짝을 이룰(pair up)' 수 있을까?" 우리는 여섯 가지 찌꺼기 청소기를 활용함으로써 목적과 명확성을 얻게 될 것이다. 또한 우리는 감정의 균형을 되찾고, 주변 환경과 조화를 이루는 짝이 될 수 있다. 각각의 머리글자가 가진 의미는 다음과 같다.

P - 순간 집중(Present-Moment Participation)

A - 감응적 수용(Attuned Acceptance)

I - 의도성(Intentionality)

R - 성찰(Reflection)

U - 고통에 대한 이해(Understanding of Suffering)

P - 목표 지향적 협력 관계(Purposeful Partnership)

첫 번째 마음 청소 기술은 순간 집중이다.

감정의 찌꺼기는 주로 우리의 마음이 과거나 미래에 대한 생각으로 방황할 때 생기곤 한다. 마음 챙김은 우리의 의식(awareness)을 지금 여기(now and here)에 단단히 고정시키는 것이다. 이를 통해 과거의 트라우마나 미래에 대한 불안에 고정되어 있는 주의를 현재로 이동시킬 수 있다. 하버드 대학의 연구자들은 〈사이언스(Science)〉 지에 발표한 한 연구에서 사람들의 마음이 얼마나 자주 방황하는지 연구했다. 연구자들은 우리의 마음이 주어진 시간의 절반(47-48 퍼센트 정도)을 방황한다는 점을 알게 되었다. 그런데 그보다 더 흥미로운 발견은 사람들이 현재, 즉 지금 이 순간에 집중하고 있을 때 가장 행복해한다는 점이었다. 마음이 가장 자주 방황할 때는 사람들이 직장에서 컴퓨터를 하고 있을 때였다. 반면에 사람들은 대화, 운동, 성관계를 하고 있을 때 가장 순간에 집중하며 가장 행복을 느낀다고 답했다. 확실히 이러한 활동들을 할 때는 집중하는 게 좋을 것이다!

두 번째 기술은 감응적 수용이다.

우리는 수용의 태도를 통해 인생의 예기치 못한 폭풍을 가라앉힐 수 있다. 대개 우리는 자신에게 일어나는 사건들을 잘 통제하고 있다고 믿고 싶어 한다. 하지만 인생에는 예측 불가능한 사건들과 변화들이 자주 찾아온다. 감응적 수용은 주변의 사건들과 내면의 감정을 있는 그대로 인정하는 것이다. 그렇게 함으로써 우리는 부정적인 감정과 경험으로부터 무언가를 배울 수 있다. 그리고 나아가 배운 것을 적용할 수 있게 된다. 또한 우리는 감응을 통해 타인이 처한 상황을 이해할 수 있게 된다. 우리는 타인에게 공감하고, 그들과 깊은 상호 호혜적 관계를 맺고 있다는 느낌을 갖는다. 우리는 보다 진실된 사람, 조화롭게 어울리는 사람이 될 수 있다. 그리고 우리는 사람들을 이해하고 지지할 수 있는 태도를 갖게 된다. 이러한 태도는 보다 친밀하고 의미 있는 관계를 구축하는 데 반드시 필요한 요소이다.

세 번째 기술은 의도성이다.

의도성은 일상 속의 사소한 선택과 행동을 중요한 의미를 지닌 것으로 만들어준다. 의도를 가진 사람은 매일 새로운 찌꺼기를 최소화한다. 그는 마음에 찌꺼기를 쌓는 어리석은 일을 하지 않는다. 또한 윤리적인 선택은 마음에 중심을 둔 삶을 가져온다. 마음에 중심을 둔 삶이란 봉사와 자비로운 삶에 중점을 두는 것이다. 그리고 더 많은 물질, 즉 더 많은 찌꺼기를 얻는 일에 덜 집중하는 것이다.

네 번째 기술은 성찰이다.

즉 우리의 내면에 있는 생각과 감정을 들여다보는 능력이다. 성찰은 감정의 찌꺼기가 생겨난 근원을 깊이 조사하는 행위를 포함한다. 우리는 이러한 조사를 통해 통찰과 지혜, 자기 조절 능력을 기른다. 왜냐하면 성찰하는 사람은 어지럽게 날뛰는 생각과 감정을 방관하는 것이 아니라 그것들을 면밀히 살펴보기 때문이다. 하던 일을 잠깐 멈추고 시간을 충분히 들여 보라. 그러면 생각과 감정은 물론 욕망과 갈애까지도 관찰할 수 있다. 특히 욕망과 갈애는 두 번, 세 번 들여다보는 수고를 들일만한 가치가 있다. 혹시 당신은 폭식증과 같은 통제 불가능한 갈애를 겪어본 적 있지 않은가? 그렇다면 그러한 갈애에 충동적으로 반응하지 않고 그것을 들여다보는 것이 얼마나 중요한 일인지 알 것이다. 우리는 성찰을 통해 현명한 선택을 할 수 있으며, 생각과 삶을 완전히 새로운 방향으로 움직일 수 있다.

다섯 번째 기술은 고통에 대한 이해이다.

감정의 찌꺼기가 어떤 식으로 우리에게 달라붙는지를 이해하지 못한다면, 우리가 어떻게 그것을 멈춘다는 생각을 할 수 있겠는가? 그것이 어떻게 우리의 삶 안으로 들어오는지를 이해하지 못한다면, 우리가 어떻게 그 속도를 늦춘다는 생각을 할 수 있겠는가? 우리는 고통의 근원을 명확하게 이해해야 한다. 그 고통의 싹이 거대한 덩굴이 되어 우리를 옥죄고 우리의 성장을 방해하기 전에 그것을 뽑아내야 한다. 사실 사람이나 사물에 달라붙은 고통의 싹은 일시적인 것이다. 우리가 바라는 것처럼 그것은 영구적이거나 영원한 것이 아니다. 우리가 영원토록 붙잡고 있을 수 있는 것은 아무것도 없다. 새 차에 칠한 반들반들한 페인트도 결국에는 벗겨지고 색이 바래는 법이다. 한때 탄력이 넘쳤던 우리의 육체는 나이를 먹고 주름으로 뒤덮인다. 언젠가 작사가인 레오나드 코헨(Leonard Cohen)은 무상한 세월을 노래하는 가사를 썼다. "나의 친구들은 세상을 떠났고 내 머리는 하얗게 세었지. 내가 연주하곤 했던 무대들이 사무치게 그리워." 고통에 대한 이해는 불행의 찌꺼기를 만들어내기 위한 것이 아니다. 번뇌의 원인을 알면 우리는 오히려 더 단단해진다. 우리는 고통에 대한 이해를 통해 세 가지 혜택을 얻을 수 있다. 첫째, 우리는 번민을 일으키는 부정적인 근원을 뽑아낼 수 있다. 둘째, 우리는 인식과 수용을 통해 가벼워질 수 있다. 그리고 이 마지막 세 번째 혜택이 아마도 가장 중요할 것 같다. 우리는 상실과 비탄, 슬픔의 운명에 놓인 사람들에 대한 자비심을 키울 수 있다. 우리는 고통에 대한 이해를 통해 자비심, 공감능력, 우주적 유대감을 증가시킨다. 이는 다시 우리의 마음을 온화하게 만들고 보다 인간적인 존재로 만들어 준다.

여섯 번째 기술은 목표 지향적 협력 관계이다.

이 책은 우리의 삶을 변화시키는 방법을 살펴보는 것으로 끝을 맺는다. 그 방법이란 사람들과의 협력 관계, 나아가 세상과의 협력 관계 안에서 삶의 목표를 펼쳐나가는 것이다. 우리가 삶에 목적을 세우고 나면 내면 깊숙이에 자리해있던 가치들이 제일선에 모습을 드러내기 시작한다. 목적에 중심을 둔 삶은 우리의 존재 자체와 일상적인 경험을 고양시킨다.

목표 세우기는 전체적인 시야를 확보하게 해준다. 이를 통해 우리는 무엇이 가장 중요한 지 파악할 수 있게 된다. 목표는 깨어있는 협력 관계와 결합되었을 때 비로소 꽃피울 수 있다. 그리고 나아가 전혀 상상하지 못했던 결과를 이끌어낼 수 있다. 협력 관계를 맺는다는 것은 우리가 하는 모든 일이 항상 다른 어떤 것과의 관계 속에 존재한다는 것을 인정하는 것이다.

당신이 이러한 마음 챙김 기술들 중에 하나라도 활용한다면 당신은 기술들 전체를 사용한 것이나 다름없다. 당신은 각각의 기술을 사용하여 무엇이 아픔과 고통을 초래하는지, 무엇이 기쁨과 성취를 이끌어내는지를 또렷하게 인식할 수 있다. 이 여섯 가지 기술들은 자동차의 보닛 아래에 있는 엔진에 비유할 수 있다. 엔진은 보닛 아래 감춰져 있어 밖에서는 보이지 않는다. 하지만 엔진은 우리가 목적지로 이동할 때 없어서는 안 될 중요한 기관이다. 이러한 원리들은 본문에 직접적으로 언급되어 있지는 않을지라도, 각 장 마지막의 '마음 청소 도구' 에 통합되어 그것의 바탕을 이루고 있다.

지금 여기에서 시작하라

언젠가 한 축제에 갔을 때 진행자가 군중에게 이렇게 외쳤다.

"한 발을 앞으로 내밀어 보세요. 그럼 여러분의 몸이 나아간 발을 따라 자연스럽게 앞으로 움직일 겁니다!"

이 말은 여정의 시작을 망설이고 있는 사람들에게 큰 힘이 된다. 당신도 그냥 한 발을 살포시 내딛는 것으로 시작하면 된다. 당신은 지금 이 책의 첫 부분을 읽었으므로 이미 첫 발을 내딛은 것이나 다름없다.

물론 축제의 공간과 이 책이 안내할 여정 간에는 차이가 있다. 축제의 놀이기구는 당신의 아드레날린을 솟구치게 할 것이다. 그와 달리 이 여정은 부드럽고 너그러운 분위기 속에서 진행될 것이다. 그리고 그 여정의 끝에서 당신은 감정의 찌꺼기를 치유하게 될 것이다.

우리는 보통 여정의 대부분을 앞으로 어떻게 될지를 걱정하며 보내곤 한다. 앞으로의 여정을 어림짐작해보고 싶은 유혹, 성공할지 실패할지 계산해보고 싶은 유혹에 빠지기도 한다. 그러나 그러한 기대를 내려놓는 순간 훨씬 더 큰 자유를 얻게 될 것이다. 우리는 여정 그 자체를 경험하는 데 집중할 것이다. 그리고 내면의 비판적인 목소리에 의해 방해를 받거나 제한을 받지도 않을 것이다. 순간에 몰입하다보면 목적지에 도달하게 될 거라는 말을 믿으라.

우리는 전통적인 지혜가 현대 과학에 의해 긍정되는 시대에 사는 행운을 누리고 있다. 전통적인 지혜도 현대 과학도 모두 우리 자신에게 인식(awareness)을 변화시킬 수 있는 힘이 있다고 입을 모은다. 고대의 밀교가 오랫동안 믿어온 것처럼 우리는 명상의 도움을 통해 내면세계를 변화시킬 수 있다. 나아가 분명한 앎, 평화, 자족을 구할 수 있다. 우리는 고대의 도구들을 사용하여 21세기에 만들어진 감정의 찌꺼기를 해소할 수 있다.

감정의 찌꺼기를 제거하고 성취와 만족을 구하는 일은 쉽지 않을 수도 있다. 하지만 완전히 불가능한 환상은 아니다. 인식의 변화는 아마도 우리 인간의 타고난 잠재력이자 우리에게 주어진 가장 위대한 선물일 것이다. 누구나 그렇게 할 수 있다. 그리고 무엇보다 우리는 동굴 따위에 들어가지 않아도 된다. 우리는 집 뒷마당에 나가 삶이 당신에게 숙제로 내어준 조건들을 이용해서 감정의 찌꺼기를 청소할 수 있다.

이 여정을 시작하기에 '지금 여기' 보다 더 좋은 때와 장소가 어디 있겠는가?

집 전체를 불태워버리고 싶은 마음이 들 때까지

쓰레기를 쌓아두지 마라.

−웬델 베리(Wendell Berry), 『농사(Farming)』

제 1 장

마음 정리

몸과 마음은 하나의 그릇이다. 인식은 깨끗한 그릇을 통해 정화되고 투명해질 수도 있고, 아니면 그릇에 달라붙은 감정의 찌꺼기에 의해 흐려지고 불투명해질 수도 있다. 제1부에서 우리는 인식을 정화하는 기술을 배울 것이다. 또한 우리는 우리를 오래도록 끈질기게 따라다니는 정신적 상처들을 치유하는 기술을 터득할 것이다. 우리는 스스로를 가두는 신념들로 채워진 그릇을 말끔하게 비우는 기술을 계발하게 될 것이다. 이것이 바로 삶을 긍정하는 원대한 변신 과정의 핵심이다.

제 1 장

감정의 엘리베이터

느린 과정을 사랑하게 하소서.

위가 아래보다 낫다는 혹은 아래가 위보다 못하다는

편견을 갖지 않게 하소서.

사이의 존재를 즐기게 하소서.

– 거닐라 노리스(Gunilla Norris), 『집에서(Being Home)』

모든 일이 우리가 원하는 대로 될 때가 있다. 높은 자리에 승진을 하고, 꿈에 그리던 집에 살게 되고, 스스로에 대해 행복한 생각을 하고, 기분 좋은 칭찬을 듣는다. 이때는 감정의 엘리베이터가 위로 올라간다. 반대로 모든 일이 우리가 원하는 대로 되지 않을 때가 있다. 아프고, 배우자가 떠나고, 스스로를 부족하다 여기고, 친구가 나의 문자 메시지를 무시한다. 이때는 감정의 엘리베이터가 아래로 내려간다.

자각(Awakening)은 이 감정의 엘리베이터에서 당신을 내리게 해줄 티켓이다. 자각이란 무엇이 엘리베이터의 버튼을 누르고 있는지를 아는 것이다. 자각이라는 놀라운 선물을 받으면 당신은 갑자기 깨닫게 된다. 진짜 중요한 것은 그 버튼으로부터 자유로워지는 것이라는 사실을. 진짜 중요한 것은 보상을 받기 위해 또는 전기 충격을 피하기 위해 강박적으로 버튼을 누르는 실험실 쥐와 같은 신세에서 벗어나는 것이다.

감정의 엘리베이터는 오르락내리락하며 우리에게 짜릿함과 흥분을 선사하기도 한다. 하지만 한편으로 그것은 피곤하고 소모적인 일이기도 하다. 당신은 엘리베이터에서 내릴 준비가 되어 있는가? 그렇다면 당신은 과거에 생긴 감정의 찌꺼기를 변화시킬 준비가 된 것이다. 완전한 자각은 기쁨과 평화로 가는 통로이다.

뉴욕 주 북부, 여름의 축축한 공기가 짙게 깔린 커다란 회관에서 나는 일흔다섯 명의 명상가들과 함께 열흘 간 묵언 수행을 하며 앉아 있었다. 나는 눈을 감고 삼십분 이상 명상을 하고 있었다. 내 배는 부풀었다가 다시 가라앉았다. 나는 호흡에 집중했다. 평화와 고요함을 느꼈다. 그리고…갑자기 천둥처럼 커다란 소리가 정적을 깼다. 그것은 우리의 명상 지도자인 라마승이 박수를 치면서 낸 강한 기합소리 였다. 라마승은 이어서 스타카토와 같은 톤으로 말하기 시작했다.

"듣고 있는 자는 누구인가? 누가 그 안에 있는가? 누가 앉아 있는가? 누가 명상하고 있는가? 무엇이 당신의 버튼을 누르고 있는가? 무엇이 당신의 기분을 좋거나 나쁘게 만드는가? 이 모든 질문에 대답하는 목소리는 어디서 나는가? 누구인가? 무엇인가? 어디인가?"

라마승의 물음이 번개처럼 나의 의식에 내리꽂혔다. 내가 내 자신이라고 여기는 이 사람은 정확히 어디에 있는 걸까? 이 안에 진짜 누군가가 있는 걸까? 머릿속에 들려오는 이 목소리-정확히 말해 내 진짜 목소리와는 다른 소리-는 어디서 오는 걸까? 이 목소리는 잠시라도 멈출 생각이 전혀 없어 보였다. 목소리는 항상 관심과 인정을 구했다. 이 목소리가 바로 내가 명상을 하는 한 가지 이유였다.

항상 쉴 새 없이 돌아가던 머릿속의 톱니바퀴들이 잠시 멈췄다. 내 머리로는 철벽처럼 견고한 라마승의 질문들을 전혀 이해할 수 없었다. 그 찰나, 번뇌 가운데서 마음이 외부와 차단되었다. 남은 것은 오직 각성(awareness)뿐이었다. 끊임없이 머릿속을 울리던 자아의 목소리가 멈췄다. 더 이상 '나'는 없었다. 그저 드넓은 각성뿐이었다. 그것뿐이었다. 사이의 틈뿐이었다. 존재함뿐이었다.

현대인에게 라마승의 질문들은 어쩌면 사이비 종교처럼 이상한 소리로 들릴지 모른다. 특히 강한 개성을 가진 사람들이 TV에 나오는 문화, 개인의 진취성과 창조성이 매우 바람직한 자질로 여겨지는 문화, 끊임없는 자극에 짓눌려 사색과 내적 성찰이 소홀하게 여겨지는 문화에서는 더욱더 그럴 수 있다.

실제로〈사이언스(Science)〉지에 실린, 버지니아 대학과 하버드 대학의 심리학자들의 연구에 따르면, 사람들은 자신의 생각과 홀로 마주하기를 꺼려한다. 연구자들은 참가자들에게 6분에서 15분 동안 아무것도 하지 말고 실험실이나 방에 혼자 있을 것을 주문했다. 하지만 참가자들의 3분의 1에서 절반 정도는 음악을 듣거나 전화기를 사용하는 등 반칙을 했다. 연구자들은 그 후 다시 한 번 실험 참가자들을 방에 넣었다. 참가자들은 저번처럼 떠오르는 생각과 홀로 마주해야 했다. 하지만 이번에는 그것이 싫으면 스스로에게 전기 충격을 가할 수가 있었다. 절반이 넘는 사람들이 전기 충격을 선택했다.

어떠한 자극도 없이 혼자 있는 게 정말 그렇게 무서운 일인 걸까? 당신이라면 어느 쪽을 선택할 텐가? 당신은 혼자 있을 때 무엇을 하는가? 혼자 있을 때 원치 않는 생각이 떠오를까봐 두려운가? 사실 그것은 지극히 이해할 수 있는 일이다. 연구자들은 마음이 우리를 겁에 질리게 할 수 있다는 사실을 입증하고자 6개 대륙, 13개국 출신의 대학생들을 대상으로 실험을 했다. 〈강박 장애 및 관련 장애에 관한 저널(Journal of Obssessive-Compulsive and Related Disorders)〉에 실린 이 연구 결과에 따르면, 참가자의 94퍼센트는 실험 전 3개월 동안에 원하지 않는 생각을 머릿속에 떠올린 적이 있었다. 그 생각들이란 대개 마음에 거슬리는 의문의 형태였다. 실험 때는 보다 적은 수의 참가자들이 불쾌한 생각과 거슬리는 생각을 떠올렸다. 내가 사무실에 있는 칠판에 다음과 같은 말을 종종 쓰는 것도 바로 이 때문이다.

생각이 반드시 사실인 것은 아니다.
생각은 사실의 근처에도 미치지 못할 때가 더 많다.

당신이 지금 말리부의 아름다운 모래사장에 앉아있다고 상상해보자. 그런데 갑자기 세상에서 가장 불안하고 걱정스러운 생각에 사로잡힌다. 그 해변에는 수건을 두르고 태닝을 하는 캘리포니아 사람들이 몇 명 있는 것 말고는 위험할 게 전혀 없다. 그렇지만 무서운 생각 하나가 강력한 효과를 낳을 수가 있다. 그 순간의 기쁨과 경험을 강탈하는 것이다.

그런데 만약 당신이 그러한 불안을 그저 마음의 감각에 지나지 않는 것으로 관찰한다면 어떻게 될까? 그 생각이 마음의 영역에서 생겨난 것이라는 사실만 빼놓고 보면, 그것은 육체적 감각과 별반 차이 없는 게 아닐까? 육체적 감각은 당신이 아니다. 그렇지 않은가? 그것은 몸에서 순간적으로 일어나 도망치듯 사라지는 느낌에 불과하다. 마찬가지로 마음의 감각도 당신이 아니다. 생각이 일어나는 것은 하나의 자연적인 과정이며 당신의 뇌가 작동하고 있다는 것을 의미한다. 뇌의 작동을 나타낸다는 점에서 보면 생각은 좋은 것이다. 그러나 특정한 생각을 습관적으로 되새김질하는 것은 다르다. 당신이 어떤 특정한 생각에 사로잡혀 지금 이 순간(present-moment)의 경험에 집중하지 못한다면, 이때의 생각은 결코 좋은 것이라고 할 수 없다.

그런데 전면전을 벌이지 않고도 그러한 집착을 해결할 수 있는 방법이 있다. 그것은 바로 마음 챙김(mindfulness)이다. 마음 챙김은 보다 외교적이고 초연한 접근법이다. 나는 이러한 접근법을 보다 명확하게 이해하고자 폴 해리슨(Paul Harrison)이라는 사람을 인터뷰했다. 그는 오랜 시간을 명상가로 활동해왔으며 〈마음 챙김 영화(The Mindfulness

Movie)〉를 감독한 바 있다. 그는 인식(awareness)에 커다란 변화를 겪었고 그로 인해 그의 삶이 극적으로 변했다고 한다.

나는 어린 나이에 내가 자아(自我)가 아니라는 사실을 알아차렸다. 그 경험은 어느 날 오후에 일어났다. 나는 책상 앞에 앉아 나의 명상 수련에 관하여 심각한 좌절을 느끼고 있었다. 그때 나는 창밖에 레몬 나무가 서 있는 것을 보게 되었다. 나는 나에 대한 의식을 완전히 잊어버릴 때까지 나무에 달린 레몬 한 알을 줄곧 응시했다. 나는 그 레몬에 너무 몰입한 나머지 시간이나 주변 상황을 알아차리지 못했다. 그때 지각(perception, 知覺)에 즉각적인 변화가 일어났다. 나는 생각의 근원을 발견했다. 즉 어떤 생각이 마음에 실제로 나타나기 직전의 그 순간이 사실 공(emptiness, 空)이라는 사실을 이해했다. 텅 빈 각성(empty awareness)은 생생했고 가득했으며 우주의 공(空)에 스며들었다. 그리고 마침내 나는 '나' 라는 것이 마음이 만들어낸 하나의 도구에 지나지 않는다는 사실을 깨달았다. 우리는 '나' 라는 것이 우리에게 필요하다고 생각한다. 하지만 우리 모두의 안에는 그보다 훨씬 더 깊은 것이 있다. 그러한 관점의 변화는 일생 동안 나와 함께 했고 평상심을 지킬 수 있게 해주었다. 그전에는 돈을 동기로 삼았지만 이제 돈이란 하나의 도구에 불과하다는 것을 안다. 그러한 관점의 변화는 내 인생에 균형을 바로잡는 데 도움을 주었다. 아이들이 어려서 나를 가장 필요로 했을 때, 나는 아이들과 더 많은 시간을 보냈다. 대부분의 사람들이 전형적인 목표를 이루기 위해 노력할 때, 나는 내 인생의 소중한 시간을 만끽

하는 것이 더 가치 있다는 사실을 알게 되었다.

그런 경험을 한 이후로 나는 전에 비해 우울감에 쉽게 젖어들지 않게 되었다. 나는 슬픔이 찾아올 때마다, 슬픔이란 그저 마음을 통과하여 지나가는 것이라는 내적인 깨달음을 상기한다. 그 깨달음이란 슬픔에 대해 객관적인 태도를 유지하는 초연한 각성 상태에 관한 것이다. 나는 절대 균형을 잃지 않는 완벽한 사람이라고 잘난척하려는 게 아니다! 초연한 각성은 균형을 바로잡는 데 필요한 전체적인 시야를 갖게 해준다. 우주는 당신의 몸과 당신의 마음을 통해 스스로를 인식한다. 당신이 이것을 깨닫는다면, 그 깨달음은 다시 선물이 되어 당신에게 돌아올 것이다.

깨어서 너머를 보라

드넓은 인식(spacious awareness)은 우리가 가진 태생적 권리들 중 하나이다. 우리는 드넓은 인식의 상태에 있을 때 걱정, 죄책감, 두려움이 없이 존재한다. 잠시 동안 그것이 어떤 것일지 또는 어떤 느낌일지 상상해보자. 드넓은 인식이란 마치 안전거리를 두고 마음의 상태를 주시하는 것과 같다. 폴의 이야기가 입증하듯이 감정의 엘리베이터에서 내리는 한 가지 방법은 '나 중심의' 관점에 집착하지 않는 것이다. 즉 우리는 '나는', '나를', '나의', '나의 것'이라는 개념의 속박으로부터 자유로워져야 한다.

예를 들어 당신이 양동이에 들어 있는 빨간색 페인트를 공중에 뿌렸다고 가정해보자. 공기가 그 페인트에 의해 채색되거나 물들까? 아니다. 공기의 색은 변하지 않는다. 공기는 여전히 전과 다름이 없다. 드넓은 인식이란 바로 그런 것이다. 지나가는 사건을 '나'라는 자아 중심적 개념으로 색칠하지 않는 것이다. 우리의 생각은 공기에 달라붙지 않는, 흩뿌려진 페인트와 같다.

우리는 드넓은 인식을 수련하는 동안 '나는', '나를', '나의', '나의 것'이라고 하는 제한적인 거름 장치를 천천히 분리할 수 있다. 나아가 우리는 우리를 답답하게 만들고, 신경을 곤두서게 만들고, 수동적으로 반응하게 만드는 끝없는 생각의 흐름과 우리의 정체성을 분리하여 보게 될 것이다. 이러한 투명한 인식(bare awareness)은 어느 편에도 서지 않는다. 그것은 당신의 경험에 무엇을 더하는 것도 아니고 무엇을 빼는 것도 아니다. 그것은 마음의 만족을 위해 생각들을 심판하는 것도 아니고, 당신이 누구인지를 정의하는 것도 아니다. 투명한 인식은 의도 없이 관찰하는 것이다. 그저 인식하고, 존재하고, 쉬는 것이다.

마음 청소도구: 엘리베이터에서 내리는 명상법

드넓은 인식을 수행하고 감정의 엘리베이터에서 내리는 데는 특별한 장비가 필요하지 않다. 엘리베이터 밖으로 나오기 위해서는 몸의 존재를 인식하고 마음에 평온을 되찾는 과정을 거쳐야 한다. 이 생활 수행 도구는 다음의 간단한 세 단계로 이루어진다. 먼저 5분에서 10분 정도 방해받지 않고 명상을 할 수 있는 자연 속의 장소를 찾아야 한다.(충격 요법은 선택사항이다.) 자연이 있는 곳이면 어디든 상관없다. 공원도 좋고, 나무나 관목 한 그루가 있는 안뜰도 좋고, 잔디가 있는 작은 마당도 좋다. 하늘에 구름이 떠 있으면 더욱 좋다. 구름이 먼 곳을 응시할 수 있게 해주기 때문이다.

1. 하늘과 구름을 보고 있는 가운데 마음을 비울 수 있는지 지켜보라.
　잠시 동안 내가 나무 한 그루의 무성한 잎들과 가지들 속에 빠져들 수 있는지 지켜보라. 1초가 채 안 되는 찰나에 생각들이 변화무쌍하게 바뀌어가는 것을 지켜보라. '나' 라는 생각이 어떤 식으로 열어지는지 주시하라. 거기에는 관찰자만 있을 뿐이다. 인식만 있을 뿐이다. 생각들 사이의 공간만이 있을 뿐이다. 이것은 경계 없는 더 큰 나이다. 얼마나 멋진가!

2. 머릿속에 생각이 많아도 명상을 하는 데는 상관없다.
　가사일이나 직장일 또는 다른 일을 끝내고 해야지 하고 명상을 미루지 마라. 실은 명상을 해야겠다는 욕구가 마음속에서 일어날 때 하던 일을 멈추는 것이 더 좋다. 명상에 대한 마음의 저항을 '알아차린다'. 앉은 다음, 마음이 무엇을 하는지를 지켜보라. 마음이 반응하고, 평가하고, 선전하고, 다른 길로 새고, 욕망으로 차오르고, 갈애하고, 피하고, 몸을 어딘가로 데려가고 싶어 하고, 생각들을 분출하는 것 등등을 그저 지켜보라. 이것은 하나의 멋진 쇼나 다름없다! 그 무엇과도 싸우려 하지 마라. 다시 눈앞의 자연에 대한 의식으로 돌아오기 전에, 당신은 이런 식의 평을 할지도 모른다.

"다시 만나서 반가워 마음아. 이런 생각들을 보여줘서 고마워."

만약 감정들을 느낀다면 그 감정들이 무엇인지, 그것들이 몸의 어느 부분에서 느껴지는지 주시하라. '결국'이란 건 상대적이긴 하지만, '결국' 마음은 '내'가 마음과 싸울 생각이 없다는 것을 알게 될 것이다. 그리고 '나'와 싸워봤자 재미없다는 것을 알게 될 것이다.

3. 생각들이 얼마나 자주 방해하든 간에 호흡하는 것을 잊지 마라.

숨을 천천히 내쉬어라. 그런 다음, 다시 자연을 응시하라. 이 수련을 언제 해야 하는지, 얼마나 해야 하는지 정해진 것은 없다. 점심시간을 이용하여 잠깐 해도 좋고, 집의 뒤뜰에서 한 시간 정도 해도 좋다. 명상을 다 마친 후에는 앉아서 다음의 질문들에 대해 생각해보라. 이 질문들에 대한 대답을 노트에 적어보길 권한다. 그러면 당신이 이 책을 읽어나가는 동안 그 대답을 다시 보고 싶을 때 언제든 찾아볼 수 있을 것이다.

– 생각하고 분석하고 비판하는 마음이 어떤 식으로 끼어들었는가? 당신은 어떻게 해서 마음의 저항을 내려놓고 그것을 넘어설 수 있었는가? "나는, 나를, 나의, 나의 것"이라는 내면의 자아가 당신의

일상적인 경험을 어떤 식으로 채색하는가?

– 생각에 바로 반응하지 않고 생각을 그저 지켜보는 것은 어떤 느낌인가?

– 당신이 '나'라는 관점을 비운 순간에 대해 어떻게 묘사할 수 있는가? 당신이 그것을 경험한 순간을 회상할 수 있는가?

– 감정의 버튼이 눌러져 있는 것을 관찰했다면 당신은 이 명상법을 어떤 식으로 사용하여 평상심을 되찾을 것인가? 이때 버튼이 위로 올라가는 것이든 아래로 내려가는 것이든 방향은 상관없다.

이 책에 소개된 마음 청소도구를 사용할 때는 스스로에 대한 자비와 인내를 가져라. 마음의 본성을 탐구하는 일에 있어 '완벽한' 사람은 있을 수 없다. 당신은 시도했다는 것만으로도 A+를 받을 만하다. 또한 생각을 멈추려고 하지 말라. 그러기보다는 마음과 친구가 되려 하고, 마음이 어떻게 작동하는지를 관찰하고 놀라워하라. 드넓은 인식에 정진하라. 마음의 회전목마와 존재에 대한 동일시를 그만두고, 감정의 엘리베이터에서 내려라.

제 2 장

마음 페이스북

세계가 작동하는 방식에 대한 기억을
모든 사람의 마음속에서 지울 수 있다면 어떻게 될까?
그 순간 세계는 새롭게 태어날 것이다.

존 넬슨(John Nelson), 『신들의 매트릭스(Matrix of the Gods)』

당신은 소셜 네트워크를 많이 이용하는가? 페이스북이나 다른 SNS를 할 때 당신의 기분은 보통 어떻게 변하는가? 당신의 기분이 고양되거나 가라앉는 것을 알아차릴 수 있는가? 다른 사람이 올린 포스트나 이미지를 보고난 후 당신의 기억들, 생각들, 욕망들이 계속 자극되는 것을 알아차릴 수 있는가? 많은 사람들이 멀리 떨어져 있는 친구나 가족과 소식을 주고받기 위한 긍정적인 목적으로 SNS를 이용한다. 비슷한 이유에서 우리는 마음에 '포스트'를 올릴 필요가 있다. 그리고 몸이 우리에게 보낸 즉각적인 '문자메시지'를 지속적으로 확인해야 한다.

나는 이것을 마음 페이스북 활동(Inner-Facebooking)이라고 부르고 싶다. 마음 페이스북 활동은 우리가 가진 가장 귀중한 자원들 중 하나인 주의(attention)를 어떻게 사용하는지에 달려 있다. 주의는 '지금 여기'를 항해하기 위한 도구이다. 그런데 다른 사람들이 그들의 목적을 위해 나의 주의를 붙잡으려 할 수도 있다. 하지만 궁극적으로 주의라는 이 선물을 어떻게 사용할지 결정할 수 있는 사람은 당신뿐이다.

다음과 같은 짧은 설문에 대답해보면 내 말이 무슨 의미인지 설명이 될 것이다.

– 오늘 당신은 주의를 어떤 방식으로 사용했는가?
– 테크놀로지가 당신의 주의를 얼마나 자주 붙잡았는가?
– 당신은 주의를 둔 대상에게 얼마나 좋은 감정을 느끼는가?
– 당신은 균형과 평화를 얻기 위해 주의를 사용했는가?

주의는 하루 동안 감정을 조절하고 감정의 평형을 유지하기 위해 반드시 필요하다. 우리는 마음 페이스북 활동을 통해 외부 또는 내면의 산만하고 유해한 '포스트'를 보다 잘 알아차릴 수 있다. 당신은 몸이 보내는 미묘한 신호들, 예를 들면 답답함, 스트레스, 불편함 등을 알아차릴 수 있다. 주의를 돌릴 수 있는 방법을 알면 기분 좋은 포스트를 잘 올릴 수 있게 된다. 긍정적인 포스트는 안정감을 주고, 동기와 영감을 자극하며, 집중력을 높인다. 우리는 마음 페이스북 활동을 통해 자신의 기분을 잘 알아차릴 수 있고 몸의 감각들을 잘 느낄 수 있다. 그리고 편견 없는 관찰자의 태도를 기를 수 있다. 이로써 우리는 일순간에 균형을 되찾는다. 이를 위해서는 문자 그대로 우리의 뇌에 기존의 회로를 대체할 새로운 연결 회로를 만들어야 한다.

　우리에게 마음 페이스북 기술이 없다면 우리는 과거에 생긴 부정적 찌꺼기 속에 스스로를 가두어놓고 절망할지도 모른다. 이와 관련하여 이뤄진 가장 규모가 큰 연구들 중 하나가 영국에서 3만 2천명 이상의 참가자들을 분석한 것이다. 참가자들은 스트레스 및 반복되는 자멸적(self-defeating) 생각에 관한 온라인 설문조사에 답변했다. 연구자들은 트라우마를 남긴 사건과 가족력이 우울과 불안을 일으키는 가장 큰 예측 변수임을 발견했다. 그런데 그와 동시에 다른 중요한 변수가 스트레스 관리에 커다란 영향을 미친다는 점을 밝혀냈다. 그 매개 변수는 스트레스에 대한 개인의 지각이었다. 이를테면 당신이 스트레스를 주는 상황을 해결할 수 없다고 굳게 믿을 경우, 실제로 그렇게 된다는 것이다. 그러나 만약 당신이 주의를 돌려 문제 상황을 상대화시켜 바라본다면, 당신은 그 상황을 다르게 생각하고 다르게 평가할 수 있다. 예를 들어 당신은 이렇게 말할 수 있다.

　"그래. 지금 상황이 나에게 스트레스이긴 하지만 나는 이전에 비슷한 상황을 효과적으로 해결한 적이 있어. 그리고 나는 이 상황을 성공적으로 이끄는데 도움이 될 만한 자원들을 찾을 수 있어."

　이 연구를 총괄했던 피터 킨더만(Peter Kinderman) 교수는 이렇게 말했다.

"우리가 한 개인의 가족력이나 경험을 바꿀 수는 없습니다. 하지만 그 사람이 가진 사고방식의 전환을 도울 수 있으며, 스트레스 완화 전략을 가르쳐줄 수 있습니다."

당신의 주의는 지금 어디에 있는가?

상처받은 감정에 주의를 기울일수록 그것에 대한 주의 집중이 더욱더 오래 지속되는 것을 느낀 적 있는가? 당신이 과거의 부정적인 경험에 몰두하는 동안, 뇌에는 그와 관련된 감정의 회로가 고정화된다. 당신이 언덕에서 바위를 굴리고 있다고 상상해보라. 당신은 계속 똑같은 길로 바위를 굴린다. 곧 있으면 바위를 매번 정확하게 같은 길로 이끄는 하나의 바퀴자국 또는 홈이 생길 것이다.

우리의 뇌는 통로를 만들고 통로를 바꾸는 능력을 갖고 있다. 이러한 뇌의 능력을 신경가소성(neuroplasticity)이라고 한다. 우리가 특정한 방식으로 생각하고 행동하면 뇌는 통로를 생성한다. 시간이 지나면서 사용빈도가 높은 통로들은 한데 묶여 회로가 된다. 이로써 하나의 확립된 길 또는 홈이 만들어지는 것이다. 하지만 우리가 생각을 어떻게 알아차리고 그것에 어떻게 반응하느냐에 따라 뇌의 물리적인 구조가 바뀔 수 있다. 심지어는 습관적으로 사용하는 감정의 통로들까지도 바뀔 수 있다. 이러한 사실은 마음을 변화시키는 힘이 우리에게 있다는 것을 확인시켜준다.

제프리 슈워츠(Jeffrey Schwartz) 박사는 '신경가소성 및 부정적인 뇌 회로 개조' 분야의 개척자이다. 그는 강박장애 환자를 위해 네 부분으로 구성된 마음 챙김 명상법을 개발했다. 슈워츠는 해로운 생각들과의 관계 방식을 바꾸는 명상 과정을 지도한다. 환자들은 명상을 통해 반복적이고 불안한 생각들을 액면 그대로 받아들이지 않게 된다. 환자들은 낡은 생각들을 알아차리고, 그 생각들을 새로운 방식으로 재평가한다. 명상 전후에 촬영한 뇌 사진은 생각이 새로운 신경 통로를 만들 수 있다는 것을 입증한다. 이 새로운 통로는 결함이 있는 통로를 대체한다. 그럼으로써 기존의 강박장애 회로를 비활성화시킬 수 있다. 환자들은 마음 페이스북 활동을 통해 반복적인 생각들을 알아차리고 그것들을 홈이 파인 길로부터 해방시킬 수 있다.

우리는 마음 페이스북 활동을 통해 주의를 어떻게 사용하고 있는지 알 수 있다. 또한 기분 나쁜 생각들과 건설적인 거리를 두게 된다. 나아가 그러한 생각들에 어떻게 응답할 것인지를 결정할 수 있는 여유를 갖는다. 우리는 수많은 방식으로 주의를 옮길 수 있다. 맨 처음의 생각을 내면에서 회상할 수도 있고, 보다 현실적인 생각을 찾아볼 수도 있다. 아니면 내면의 가치를 반영하는 행위를 실행에 옮길 수도 있다.

내가 상담했던 서른두 살의 프레드(Fred)에게는 마음 페이스북 기술이 없었다. 프레드는 우울증에서 헤어 나오지 못했다. 곧 나는 프레드가 정치적 독설을 날리는 블로거로 활동하고 있고, 그가 그러한 가상의 삶을 구축하는 데 자유 시간을 전부 바치고 있다는 사실을 알게 되었다. 이러한 블로그 활동에는 한 가지 어두운 측면이 있었다. 프레드는 그러한 정치적 신념과 자신을 너무도 강력하게 동일시한 나머지 스스로를 분노의 노예로 전락시키고 말았다. 그는 삶의 밝은 측면을 의식하지 못했다. 그는 매사를 너무 극단적으로 심각하게 생각했다. 짐작할 수 있는 것처럼 이러한 정신장애는 프레드와 새로운 여자 친구의 관계도 위태롭게 만들었다.

나는 프레드가 가부장적인 가족에 입양되어 자랐다는 것을 알게 되었다. 블로그 활동에 대한 욕구와 사람들에 대한 고정관념은 그가 혹독하고 독선적인 부모님 아래에서 자란 것과 관련이 없지 않았다. 프레드의 마음에 패인 홈들은 아주 오래된 데다 깊을 가능성이 매우 컸다. 나는 프레드의 지나친 심각성 장애와 정신적·감정적 회로의 치료를 위해 실험을 한 번 해보자고 권했다. 실험이란 일주일 동안 블로그를 이틀에 한 번만 하면서 블로그와 거리를 두어보는 것이었다. 블로그를 하지 않는 날은 하이킹이라든지 걷기라든지 독서라든지 그가 좋아하는 다른 활동으로 대체하게 했다. 나는 그가 블로그를 하는 날에는 마음 페이스북 활동을 연습해보도록 지도했다. 즉 자신의 마음과 몸에 어떤 감정의 포스트가 올라오는지 알아차리는 것이다. 마지막으로 프레드에게 일주일동안 매일 자신의 기분에 1에서 10까지의 점수를 매겨보라고 했다. 자신의 기분이 얼마나 부정적이었는지 혹은 얼마나 긍정적이었는지를 표시하는 것이다. 또한 감정을 알아차리고 감정에 이름을 붙이는 연습을 하게 했다. 이것은 또 다른 중요한 마음 페이스북 기술이기도 하다.

J. 데이비드 크레스웰(J. Daivid Creswell)은 〈심신 의학(Psychosomatic Medicine)〉에 실은 한 연구에 우리가 감정을 경험할 때 그것에 이름을 붙이면 우리가 보다 쉽게 그 감정과 분리될 수 있다고 설명했다. 그럼으로써 우리는 감정에 자동적으로 반응하지 않게 된다는 것이다. 감정을 주의의 대상으로 삼으면 건강한 거리가 만들어진다. 그렇게 되면 우리는 더 이상 감정에 끌려 다니지 않는다. 또한 우리는 감정과 자신을 강력하게 동일시하는 행위를 멈추고, 마음의 주도권을 잡는다. 크레스웰의 연구는 감정에 이름을 붙이면 마음이 평온해지면서 편도체(amygdala: 감정의 일어남 및 아주 오래된 스트레스 반응을 촉발하는 것과 관련된 뇌의 부분)가 진정된다는 것을 입증했다.

개인적인 경험을 예로 들자면, 나는 운전 중에 분노가 일어날 때 '이름 붙이기'로 효과를 보았다. 과거에는 고속도로에서 다른 운전자가 내 앞에 갑자기 끼어들면 순식간에 감정이 올라오는 경우가 많았다. 그렇게 심한 건 아니었지만 욕설도 했다. 이러한 부정적인 감정은 보통 사라지기까지 오랜 시간이 걸렸다. 그러나 내가 감정에 이름을 붙인 순간 즉각적인 변화가 나타났다. 예를 들면 내가 더 나은 운전자라는 우월감, 조급함, 좌절감이 혼합된 감정이라고 이름을 붙이는 것이다. 이렇게 한 발짝 뒤로 물러나자, 나는 더 이상 그 감정들을 경험하지 않게 되었다. 단지 호기심을 가지고 그 감정들을 관찰할 뿐이었다. 이러한 마음 페이스북 활동을 통해 나는 오래된 반복에 의해 깊이 패인 홈들을 보다 분명하게 이해할 수 있었다. 그 뒤로 수동적인 반응이 줄어들었다.

프레드에게는 마음 페이스북 활동이 어떤 효과가 있었을까? 그는 블로그를 하지 않은 날에 자신이 보다 행복해한다는 사실에 놀라워했다. 블로그를 하지 않는 날에는 호기심과 열정이 넘쳤다. 그는 블로그 활동이 어떤 식으로 몸에 긴장과 부정적인 생각, 감정을 증가시키는지 깨닫게 되었다.

프레드는 기존의 신념과 명분을 계속 지켜나갔다. 하지만 블로그 활동에 대해서는 보다 중립적이고 편안한 입장을 취하게 되었다. 블로그 활동을 서서히 내려놓았고 대신 다른 활동을 하며 시간을 보냈다. 자원봉사자가 되어 아이들에게 환경에 대해 가르치기도 했다. 프레드처럼 강한 정치관을 가지고, 의견을 공유하고, 정치적인 내용을 블로그에 올리는 행위에 잘못된 것은 하나도 없다. 하지만 스스로에게 질문해볼 필요는 있다. 나를 표현하는 방식과 내가 관점을 세우는 방식이 나의 삶의 질을 높이는가 아니면 찌꺼기를 만들어내는가? 이것은 마치 스포츠를 하는 것과 같다. 당신은 질 것을 뻔히 알면서 경기(블로그)를 즐길 수 있는가? 당신은 패배에 개인적으로 불복함으로써 경기의 재미까지 빼앗길 텐가? 이러한 감정이 경기가 끝나고 한참 지난 후에도 남아서 당신을 갉아먹는가? 마음 페이스북 활동을 통해 프레드는 사태를 너무 개인적으로 받아들이지 않고 처리하는 방법을 배웠다.

문제는 스트레스 자체에 있지 않다

당신은 분명 스트레스 반응에 대해 들어본 적이 있을 것이다. 스트레스와 싸우는 방법을 아는 것은 중요하다. 스트레스가 이성적인 사고를 담당하는 뇌의 하드 드라이브의 일부를 폐쇄할 수 있기 때문이다. 이 하드드라이브는 이마 뒤쪽에 자리한 전두 피질(frontal cortex)을 말한다.

미 해군 특수 부대(Navy SEAL)는 신병이 들어오면 위험한 임무를 수행하는 동안에 뇌의 사고 회로를 활성화된 상태로 유지하는 훈련을 수차례 시킨다. 왜 그런 반복 훈련을 하는 걸까? 이를 이해하기 위해서는 우리가 위협적인 상황에 처했을 때 뇌에서 어떤 일이 일어나는지 알아야 한다. 뇌의 깊숙한 부분에 자리한 편도체는 경고 신호를 보낸다. 편도체는 아드레날린과 코르티솔이라는 호르몬을 분비하여 위험한 상황에 대비해 몸을 준비시킨다. 이는 예를 들어 노상강도나 위험한 동물의 공격을 받아 생존을 위협당하는 상황으로부터 당신을 지켜준다. 마치 집에 있는 화재 탐지기처럼 편도체는 여차하면 언제라도 경보음을 울릴 태세를 갖추고 있다.

이것은 하나의 환경 적응 시스템으로서 생존의 유지를 위해 고안된 것이다. 그런데 만약 그 위협이 애초에 당신의 마음속에만 존재하는 것이라면 어떨까? 예를 들면 불안이나 두려운 생각과 같은 것들 말이다. 또는 동료나 배우자의 비판적인 말로 인해 당신 마음속에 생겨난 방어적인 태도에 불과하다면? 뇌의 화재 탐지기는 이렇게 마음에만 존재하는 위험과 실제적인 위험을 구분하지 못한다! 뇌는 어느 쪽이 됐든 어김없이 경보음을 울린다. 그리고 그렇게 되면 당신은 가만히 앉아서 차분하게 얘기하거나 생각할 수 없게 된다. 강력한 호르몬이 이성과 사고를 담당하는 뇌의 일부를 장악한다. 이런 식의 상황이 사나흘 지속되면 몸속의 코르티솔은 감염균이나 일부 종양과 싸우는 면역세포인 살생T세포와 자연살해세포(natural killer cell)를 죽이기 시작한다. 면역계에 제동이 걸리는 것이다. 각종 연구에 따르면 밤에 외로움이나 슬픔을 느끼며 잠드는 사람이 아침에 일어났을 때 몸속의 코르티솔 수치가 더 높다고 한다. 마치 당신의 몸이 낮 동안 겪게 될 스트레스에 대비라도 하려는 것처럼 말이다.

감정이 수년에 걸쳐 특정한 조건에 길들여지면, 뇌에서는 특정한 방식으로 반응하는 회로가 만들어진다. 당신이 다음번에 어떻게 반응하느냐에 따라 감정의 회로는 완전히 바뀔 수도 있고 그렇지 않을 수도 있다. 이번 장에서 소개할 생활 수행 도구인 마음 페이스북 활동은 당신이 감정을 보다 쉽게 조절할 수 있게 도와줄 것이다. 지난 감정의 찌꺼기와 새로운 감정의 찌꺼기 모두 마음 페이스북 활동을 통해 조절이 가능하다. 이러한 기술을 터득한다면 당신은 지금 일어나고 있는 일에 주파수를 맞출 수 있다. 또한 당신은 일순간에 생겨나는 스트레스를 줄일 수 있으며, 뇌의 이성적인 사고 회로가 활성화될 것이다.

마음 청소도구: 마음 페이스북 활동

마음 페이스북 활동은 스트레스 관리를 돕기 위해 이 책에 소개한 여러 도구들 중 하나일 뿐이다. 당신은 도구들을 하나하나 시도해보면서 어떤 것이 당신에게 가장 효과가 좋은지 알아보면 된다. 이 책에 소개한 도구들은 모두 얼마든지 변형가능하다는 점을 항상 기억하라. 당신의 생활에 적합한 방식으로 도구들을 바꿀 수 있으며, 그것들을 원하는 방식으로 바꿔서 익힐 수 있다.

이 도구는 감정의 찌꺼기와 당신 간의 관계를 근본적으로 변화시킬 것이다. 이 훈련은 두 개의 파트로 구성된다.

파트 1

먼저 당신이 수년간 떨쳐내지 못한 감정의 찌꺼기와 관련된 사건을 떠올려보라. 예를 들어 사람들이 어떤 식으로 당신에게 상처를 줬는지, 어떤 식으로 당신을 밀어냈는지, 어떤 식으로 당신을 붙잡아뒀는지 등을 떠올려보라. 사람들은 보통 오래된 찌꺼기를 떠올리지 않으려고 한다. 보통의 기억 방식으로는 그 찌꺼기를 강화시킬 수도 있다. 하지만 이 훈련의 목적은 찌꺼기와 단절하는 방법을 터득하는 것이다. 당신은 과거의 감정적 찌꺼기를 새롭게 경험함으로써 그것을 보다 잘 이해할 수 있게 될 것이다. 그리고 당신이 이 오래된 회로를 방황할 때 나타나는 징후들을 보다 잘 인지할 수 있다. 하다가 너무 힘들면 당신이 지금 안전하다는 점, 그리고 원하면 언제든지 멈출 수 있다는 점을 상기하라.

일단 당신의 찌꺼기와 '연결'이 되면 다음의 질문들에 대해 성찰해 보라.

- 당신의 몸을 알아차려라. 당신은 어떤 표정을 짓고 있는가? 이를 꽉 물고 있거나 얼굴에 힘을 잔뜩 주고 있는가? 울상을 짓거나 찡 그리고 있는가?
- 당신의 기분을 알아차려라. 이 찌꺼기를 경험하고 있는 동안에 느 끼는 감정 상태를 어떻게 묘사할 수 있는가?
- 가능하다면 당신이 느끼는 감정에 이름을 붙여라. 이것은 매우 중 요하다. 이름을 붙이는 작업은 감정과 당신 사이에 거리를 만들고, 그럼으로써 감정의 손아귀에서 당신을 빼내올 수 있기 때문이다. 슬픔이나 화, 죄책감, 후회, 실망, 좌절. 그리고 또 다른 감정이 있 으면 이름을 붙여라. 감정에 한 가지 이름만 붙이지 마라. 대개는 여러 가지의 감정들이 섞여있다. 감정들을 정확하게 묘사하기 위 해서는 될 수 있는 한 많이 찾아서 제각각 이름을 붙여야 한다.
- 당신의 에너지를 알아차려라. 당신은 에너지와 의욕이 넘치는 것 을 느끼는가? 아니면 몸이 무겁고, 처지고, 무력해지는 것을 느끼 는가?
- 마지막으로 스스로에게 다음의 질문을 해보라. 나는 이 찌꺼기와 얼마만큼 엮여있을까? 나는 하루 동안 찌꺼기에 대해 몇 번 생각

하는가? 찌꺼기는 나의 대인 관계 방식에 어떤 영향을 미치는가? 내 에너지는 찌꺼기에 의해 얼마나 닳고 소모되었는가?

파트 2

다음으로 두 번의 시각화(visualization)를 통해 찌꺼기에 대한 주의를 다른 곳으로 옮겨라. 이것을 '찌꺼기 없는 시각화' 라고 한다.

첫 번째 시각화를 위해 숨을 깊이 들이마신 다음 천천히 내뱉어라. 이것을 복식호흡(belly breathing)이라고 한다. 복식호흡을 하면 공기가 폐의 깊숙한 부분을 거쳐 배안까지 밀고 들어가면서 배가 불룩해진다. 최대한 오래 숨을 들이마시고 폐와 배를 가득 채운 다음에 아주 천천히 내쉬어라.

내쉴 때는 날숨이 발끝에서 시작해서 몸 전체에 있는 오래된 감정의 찌꺼기, 답답함, 긴장감을 가지고 나간다고 상상하라. 이런 식으로 날숨을 원하는 만큼 내쉬고, 내쉴 때마다 남아있는 모든 부정적인 감정들을 청소하라. 감정들은 당신의 발끝으로도 나가서 땅에 퇴적된다. 보통은 세 번에서 다섯 번의 호흡이면 충분하다.

두 번째 시각화를 할 때는 이제껏 살아오면서 보다 가볍고 즐거웠다고 느꼈던 때를 그려보라. 이때 좋아하는 장소나 좋아하는 사람을 함께 떠올릴 수도 있다. 당신의 경험을 자세하게 회상해보라. 좋아하는 장소 혹은 좋아하는 사람의 어떤 점을 사랑하는지 하나하나 밝혀보라. 당신이 좋아하는 기억을 지금 음미해보라. 그 기억 속의 광경, 소리, 감각을 모두 경험해보라. 당신이 경험한 경이로운 감각을 모든 세포에 스며들게 하라. 최대 5분 동안 이 느낌을 음미하라.

이제 다음의 질문들에 대답해보라.

- 찌꺼기 없는 시각화가 당신의 기분을 어떻게 만들었는가? 당신의 몸은 지금 어떻게 느껴지는가? 당신의 기분과 에너지는 어떤가? 당신의 얼굴 표정은 어떤가?
- 지금 당신이 오래된 감정의 매듭을 풀어서 그것들을 해방시킬 수 있다면, 그 무게가 사라졌을 때 기분이 어떨 것 같은가?
- 당신의 시간과 에너지를 잡아먹는 오래된 감정의 상처가 없다면 당신의 삶이 어떨 것 같은가?

이 도구들을 시도해보면서 이 질문들에 대해 생각하다보면 용기가 생겨날 것이다. 그리고 당신은 어느새 찌꺼기를 정리해나가는 여정에 들어서게 될 것이다. 이 책에 있는 알아차림(awareness: 마음 챙김과 비슷한 의미로 지금 이 순간 마음에서 일어나는 일들을 그대로 인식하는 것을 뜻하는 명상 용어.) 수행법들 중 하나를 활용해보라. 당신은 알아차림 수행을 통해 찰나의 초점을 극적으로 이동시킬 수 있으며 오래된 찌꺼기의 일부를 청소할 수 있다. 이렇듯 마음 페이스북 활동 시스템은 보다 긍정적이고 생산적인 방식으로 당신을 도와줄 수 있다.

제 3 장

생각의 정원 가꾸기

긍정적인 경험의 꽃들은

부정적인 생각, 감정, 욕망의 잡초들을 밀어내고

그 자리를 대신한다.

– 릭 핸슨(Rick Hanson), 『행복 뇌 접속(Hardwiring Happiness)』

아름다운 정원을 만드는 정원사는 땅을 그냥 방치하는 법이 없다. 전문적인 정원사는 조금이라도 틈만 있으면 잡초가 비집고 들어올 것이라는 사실을 안다. 그래서 정원사는 항상 땅을 살핀다. 마찬가지로 마음에 아름다운 정원을 만드는 일은 노력이나 기술 없이는 되지 않는다. 생각을 지속적으로 살펴야 한다. 부정적인 생각의 잡초들은 뽑아주고, 꽃 피우고 싶은 생각의 씨앗들은 보살피고 물을 줘야 한다. 나의 스승인 라마승 수리야 다스(Surya Das)는 언젠가 날카로운 통찰력으로 이 지점을 포착해냈다. 내가 웃음의 라마승이라고 부르는 이 현자는 유머

러스하게 말했다. "그곳에 가는 동안 그곳에 있는 연습을 하라."

참으로 옳은 말이다. 처음의 두 장들에서 우리는 감정의 엘리베이터에서 내리는 방법들을 살펴보았다.

그 방법이란 마음의 본성이 어떤 것인지, 마음이 무엇에 쉽게 달라붙는지를 알아차리는 것이었다. 또한 우리는 지친 마음을 쉬게 함으로써 번잡한 생각을 가라앉혔다. 나아가 우리는 마음 페이스북 활동을 통해 오래된 찌꺼기와 나 사이에 거리를 만들었다. 이제는 당신만의 생각의 정원을 만들어보자.

생각의 정원을 가꾸는 데 필요한 영양분

장미의 도시(Rose City)라는 별명을 가진 포틀랜드(Portland)로 처음 이사 오고 나서 별로 어렵지 않게 장미를 기를 수 있을 것이라고 생각했다. 순진하게도 뒤뜰에 장미나무를 땅에 꽂아 세우기만 하면 잘 자랄 것이라고 생각했다. 땅다람쥐, 사슴, 토끼, 그리고 다른 모든 생물들을 고려하지 않았던 것이다. 그들은 연한 장미 가지와 잎만 보면 달려들어 우적우적 씹어 먹곤 한다. 나는 인내심을 가져야한다는 것을 알게 되었다. 장미 나무가 자라서 아름다운 자태를 갖추기까지는 말 그대로 수년이 걸리기 때문이다. 또한 뒤뜰의 흙에 점토가 많이 섞여있다는 사실을 알게 되었다. 점토는 장미의 성장을 막는 방해물로 작용한다. 나는 장미에게 맞는 영양분이 들어 있는 신선한 흙을 구해야 했다.

당신의 마음의 정원도 찌꺼기에 가려서 필요한 영양분을 얻지 못하고 있는 것은 아닐까? 잠시 다음의 질문들에 관해 성찰해보라.

- 사람들이 당신에게 어떤 식으로 해를 가했는지 또는 당신을 어떤 식으로 방해했는지를 생각하며 보내는 시간은 하루 중 얼마나 되는가?
- 당신은 관계의 실패를 계속 자신의 탓으로 돌리는가? 당신이 의도했든 그렇지 않았든 간에 당신이 다른 사람에게 끼친 피해에 대해 계속 생각하는가?
- 당신은 이 감정의 응어리와 얼마만큼 엮여있는가?
- 얼마만큼의 에너지가 감정의 응어리에 의해 소모되고 낭비되었는가?

이러한 질문들에 대해 정직하게 숙고하기 위해서는 용기가 필요하다. 이 질문들에 답한다는 것은 기꺼이 새로운 방향을 받아들일 의지가 당신에게 있다는 것을 의미한다. 이것은 새로운 생각의 씨앗을 만들기 전에 당신의 마음을 준비시키는 과정의 일부이다.

당신이 이 질문들에 답하는 행위는 세상이 항상 흑백의 이분법으로 존재하지 않는다는 점을 인정하는 것이다. 그것은 당신이 현상 유지에 머물지 않고, 마음을 열어 당신의 행동, 생각, 의도를 깊이 탐구하려 한다는 것을 의미한다. 이로써 당신은 새로운 씨앗을 만드는데 중요한 첫 걸음을 내디뎠다. 즉 당신은 지난 과거의 상처가 당신의 삶에 미치는 영향을 인정했다. 또한 당신은 그것을 바꾸고자하는 당신의 욕망을 있는 그대로 받아들였다.

다음으로, 성장에 적합한 영양분과 흙을 마음의 정원에 조달하기 위해서는 아래의 질문들을 스스로에게 해야 한다.

- 감정의 찌꺼기와 마음의 상처로부터 당신의 마음을 자유롭게 해줄 수 있고 쉽게 할 수 있다면 어떻게 될까?
- 지난 감정들과 당신 간에 얽힌 매듭을 푼다면 어떻게 될까? 당신의 삶은 바로 이 순간에 어떻게 달라질까?
- 과거의 생각의 정원을 놓아주고 새로운 생각의 정원을 가꿀 준비가 얼마만큼 되어 있는가?

모든 사람들이 새로운 정원을 맞이할 준비가 되어 있는 것은 아니다. 왜 어떤 사람은 상처를 정리하거나 정화하려 하지 않고, 그것과 함께 살아가려고 할까? 이상하게 들리겠지만 어떤 사람에게는 고통이 존재에 대한 이유나 근거를 제공한다. 상처에 관한 이야기가 자기 정체성의 일부가 될 수 있기 때문이다. 나는 일전에 섭식장애 클리닉에서 일한 적이 있다. 당시 나는 몇몇 환자들이 섭식 장애와 자아를 마치 서로 분리될 수 없는 어떤 것처럼 말하는 것을 보았다. 적어도 한 명 이상의 환자들이 다음과 같이 말했다. "섭식 장애가 사라지면 나는 어떤 사람이 될까?" 이 질문을 우리에게로 돌리면 이렇다. "내가 계속 되새김질하는 불안한 생각들 혹은 부당한 괴롭힘에 대한 생각들이 사라지면, 나는 어떤 사람이 될까?"

　상처를 붙들고 사는 이유는 그밖에도 다양할 수 있다. 나 자신을 포함해서 그 누구도 분노나 의분(義憤)에 면역을 가진 사람은 없다. 우리는 불의나 부당한 대우를 당하기도 하고 그런 장면을 목격하기도 한다. 정의감은 우리가 선(善)의 입장, 심지어 도덕의 편에 서 있다는 느낌을 갖게 한다. 정의감은 확실성과 절대성에 대한 느낌을 우리 안에 심어준다. 이는 다시 우리 안의 의심을 가라앉힌다. 분노를 느끼는 순간, 우리는 전에 없던 힘과 통제력을 갖게 된 것처럼 느낀다. 이러한 감정들은 그 자체로는 '잘못' 되지 않았다. 그렇지만 우리는 불의에 반응하지 않아야 한다. 이러한 감정들에 대한 애착은 공격적인 잡초로 변하여 건강한 꽃과 풀을 질식시킬 수 있다. 우리는 보다 큰 그림을 가지고 보다 현명한 관점에서 접근해야 한다. 우리는 의분이 더 큰 고통을 생산하는지 아니면 더 적은 고통을 생산하는지 생각해봐야 한다. 다시 질문하자면 이렇다. 의분은 우리에게 도움이 되는가? 아니면 의분은 자기 잇속만 채우는 이기적인 감정인가?

　마음의 정원을 가꾸기 위한 준비를 할 때 가장 중요한 부분이 애착에 관한 것이다. 즉 우리를 옭아매는 감정의 고통, 해로운 행동, 이기적인 욕망에 우리가 얼마나 강하게 고착되어 있는지가 문제가 된다. 우리는 우리 자신과 다른 사람들에게 도움이 되지 않는 것들을 놓아주어야 한다. 이것이 바로 감정의 응어리로부터 우리 자신을 해방시킬 수 있는 한 가지 방법이다. 한편 이러한 해방은 우리가 보통 용서를 통해 이루고자 하는 목표들 중 하나이기도 하다. 그렇지 않은가?

당신이 정원의 성장을 위해 땅을 가는 힘든 준비 작업을 시작하게 된 것을 축하한다. 모든 것에 대한 답을 갖고 시작할 필요는 없다. 어려운 질문을 스스로에게 던지고 내면을 들여다보는 것만으로도 이미 충분히 훌륭한 시작이다. 이제 '이야기하기' 작업을 통해 새로운 씨앗을 심고 길러보자.

능력에 대한 이야기로 정원을 장식하기

마음의 정원은 대부분 우리의 삶과 경험을 묘사하는 이야기들로 구성되어 있다. 정원은 걸리적거리는 불쾌한 잡초들로 채워져 있을 수도 있고, 아니면 에너지를 북돋고 마음을 진정시켜주는 꽃들로 채워져 있을 수도 있다. 지금 바로 당신의 머릿속에 생생하게 남아 있는 기억 하나를 떠올려보라. 부정적인 것이든 긍정적인 것이든 아무래도 좋다. 당신은 그 기억을 어떻게 묘사할 것인가? 아마도 당신은 이야기를 할 것이다. 왜 그럴까? 왜냐하면 뇌는 언어와 이야기를 구성하도록 회로화되었기 때문이다. 우리가 하는 이야기가 항상 정확한 것은 아니다. 이야기란 가족과 문화로부터 배운 화법과 사건에 대한 해석을 바탕으로 사건을 재구성하는 것이기 때문이다.

당신이 이야기의 힘에 관해 회의적인 입장이라면 비난할 생각은 전혀 없다. 이야기가 우리의 삶에 정말로 그러한 힘을 갖고 있는지 묻는 것은 정당한 일이다. 정말 잘못된 이야기가 우리의 삶을 스트레스와 실패, 형편없는 인간관계, 불행으로 이끌 수 있을까?

　한때 약물 중독자이자 수감자였던 상담객 개리(Gary)의 사례는 이야기가 어떻게 삶에 대한 새로운 상상력을 이끌어낼 수 있는지 보여준다. 개리의 어린 시절 이야기는 별로 놀라울 것도 없었다. 그의 어린 시절은 다른 약물 중독자나 교도소에 다녀온 사람들의 그것과 별로 다를 바 없었다. 그의 어린 시절은 약물 남용, 혼돈, 공포로 가득했다. 그의 부모님은 약물 중독자였고, 감정 통제가 되지 않았으며, 따라서 의지하기 어려운 대상이었다. 그 결과 개리는 사람과의 관계를 믿지 않게 되었다. 누가 그런 그를 비난할 수 있겠는가?

　개리가 나를 찾아온 것은 그가 직업 훈련 과정을 처참할 정도로 따라가지 못했기 때문이었다. 그는 직업 훈련 과정을 통해 안정된 직업을 얻고 싶어 했다. 개리는 최근 교도소에서 출소한 터였다. 학교에 가는 것은 그에게 있어 긍정적인 방향성을 가진 중요한 활동이었다. 하지만 지극히 혼돈스러운 그의 생활 방식과 관계 방식이 그의 발목을 잡고, 그를 늪에 빠뜨리고 있었다. 지금의 삶은 그가 어릴 때 배웠던 삶의 모습과 다름없었다. 그는 여자 친구와 함께 살았다. 그 집은 여자 친구의 아버지의 것이었다. 많은 사람들이 그 아버지와 마약을 하기 위해 개리가 사는 집을 찾아왔고 개리는 그들의 초대를 선뜻 거절하지 못했다. 그래서 그는 학교 과제를 제대로 해갈 수 없었다. 개리는 학교 숙제를 따라갈 수 없게 되자 과거에 수없이 되풀이해온 삶이 또 반복될까봐 절망했다.

나는 개리의 기분, 즉 우울함과 절망이라는 감정을 중심으로 치료에 들어갈 수도 있었다. 하지만 나는 개리의 문제가 관계 맺기에 있다고 보았다. 개리가 자란 가정환경은 감정적 지지가 부족했고 예측이 불가능했다. 때문에 개리는 규율이나 건강한 경계들에 익숙하지 못했다. 그는 무질서와 혼돈 상태에 빠지기 쉬웠다. 그가 관계를 통해 지지와 구조를 구축할 수 있다는 새로운 내용의 이야기가 그에게 필요했다. 그래서 나는 그에게 숙제를 내주기로 했다. 숙제란 공부 계획을 세우는 것을 도와줄 사람을 학교에서 찾는 것이었다. 처음에 개리는 망설였다. 그는 학교를 자신이 있어야할 곳으로 느끼지 못했고 공부 스케줄을 짜는 방법도 모른다고 무시당할까봐 걱정했다. 하지만 개리는 길바닥 생활을 한 덕분에 세상 돌아가는 일만큼은 누구보다 밝았다. 그래서 나는 그에게 길 위에서 배운 것을 이용해서 학생 지원 센터에서든 어디에서든 사람을 찾아보라고 했다.

다음에 만났을 때, 개리는 곧바로 바인더를 펼쳐서 수업 시간과 공부 시간이 적혀 있는 주간 달력을 보여주었다.

"저는 학생 레크리에이션 센터에 갔었어요." 그가 환하게 미소 지으며 말했다.

"혹시 공부 스케줄 짜는 법을 아는 사람이 있는지 묻고 다녔죠. 어떤 사람이 도와주겠다고 나섰어요. 이게 우리가 같이 만든 거예요."

이것으로 다음 단계로 나아갈 발판이 마련되었다. 다음 단계는 개리가 살고 있는 곳에 경계들을 나누고 혼돈을 최소화하는 방법을 터득하는 것이었다. 나중에 나는 그가 어떻게 긍정적인 관계를 구축할 수 있었는지, 그가 어떻게 다른 사람들의 도움을 기꺼이 수용하게 되었는지를 하나의 이야기로 써보게 했다. 개리는 이 이야기 속에서 새로운 능력들의 주인이 된 자신을 발견했다. 그는 정직함, 개방성, 의욕, 노력, 효율성, 조직 능력, 믿음, 자원 개발 능력 등등의 주인이었다. 그는 삶을 지속시키는 일상의 평범한 능력들을 인지하고 그 진가를 알아보기 시작했다. 개인적으로 나는 개리를 만나게 돼서 영광이었다. 그는 자신이 가진 능력들을 실행하는 방법을 터득했다. 결국 그는 긍정적인 삶의 이야기를 새롭게 쓸 수 있었다.

개리의 이야기가 보여주듯이, 능력은 새로운 씨앗에 필요한 영양분이 되어준다. 또한 동시에 과거의 제한적인 이야기들을 몰아낸다. 부연하자면, 당신의 능력을 인식하는 것은 잘난 척하는 것과 다르다. 당신의 능력을 찾아내는 이유는 허황된 자만심을 키워서 우월감을 느끼기 위함도 아니다. 혹은 다른 사람들보다 자신이 더 낫다는 것을 증명하기 위함도 아니다. 이는 위로 올라가는 엘리베이터를 타기 위한 일시적인 방편일 뿐, 당신에게 뜻깊은 만족을 주지 않는다.

이상하게도 많은 사람들이 자신의 실제 능력을 과소평가한다. 자신이 가진 능력을 무시하거나, 아니면 "글쎄요. 그건 그냥 제 일상인걸요. 맨날 하는 일을 능력이라고 할 수는 없잖아요."라고 말한다.

정신없이 바쁘게 사는 문화, 자기 비판적 문화, 성취 지향의 문화에서 개인의 소소한 능력들은 뒤로 밀려 난다. 하지만 능력은 영양분이 풍부한 흙과 같다. 그것은 건강한 작물을 길러낼 수 있다. 당신의 능력은 헤라클레스처럼 초인적인 임무를 완수하는 것과는 상관이 없다. 오히려 능력은 일상적인 작은 도구에 가깝다. 이 도구는 당신이 용기와 인내를 가지고 평범한 매일을 항해할 수 있도록 도울 것이다. 능력에 관한 이야기는 당신이 감정의 찌꺼기와 싸워 이기는 기술을 터득했다는 증거이다. 또한 당신이 효과적인 삶, 자신감 넘치는 삶, 생산적인 삶을 사는 기술을 터득했다는 증거이다. 아래는 능력의 몇 가지 사례들이다.

- 친구에게 커피 대접하기(환대 능력)
- 개 산책시키기(돌보기 능력)
- 쇼핑몰에 갔을 때 자동차를 어디에 세웠는지 기억하기(기억 능력)
- 아침에 침대 정돈하기(질서와 청결 능력)
- 식료품 목록 만들기(계획 능력)
- 도움을 구하는 방법 알기(자원 개발 능력)
- 일하러 가기(규율을 지키는 능력)
- 숙제나 업무 프로젝트 끝내기(집중하는 능력)
- 감사하다고 말하기(사랑하고 감사하는 능력)

다음의 도구들을 통해, 누구든 자신의 이야기를 능력들의 이야기로 변형시키는 방법을 배울 수 있다. 당신은 다른 사람들의 능력을 알아볼 수 있게 될 것이다. 이것은 또한 멋진 관계를 쌓을 수 있는 방법이기도 하다.

마음 청소도구:
마음의 정원에 능력에 관한 이야기 기르기

이야기는 우리에게 안정감과 두려움, 신뢰와 방어, 개방과 폐쇄와 같은 감정들에 대한 마음의 준비를 시켜준다. 우리의 능력을 조명하는 이야기는 자신감, 자존감, 능률을 기른다. 더욱이 우리는 이 도구가 제공하는 새로운 렌즈를 통해 다른 사람들의 능력을 이해하고 인정할 수 있다. 이것은 감정의 찌꺼기로 가득 찬 지난 이야기를 쓸어내고 실질적인 능력들을 정확하게 반영하는 이야기로 그 자리를 대체하는 강력한 기술이다.

능력의 정원을 가꾸고 싶다면, 먼저 당신이 최근에 약속한 만남에 대해 생각해보라. 무엇 때문에 만났는지는 상관없다. 어떤 만남이었든 괜찮다. 친구랑 만나 커피를 마신 것이었든, 업무 관련 회의에 참석한 것이었든, 아침에 일하러 간 것이었든 다 좋다. 나는 상담객과 만날 때는 그들에게 상담 시간에 대한 이야기를 하게 한다. 다른 상담가들과 만났을 때는 그들에게 워크샵 연수에 대한 이야기를 하게 한다.

파트 1

당신은 약속한 일정을 지키는 것이 평범하고 재미없고 심지어는 지루한 일이라고 생각할지도 모르겠다. 하지만 당신의 이야기를 다음과 같은 방식으로 말하다 보면 당신의 능력에 관해 많은 것을 발견할 수 있다.

다이어리 같은 곳에 약속 장소에서 있었던 이야기를 써라. 이때 다음의 여섯 가지 요소들을 포함하여 묘사하라.

1. 약속 장소에 가기까지 어떤 우여곡절이 있었는가?

당신에게는 어떤 우여곡절이 있었을지도 모른다. 즉 지난 감정의 찌꺼기 말이다. 당신이 불쾌하게 느낀 것과 연관이 있을 것이다. 예를 들어 약속 시간이 일러서 아침 일찍부터 일어나야 했다든가, 꽉 막히는 고속도로를 탔다든가 하는 문제 상황을 말한다. 당신은 교통체증, 주차, 날씨 문제로 스트레스를 받았을 수도 있다. 아니면 당신은 약속장소에서 누구를 만나게 될지 걱정했을지도 모른다. 이런저런 어려운 상황에도 불구하고 당신은 어떻게 약속 장소에 잘 도착할 수 있었는가? 당신은 미리 대비를 해두었는가? 미리 주차장을 찾아두었는가? 당신은 어떤 전략들을 사용했는가?

2. 약속 장소에 가기 전에 어떤 스트레스를 겪었는가?

예를 들어 당신은 약속한 전날 밤 충분한 수면을 취했는가? 잠이 잘 오지 않았다면 잠을 자기 위해 노력을 했는가? 영양은 충분히 섭취하였는가? 만나러 가기 전에 개인적인 위생 문제를 잘 해결하였는가? 당신은 날씨에 맞는 옷을 입었는가? 아니면 당신의 기분을 좋게 해주는 옷을 입었는가?

3. 약속한 만남 전에 어떤 생각과 기분이 들었는가?

우리는 한 번도 같은 기분이나 생각의 강물에 발을 담그지 않는다. 그렇다면 부정적인 감정이나 태도가 마음속에서 갑작스럽게 일어났을 때 당신은 어떻게 대처했는가?

4. 약속한 날 당신의 몸 상태는 어떠했는가?

몸에 통증이 있었는가? 당신은 그 문제에 어떤 식으로 대처해서 약속을 지킬 수 있었는가?

5. 그 약속에 가기 위해 어떤 책임과 어떤 의무를 다했는가?

당신은 약속에 가기 전에 집에서 당신의 도움을 필요로 하는 사람을 돕거나 돌보았는가? 당신은 개를 산책시키거나 다른 애완동물을 돌보기 위해 일찍 일어났는가?

6. 약속 시간 전 마음을 집중시키기 위해 또는 평온함이나 기쁨을 찾기 위해, 어떤 방법을 사용했는가?

당신은 약속 장소에 가는 동안 평온함을 주거나 마음을 집중시키는 음악을 들었는가? 당신은 일찍 일어나서 혼자 조용한 시간을 보냈는가? 운동을 했는가? 자신을 돌보는 일을 하였는가? 당신은 약속이 있는 날을 잘 보낼 수 있도록 마음의 집중을 위한 의식을 치렀는가? 예를 들어 따뜻한 커피나 차 한 잔을 마셨는가?

이제 당신이 쓴 답변을 다시 보면서 당신이 약속 장소에 잘 가기 위해 발휘한 능력이 무엇인지 밝혀보자. 이것은 당신을 모욕하는 시간이 아니다. 당신의 능력을 평가하고 그에 따라 당신이 얼마나 많은 능력을 알아차리는지 지켜본다. 능력은 많이 알아차릴수록 더 좋다. 당신의 능력들을 모두 목록으로 만들고 다음 질문들에 스스로 답해보라.

- 나의 능력들을 알고 나서 어떤 느낌이 드는가?
- 나는 과거에 얼마나 이 능력들을 당연한 것으로 받아들였는가?
- 내가 알게 된 능력 중에 가장 놀라운 능력은 무엇인가?
- 나 말고 다른 사람이 이 능력을 갖고 있다면, 나는 그 사람을 어떻게 생각할까?
- 새로운 이야기는 나에 관하여 무엇을 말해주는가?
- 일상생활 속에서 어떻게 하면 나의 능력을 알아차릴 수 있을까?

파트 3

하루 동안 당신이 발견한 능력들을 메모하라. 종이쪽지에 쓰거나 휴대전화기에 저장하라. 당신이 얼마나 많은 능력들을 밝혀낼 수 있는지 지켜보라. 계속 기록하다가 주말이 되면 쓴 것을 검토하고 그 능력들의 가치를 인식하라.

이와 별개로 당신이 매일 만나는 사람들에게서 단 하나의 능력이라도 알아볼 수 있는지 지켜보라. 찾으면 생각에만 담아두지 마라. 사람들과 그 능력에 관해 대화하라. 그들이 그 능력에 대해 어떻게 느끼는지 알아차려라. 그리고 그것이 당신의 기분을 어떻게 만드는지 알아차려라. 당신은 이런 식으로 사람들의 말을 경청하는 능력과 영혼의 자비를 발휘할 수 있다. 당신은 사람들을 칭찬함으로써 보다 깊은 인간관계를 쌓게 될 것이다.

제 4 장

수용의 평화

우리는 원한 감정에 마음의 안방을 내어준다.

우리는 스스로의 선택에 따라 원한 감정과 무기한 임대 계약을

할 수도 있고, 아니면 그냥 매일 하루치의 임대만을

허락할 수도 있다.

– 프레드 러스킨(Fred Luskin), 『용서(Forgive for Good)』

비수용(nonacceptance)의 태도는 '만약의 가정'으로 이루어진 환상의 세계에서 살려고 하는 것이나 다름없다. 우리가 살면서 경험하는 불편, 불만족, 충돌의 대부분은 사물을 있는 그대로 수용하지 않으려는 의지에서 발생한다. 우리는 마음에 들지 않는 경험들을 무시하고, 밀어내고, 거부한다. 그러나 우리는 '실재'하는 세계를 택할 수도 있다. 우리는 우리 앞에 실재하는 것과 싸우고 그것에 저항하는 행위를 멈출 수 있다. '실재'의 세계가 얼마나 무질서하든 간에, 우리는 그것과 함께 존재함으로써 잠깐이나마 온전한 경험을 맛볼 수 있고 이 순간을 온전

히 감촉할 수 있다. 이를 위해서는 여섯 가지 마음 챙김 기술인 짝 되기(PAIR UP)에서 가장 중요한 세 가지가 필요하다. 즉 감응적 수용, 성찰, 고통에 대한 이해가 그것이다. 이 기술들이 원치 않는 감정의 찌꺼기와 당신 간의 관계를 변화시켜줄 것이다.

수용적 태도를 수행할 때의 핵심은 자기인식과 자기관찰이다. 우리는 수용을 통해 마음의 찌꺼기에 관한 진실을 본다. 우리는 선악, 미추, 귀천에 대한 우리의 애착을 있는 그대로 본다. 우리는 수용을 통해 스스로를 감싼 누에고치 신세에서 벗어난다. 우리는 차창을 내려 바깥 공기를 마시며, 벌어지고 있는 사태에 더 가깝게 다가간다. 우리는 비통하다고, 슬프다고, 불공정하다고 생각하는 것을 있는 그대로 본다. 안에서 일어나려는 반응을 멈추고, 있는 그대로 본다. 원치 않는 것들에 대해 갖고 있던 기존의 관점을 내려놓고 본다.

세계적인 구루이자 저자인 크리슈나무르티는 『이것들을 생각하라(Think on These Things)』에 다음과 같이 썼다.

불현듯 스스로를 있는 그대로 보는 것이 발견이다. 탐욕스럽고, 말다툼하기 좋아하고, 화내고, 질투하는 멍청한 자신을 본다. 그것을 바꾸려하지 않고 사실대로 보는 것, 당신을 있는 그대로 보는 것은 충격적인 폭로의 현장을 보는 것과 다름없다. 거기서부터 당신은 점점 더 깊이 보게 되고, 인식은 무한히 깊어진다. 왜냐하면 자기인식에는 끝이 없기 때문이다.

마음의 창을 열어 수용을 받아들이는 일이 두렵게 느껴질 수 있다. 수용은 작게는 오래된 찌꺼기를 청소하는 생활 수행 도구이지만, 크게는 당신의 삶을 근원적으로 변화시킬 하나의 탐험이다.

상담 진료소 일로 매우 바쁜 날이었다. 나는 정시마다 상담객을 맞았다. 진료하던 중 한 통의 전화를 받았다. 그 날 아침에 예정되어 있던 다음 약속을 취소하는 전화였다. 상담에 뜻대로 집중하지 못하고 있었는데 걷기 명상을 하면 도움이 될 것 같았다. 그래서 나는 네 블록을 지나 윌래밋 강(Willamette River)까지 걸었다. 화창하지만 바람이 세게 부는 날이었다. 검푸르스름한 물이 세차게 흘렀고 나는 들판을 걸었다. 그런데 예상했던 것보다 날이 추웠다. 재킷을 가져오지 않았던 것이다. 쌀쌀한 공기가 얼굴을 스칠 때마다 마음에서는 불쑥불쑥 다음과 같은 생각이 일었다.

'밖이 정말 춥네. 기분이 정말 별로야.'

나는 계속 걸었다. 또 다른 생각이 나의 '완벽한 걷기 명상'에 끼어들었다. 들판 가까이에 운동장이 있었는데 거기서 몇 명의 아이들이 까불거리며 신나게 놀고 있었다. 하지만 내 마음은 아이들의 즐거운 비명을 짜증거리로 해석했다.

'저 애들은 정말 시끄럽군. 쟤네들이 조용히 좀 했으면 좋겠어. 나의 완벽한 명상을 망치고 있어.'

그 순간 비수용의 목소리가 황금 같은 기회를 잡았다. 그 목소리는 내 마음에 불쑥 들어오더니 속삭이듯 은근하게 명령했다.

'진료소로 돌아가. 거기가 더 따뜻하고 조용하잖아. 거기서는 명상을 더 잘 할 수 있을 거야.'

나는 이렇게 자동적으로 불쑥 나타나는 생각들을 '마음의 속삭임' 이라고 부른다. 이것을 주의하지 않으면 우리는 로봇처럼 행동하게 된다.

그 순간 나는 명령을 따르는 로봇처럼 진료소를 향해 방향을 돌렸다. 언덕을 오르기 시작했다. 마음의 속삭임을 완전하게 인식하기 전까지 그렇게 걸었다. 그러다 문득 내가 나의 경험을 밀어내고 있다는 사실을 깨달았다. 나는 상황이 우습게 여겨졌다.

'아, 이대로도 충분히 좋지 않아? 그런데 현실이 내가 원하는 바대로 되지 않는다고 해서 현실을 거부하고 더 나은 다른 것을 찾아가겠다고?'

나는 들판에 서서 소리 내어 웃었다.

그러고 바로 걷기 명상을 계속했다. 하지만 크게 달라진 것이 하나 있었다. 내 경험의 모든 것을 수용했고, 경험을 통제하고자 하는 욕구를 놓아주었다. 나는 차가운 공기를 밀어내지 않고 들이마셨다. 차가운 공기를 느꼈고 그것과 함께 존재했다. 아이들로부터 벗어나려고 하지 않고 그것도 받아들였다. 떨어지는 빗방울을 기꺼이 맞듯이 그것을 기꺼이 맞았다. 나는 바로 앞에 있는 것과 함께 존재하고 그것을 수용함으로써 경이로운 걷기 명상을 할 수 있었다. 걷기 명상은 나에게 기운을 주고 집중력을 되찾아주었다.

내 생각들을 알아차리면 알아차릴수록 교활한 내 행동을 지휘하려는 마음의 속삭임을 보다 분명하게 포착할 수 있었다. 마음의 속삭임은 나의 소중한 매 순간을 훔치려 했다. 잠시 동안, 당신이 밀어냈거나 거부했던 경험을 하나만 떠올려보라. 예를 들어 당신은 친구를 만나서 밥을 먹다가 테이블 건너에 놓인 다른 사람들의 메인 요리를 본다. 그리고 당신은 이렇게 생각한다.

'내가 시킨 거 말고 저 사람들이 먹는 걸로 주문할걸 그랬어.'

사실상 이것은 삶이 우리를 위해 준비한 경험을 우리가 얼마나 쉽게 밀어내는지를 잘 보여주는 적절한 은유이다.

인생의 일부가 아니었으면 하고 바라는 경험이 당신에게 있는가? 당신이 선호하는 방식과는 맞지 않는다는 이유로 돌아서거나 거부하는 것이 있는가? 당신 자신이나 다른 사람들에 대한 불만사항이나 마음에 담아 둔 것들을 줄줄이 말할 수 있는가? 거울을 볼 때 또는 저녁 시간에 뉴스를 볼 때, 머릿속에서 어떤 목소리가 당신의 결점과 부족함에 대해 고함치듯 소리를 질러대는가? 믿거나 말거나 이러한 반응적인 생각, 자신을 학대하는 생각, 자신을 비난하는 생각은 당신과 사람들에게 생각보다 더 많은 해를 끼칠 수 있다.

성적 학대와 물리적 학대의 악영향에 관해서는 많은 연구가 있었다. 하지만 언어적 학대의 위험에 관해서는 최근까지도 완전하게 밝혀지지 않고 있다. 〈미국 정신 의학 저널(American Journal of Psychiatry)〉에 게재된 한 연구는 성적 학대나 물리적 학대를 경험한 적이 없는 젊은 성인 800명 이상을 조사했다. 중학교나 고등학교 때 또래 집단으로부터 언어적 학대를 경험한 적이 있는 참가자들에게서는 우울, 불안, 자아 분열, 적대, 분노, 약물 사용 등의 증상이 상당히 높게 나타나는 것으로 밝혀졌다. 또한 연구자들은 참가자들의 뇌량(corpus callosum)이라는 부분에서 비정상성을 발견했다. 뇌량이란 좌뇌와 우뇌를 연결하는 곳으로 우리의 기분과 감정을 해석하고 처리하는 것과 관련이 있다. 나아가 연구자들은 또래 집단의 언어적 학대에 의한 악영향과 부모의 언어적 학대에 의한 악영향에 관한 각각의 연구 결과를 비교했다. 그 결과 양쪽의 영향력이 기본적으로 동등한 것으로 나타났다. 다른 사람의 불친절한 말이 그렇게 강력한 영향력을 가질 수 있다면, 우리 자신의 내면에서 일어나는 생각의 힘이 어떻게 그보다 약하다고 단정할 수 있겠는가?

자기 수용이라는 치료 연고

우리가 마주하게 되는 외부 조건에 수용적 태도를 갖는 것은 쉬운 일이 아니다. 그런데 자신의 내면을 있는 그대로 보는 것에 대한 거부감을 내려놓는 과정 또한 그에 못지않게 어렵다. 여기서 우리에게 또 한 가지 질문이 생긴다. 남과 자신을 비교하는 그 목소리는 어디서 나올까? 당신은 그 목소리를 자신의 것이라고 믿을지도 모르겠다. 하지만 실은 그렇지 않을 수도 있다.

어느 날 50대 초반의 호르헤(Jorge)라는 사람이 나를 찾아왔다. 당시 그가 제일 알고 싶지 않아했던 것은 자기 비판적인 생각들의 근원에 관한 것이었다. 호르헤는 조그마한 사업에 실패한 후 우울증에 빠져 있었다. 그는 상담 초기에 자신이 구직에 실패할 수밖에 없는 이유를 장황하게 늘어놓았다.

"나는 면접을 어떻게 봐야 하는지 몰라요." 그가 그럴듯하게 나를 설득했다.

"같은 자리를 놓고 경쟁하는 젊은 친구들에 비하면 저는 컴맹 수준이고요. 사업하다 망했다는 걸 알면 사람들은 나를 루저로 보겠죠. 나는 사업에는 소질이 없나 봐요. 안 그랬으면 아직도 내 사업을 하고 있겠죠. 물론 시장 상황도 중요하겠지만요."

느낌표를 붙인 듯 그의 목소리가 커졌다.

"그런 건 참을 수가 없다고요."

내가 그의 설명이 상당히 인상적이었다고 말하자 호르헤는 놀랐다. 나는 새 출발을 하는 것이 어려운 이유 '열 가지'를 써올 수 있겠냐고 그에게 물었다. 호르헤는 자기만의 목록을 만드는 일에 신나했다. 다음 상담 시간에 목록 만드는 일이 어떻게 됐냐고 물었다. 호르헤는 주머니에서 노란 종이쪽지를 꺼내더니 펼쳐보였다. 그는 찬찬히 그 목록을 살펴보다가 고개를 흔들며 나를 올려다보았다.

"있잖아요. 목록을 다 쓰고 나서 다시 봤는데 그 목록을 내가 썼다는 게 믿기지가 않았어요." 그가 말했다.

"무슨 말이에요? 왜 그런 생각을 했어요?" 내가 물었다.

"글쎄, 이게 저희 어머니의 생각과 꼭 닮아있지 뭐예요!"

"좀 더 자세하게 말씀해보세요." 내가 말했다.

"그러니까 목록에 있는 부정적인 생각들 말이에요. 내가 부족한 사람이라는 생각, 운명이 내 편이 아니라는 생각, 살면서 절대로 성공할 수 없다는 생각이 목록에 있었어요. 그런데 이건 바로 어머니가 항상 하시는 말들이거든요. 나는 내 눈으로 본 것을 믿을 수가 없었어요. 이제 한 가지는 확실해졌어요. 나는 더 이상 이런 식으로 생각하고 싶지 않아요!"

호르헤는 자신의 생각들과 떨어져서 그것들을 적어 내려갔다. 그리고 이번에는 놀랍도록 새로운 방식으로 그 생각들을 알아차릴 수 있었다. 그는 내면을 성찰하는 동안 자신의 사고방식이 사실은 가족에게서 배운 것이라는 점을 발견했다. 또한 자신이 그동안 가족의 세계관을 자기 것으로 여기며 살아왔다는 점을 깨달았다. 호르헤는 이 경험을 통해 생각의 설득력이라는 게 얼마나 강한지 알게 되었다. 즉 스스로에게 뭔가를 계속 말하다보면 그것에 진실된 근거가 없다고 해도 결국에는 그것을 믿게 된다는 것 말이다.

자기수용이란 어떤 것일까? 그것은 약함을 수용하는 것이 아니다. 그것은 우리가 수용하지 못하는 것을 참고 버티는 것도 아니고, 개인적인 기준을 낮추는 것도 아니다. 우리의 내면에 있는 비판적인 목소리는 바로 그런 식으로 우리를 설득하려할 것이다! 그러나 수용은 포기하는 것도 아니고, 스스로를 향상시키는 일에 애쓰지 않는 것도 아니다. 수용은 당신이 어디서 출발하는 지를 정직하게 보는 것이다. 이것은 당신이 당신의 기준이나 목표에 따라 삶을 보다 나은 쪽으로 변화시키려 하고, 이를 위해 더 많은 기술을 터득하려고 할 때, 반드시 필요한 것이다. 반면 비판적인 내면의 목소리는 성장하고 변화하는 능력을 억제한다. 그것은 사실적인 것 또는 진실한 것을 있는 그대로 말하지 않는다.

자기수용은 우리 안의 선과 악, 미와 추, 받아들여도 좋은 것과 그렇지 않은 것 사이의 끊임없는 전쟁을 멈춘다. 그리고 게임의 규칙을 바꾼다. 수용은 우리를 특정한 행동으로 규정하려고 하지 않는다. 우리는 자기수용을 통해 사랑스러운 부분과 호감가지 않는 부분 모두를 온전히 받아들인다. 우리는 우리 자신과 우리의 목표들, 한계들, 약점들 등등을 보다 상냥하고 외교적인 태도로 대한다.

자기 수용은 우리의 마음이 지나친 제약을 가하는 곳, 너무 빡빡하게 구는 곳, 너무 독선적인 곳을 비춘다. 우리는 자기 수용을 통해 '이 매듭은 어디에서 처음 시작되었을까?' 라고 질문할 수 있게 된다. 그리고 우리는 이러한 질문을 통해 문제들을 극복해나간다. 더욱이 자기수용은 우리 자신과 그 문제를 분리할 수 있는 길을 친절하게 안내한다. 그 길을 따라간 우리는 문제를 내려놓고 흘러가게 내버려둠으로써 결국 그 문제를 수용하게 된다. 자기 수용은 자기인식, 통찰, 자비심을 기른다. 자기수용은 우리를 비난하는 것이 아니다. 우리는 단지 부모님의 사고방식을 채택한 것뿐이다. 누구처럼 훌륭한 가수가, 댄서가, 매니저가, 엔지니어가, 배우자가 아닌 것뿐이다.

자기수용의 깊은 교훈은 모든 것이 섞여 있다는 것이다. 심지어 우리조차도 그렇다. 당신은 완전히 착하거나 아니면 완전히 나쁜 사람을 만난 적이 있는가? 우리는 영웅들을 성스럽게 만들고 싶어 하는 지도 모른다. 테레사 수녀, 부처, 마틴 루터 킹에게 결점이 없는 것처럼 말이다. 하지만 밝은 곳에 서면 반드시 그 그림자가 생기는 법이다. 수용은 자신에 대한 비난을 그치게 도와주고, 깨달음에 이르지 못한 자신의 생각과 행동을 보다 친절하게 대할 수 있게 해준다. 자신의 무지, 연약함, 고통 받는 이유를 자각한다면, 어떻게 다른 사람들의 아픔을 이해하고 수용하지 않을 수 있겠는가? 수용은 단순히 눈 감아 주는 행위와는 다르다.

진정한 수용을 통해 진실에 닿기

고대 불교를 그 시초로 하는 개념들 중의 하나로 팔풍(八風, Eight Worldly Winds)이라는 것이 있다. 이 팔풍은 우리가 살아있는 한 우리를 향해 끊임없이 불어온다. 우리는 아무리 노력해도 이 바람들을 피할 수 없다. 이 여덟 가지 바람들은 칭찬과 비난, 명성과 오명, 얻음과 잃음, 기쁨과 괴로움으로 이루어져 있다. 당신이 칭찬, 명성, 얻음, 기쁨과 같은 긍정적인 속성을 가진 바람들만 맞으려 노력해봤자 소용없다. 마찬가지로 비난, 오명, 잃음, 괴로움에서 오는 불편함을 피하려 하는 노력도 시간과 에너지를 낭비하는 일이다. 삶은 모든 종류의 음식을 갖춘 다채로운 메뉴와 같다. 따라서 우리는 달콤한 디저트는 물론 쓰디쓴 요리도 맛보게 된다. 라스베이거스의 도박장들은 잘 알고 있겠지만 테이블과 승률은 돌고 돌기 마련이다.

나는 대중 연설을 하고 전문가들을 훈련시키는 강연자로서 팔풍을 몸소 겪어왔다. 이야기가 순조롭게 풀리고 청중이 잘 들어주는 날은 칭찬의 목소리가 나에게 말을 하곤 한다.

'당신은 훌륭한 강연자야. 사람들이 당신에게 완전히 빠졌어. 오프라가 당신에게 전화하는 건 이제 시간문제야.'

만약 이야기가 연결이 잘 안 되고 청중에게서 반응이 없는 날은 비난의 목소리가 나를 훈계한다.

'너는 오늘 정말 지루했어. 사람들은 거의 곯아떨어질 지경이고 너를 좋아하지 않았어. 네 연설 경력은 여기서 끝났어.'

어느 쪽이든 집착하면 문제가 생긴다. 그렇지만 이러한 경험은 진정한 수용을 수행(修行)하는 데 도움이 되었다. 진정한 수용이란 매 순간에 벌어지고 있는 사건을 밀어내거나 그것에 달라붙으려고 하지 않고, 그 자체의 진실 안에서 쉬는 것이다. 즉 나는 청중이 다양한 반응을 보일 것이라는 점, 누군가는 나를 좋아하고 누군가는 그렇지 않을 것이라는 점을 수용한다. 나는 강연자로서의 내 능력이 진화하고 있다는 점, 잘했든 못했든 간에 나는 항상 나를 향상시키고자 노력하고 있다는 점을 수용한다. 어떤 강연은 그다지 마음에 들지 않을 수도 있다. 청중에게 받은 질문에 더 빨리 혹은 더 잘 대답하지 못했을 수도 있다. 하지만 나는 그것을 수용할 수 있다. '그것이 실상(實相)이다. 그게 인간적인 방식이다.' 라고. 나는 자아의 찌꺼기에 기만당해 삶이 나에게 주는 모든 것을 경험할 기회를 빼앗기지 않도록 최선을 다한다. 수용이야말로 지혜의 출발점이다. 수용은 우리가 사물을 변화시키려고 하는 찰나에 그 것을 있는 그대로 보게 함으로써 우리를 평온한 상태로 만들어준다. 이 것이 바로 마음의 찌꺼기에 달라붙으려고 하는 근원적인 경향들을 느 슨하게 만드는 방법이다.

마음 청소도구: 자기 수용 안에서 휴식하기 위한 명상

당신이 거부하고 있는 내면의 괴로움이나 외적인 경험이 있다면, 지 금 당장 다음과 같은 시각화를 통해 평화를 찾아라. 그 상처가 얼마나 깊은지 또는 트라우마가 얼마나 강하게 남았는지는 상관없다. 이 명상 은 당신이 보다 현재에 집중할 수 있게 도와주고, 당신을 온전히 수용 할 수 있게 도와줄 것이다.

파트 1
당신이 수용할 수 없는 한 가지는 무엇인가?

종이 한 장을 준비해서 그 위에 당신이 수용할 수 없는 것을 쓰거나, 아니면 그냥 그것을 당신의 마음속에 떠올린 상태로 두어라. 가능한 구 체적일수록 좋다. 그것은 신체적인 감각일 수도 있고, 어떤 상황일 수 도 있고, 어떤 감정일 수도 있다. 다음에 몇 가지 사례를 소개한다.

- 나는 나이를 먹어서 더 이상 매력적이지가 않아.
- 나는 사랑스럽지 않아. 혼자가 되는 게 두려워.
- 내 남편/아내가 무심한데다 남처럼 느껴져서 결혼 생활이 앞으로 어떻게 될지 걱정돼.
- 나는 승진을 못하고 경력에 발전이 없는 게 너무 싫어.
- 나는 피해를 입었어. 나는 그것을 용서할 수도 없고 수용할 수도 없어.

파트 2

아래의 명상을 따라 해보라.

명상을 통해 보다 큰 평화에 접속하고, 보다 부드러운 관점을 얻고, 자신이 한 말을 보다 정확하게 이해해보자.

- 조용한 곳을 찾아 앉아라. 천천히 호흡하라. 당신이 드넓고, 평화롭고, 아름답고, 숭고하고, 지고한 장소에서 쉬고 있는 모습을 그려보라. 이곳에는 당신을 해칠 수 있는 것이 아무것도 없다. 당신은 여기서 완벽하게 안전하고 완전하게 보호받는다. 이곳은 당신이 좋아하는 장소, 안전하다고 느끼는 현실 속의 장소일 수도 있다. 아니면 마음의 눈에만 보이는 상상의 장소일 수도 있다.
- 이제껏 당신을 도와준 사람들을 생각해보라. 이들은 당신의 안녕과 건강과 안전을 마음 깊이 소망하는 사람들이다. 이 사람들이 당신과 가까이 있다고, 또 그들과 함께 있는 것이 기분 좋다고 상상

해보라. 그들은 과거 또는 현재에 만난 친구들이나 이웃들, 또는 가족일 수도 있다. 당신이 존경하는 영적인 지도자들을 떠올릴 수도 있다. 간디, 마틴 루터 킹, 예수와 같은 인물들 말이다. 만약 그들이 이곳에 있을 수 있다면, 그들 또한 당신의 안녕과 안전을 가장 열렬히 바랄 것이다.

- 당신을 아끼는 이 사람들이 보낸 축복과 소망을 받아들여라. 이 따뜻한 느낌이 당신의 세포들에까지 스며들게 하라. 당신의 안녕을 비는 사람들의 소망을 들이마시고, 심장의 중심을 따뜻한 빛으로 채워라. 따뜻한 사랑과 아낌의 빛이 당신의 몸 전체에 골고루 퍼지게 하라.

- 당신이 수용하기 어려워하는 대상이 당신으로부터 멀리 떨어진 곳에 있음을 알아차려라. 그 정도의 거리에서는 그것이 작고 중요하지 않은 것처럼 보인다.

- 다음으로 당신의 주변에서 따뜻함, 사랑, 축복의 빛이 거품처럼 팽창하는 모습을 상상하라. 그 거품의 황금빛은 따뜻하고 매력적이다. 이것은 자기 수용, 지혜, 이해의 거품이다. 당신에게 예기치 않은 어떤 어려움이 닥쳐도 이 거품은 끄떡없다. 거품은 안에 품고 있는 것들을 안전하게 보호할 수 있다.

- 자기 수용의 거품이 당신의 주변에서 팽창하면서 커지는 모습을 상상하라. 당신의 생각들, 당신의 과거, 당신의 감정들은, 긍정적인 것이든 부정적인 것이든 간에 모두 그 거품으로 둘러싸인다. 당신은 거품 안에서 그것들 모두와 함께 있게 된다. 거품이 커지는 동안 그것이 주는 팽창감과 평화를 느껴보라.

- 자기 수용의 거품이 점점 더 많은 것을 안으로 받아들이는 모습을 지켜보라. 어떤 것이든 한 번 거품 안에 들어가면 당신은 더 이상 그것에 반응할 필요가 없다. 당신은 친절함, 보다 큰 이해, 자비심을 가지고 그것을 자유롭게 알아차릴 수 있다.
- 거품이 팽창을 거듭하여 당신이 수용하기 어려워하는 그 대상에 맞닿을 때까지 가만히 지켜보라. 거품이 그것과 접촉하고 그것을 안에 받아들이기 위해 말랑해질 때, 기분이 어떤지 느껴보라. 사랑하는 부모님, 가장 친한 친구, 자비로운 멘토 또는 영적인 스승이 당신을 있는 그대로 수용하는 것처럼, 그와 똑같은 방식으로 모든 것을 수용하는 거품의 모습을 상상하라.
- 거품 안에 들어온 모든 것과 함께 평화롭게 휴식을 취하라. 이제 거품을, 당신이 앉아 있는 평화롭고, 아름답고, 고요한 장소의 지평선을 넘을 정도로 크게 팽창시켜라. 이제 모든 것이 거품 안에 있다. 거기에는 내부도 외부도 없으며, 밀고 당기는 것도 없고, 착한 당신도 나쁜 당신도 없고, 이기고 지는 것도 없다. 이것은 모든 것을 포함하는 자기 수용적 사랑의 장소이다.
- 원하는 만큼 천천히 계속 호흡하라. 당신이 처한 어려운 상황을 끝이 아닌 출발점으로 수용하고자 하는 당신의 의도를 굳게 세워라. 지혜가 이끄는 대로 당신을 맡겨라. 당신은 앞으로 나아가는 방법을 배우게 될 것이다. 이 시각화를 마칠 준비가 됐을 때, 원하면 언제든지 거품의 광활함과 따뜻함으로 돌아가 그 속에서 쉴 수 있다는 것을 인식하고, 당신의 거품에 감사를 표하라.

제 5 장

호흡과 몸에 집중

의식은 인간이라는 총체에 속한 부차적인 기관일 뿐이에요.

의식이 주도권을 장악해서는 안 되는 일이죠.

의식은 몸에 뿌리를 둔 인간성에 복종하고 그것을 받들어야 해요.

의식이 주도권을 쥐게 되면 영화 스타워즈(Star Wars)에 나오는

다스 베이더(Darth Vader) 같은 인간이 나타납니다.

– 조셉 캠벨(Joseph Campbell), 『신화의 힘(The Power of Myth)』

오늘 아침에 당신이 얼마나 많은 생각을 했는지 숫자를 세어볼 수 있겠는가? 아마 당신은 대답 없이 웃기만 할 것이다. 아침에 일어난 후로 셀 수 없이 많은 생각들이 일어났다 사라졌을 테니까.

뇌는 빠르다. 사실 우리가 생각하는 것보다 훨씬 빠르다. 뇌는 초당 25–125가지의 생각을 할 수 있는 것으로 추정된다. 부처는 우리가 초당 3,000가지의 생각을 할 수 있다고 했다. 내가 한 워크샵에서 이렇게 말했더니 한 여성이 손을 들면서 다음과 같이 말했다.

"저는 초당 4,000가지 생각을 해요."

우리는 다함께 웃어 넘겼지만 그 여성이 한 말이 분명 맞을 것이다. 이러한 사실은 마음의 찌꺼기라는 문제를 완전히 새로운 차원으로 가져다 놓았다.

우리는 끊임없이 이어지는 생각들 때문에 지치고, 불안감에 신경이 곤두선다. 그런가 하면 마치 겁먹은 아이들처럼 우리에게 착 들러붙는 걱정거리 때문에 안절부절 못할 때가 많다. 다행히도 우리에게는 지친 마음을 쉬게 하는 타고난 메커니즘이 내장되어 있다. 마음의 휴식은 우리가 몸에 뿌리를 두고 몸에 몰입할 때 이뤄진다. 우리가 허락하면 몸은 뇌와 협력한다. 몸은 뇌의 동료 조종사의 역할을 한다. 균형을 잃거나 급격한 동요에 빠지기 직전에 몸은 경보를 울린다. 몸은 더 순조로운 경로와 조화로운 장소로 우리를 인도한다.

내가 상담했던 환자인 에밀리(Emily)는 몸을 동료 조종사로 사용하는 방법을 배웠다. 에밀리는 여섯 살 난 딸에게 매우 헌신하는 젊은 엄마였다. 내가 에밀리를 처음 만났을 때, 그녀의 마음이 어떤 식으로 작동했는지를 가장 잘 묘사할 수 있는 영화를 하나 꼽는다면, 그것은 아마도 〈폭주기관차(Runaway Train)〉(안드레이 콘찰로프스키, 1985)일 것이다. 에밀리는 딸의 안전과 건강이 어떻게 될지도 모른다는 두려움에 사로잡혀 있었다. 그녀의 마음은 항상 통제에서 벗어나려 했다. 그녀는 언제 철로 밖으로 탈선할지 모르는 상태였다. 그녀는 지속적인 공황 발작을 겪었고, 몸이 쇠약해지고 있었다. 이런 증상으로 고통 받는 사람이 에밀리만 있는 것은 아니다. 불안은 미국에서 첫 번째로 꼽히는 정신 건강 문제이다. 현재 일종의 불안 장애를 앓고 있는 미국인은 4천만 명이나 된다. 에밀리의 딸이 친구 집에서 하룻밤을 자고 오는 날이면, 잠재적인 위험에 관한 생각들이 그녀의 머릿속에 물밀 듯이 밀어닥쳤다. 그 생각들이란 나름 창조적이긴 하지만 기이하다고 할 정도까지는 아니다. 예를 들어 딸이 친구네 집의 창문 밖으로 떨어지는 장면이라든가, 잔디 속에 가려진 날카로운 유리 파편에 딸의 눈이 찔리는 장면을 상상하는 것이다. 딸이 학교 통학 버스에 타고 나면 에밀리는 피투성이가 된 교통사고 현장을 상상했다.

　나는 에밀리와의 상담에 몇 가지 도구들을 사용했다. 첫째로 그녀는 마음 페이스북 활동을 연습했다. 이를 통해 그녀는 생각과 거리를 두고 생각을 알아차리는 방법을 배웠다. 또한 생각의 정확성을 판단하는 방법도 연습했다. 하지만 그녀가 진짜 달라졌던 순간은 그녀가 몸에 완전히 몰입했을 때였다. 그녀는 호흡을 통해 몸과 연결되었다. 그녀는 호흡을 사용하여 몸에 휴식 반응, 즉 부교감 신경계를 활성화했다. 이러한 몸의 명령에 따라 공황 발작 스위치가 꺼졌고, 공황 발작이 일어나는 것을 막을 수 있었다. 그러던 어느 날, 마침내 그녀는 몸을 친구이자 믿을만한 동료 조종사로 만드는 방법을 발견했다.
　그 발견의 순간은 그녀가 딸을 커뮤니티 센터에 데려다주러 가던 도중에 찾아왔다. 그녀는 당시 상황에 대해 설명했다.
　"나는 딸을 축구 연습장에 차로 데려다주던 길이었어요. 불현듯 가슴이 아주 경미하게 죄어오는 느낌을 받았죠. 내가 운전대를 너무 꽉 붙잡고 있다는 것도 알아차렸어요. 그리고 그 순간 내 머릿속에 있던 생각이 선명해졌어요. 축구장에서 무서운 사고가 일어나는 장면을 생각하고 있었던 거예요. 나는 배운 대로 몸에 긴장을 풀고 복식호흡을 시작했어요. 전에는 이런 것들을 전혀 알아차리지 못했죠. 몸에서 무슨 일이 일어나고 있는지 전혀 몰랐고, 그러다 공황 발작이 오면 그냥 가만히 당하고만 있었던 거예요."

이 경험이 에밀리에게는 중요한 전환점이 되었다. 그녀는 동료 조종사인 몸에게 귀를 기울였다. 그리고 이를 통해 자신이 악천후를 향해 돌진하고 있다는 것, 즉 불안한 이야기를 만들어내도록 프로그램화된 회로에 접속하려 한다는 것을 알게 되었다.

강화된 몸 인식은 TV의 기존 설정을 새롭게 조정하는 것과 같다. 또는 웹브라우저의 '즐겨찾기'에 새로운 북마크를 추가하는 것과 같다. 당신은 강화된 몸 인식을 하면서 찰나삼매(刹那三昧: 현재에 일어나는 대상들을 순간순간 알아차리는 데 집중하는 것)에 든다. 그리고 결국 당신은 신경과학자들이 기본 모드 네트워크(default mode network)라고 부르는 상태에서 벗어난다. 기본 모드 네트워크란 마음이 방황하는 상태를 말한다. 방황하는 마음은 이야기들을 산만하게 늘어놓는다. 보통 마음이 특정한 일, 예를 들면 보고서 쓰기, 숙제하기, 여행 계획하기 등에 집중하지 않고 있을 때, 기본 모드가 활성화된다. 하지만 기본 모드가 항상 임의로 설정되는 것은 아니다. 당신이 자주 들르는 채널이 있으면, 당신도 알지 못하는 사이에 그 채널이 기본 채널로 설정되기 쉽다. 예를 들어 당신의 기본 채널은 불안 채널일수도 있고 아니면 우울 채널일수도 있다.

호흡: 찰나의 채널

의사가 당신에게 새로운 기적의 약을 소개했다고 가정해보자. 그 약은 부정적인 생각과 우울을 줄이고 수명 연장의 잠재적 가능성을 갖고 있는 것으로 증명되었다. 게다가 부정적인 부작용이 전혀 없다. 당신이라면 그 약을 복용하겠는가? 우리는 여기서 그 약의 치유력 대해 알아보려고 한다. 그 약은 바로 호흡과 순간 인식(present-moment awareness)이다. 먼저 호흡의 경우 마음 챙김 호흡이 있다. 마음 챙김 호흡이란 횡경막으로 호흡하면서 호흡에 집중하고 호흡과 '함께 존재' 하는 것을 말한다. 〈인지 치료와 연구(Cognitive Therapy and Research Journal)〉에 실린 한 연구는 마음 챙김 호흡이 실제로 강박적 되새김질, 반복되는 부정적인 생각들, 우울을 감소시킨다는 점을 밝혀냈다. 마음 챙김 호흡은 몸의 감각들 주변에서 일어나는 공포를 줄이기도 한다.

한편 〈임상 심리학(Clinical Psychological Science)〉에 게재된 한 연구는 찰나 인식이 젊음의 원천이 될 수 있다는 점을 입증했다. 즉 찰나 인식이 실제 나이(chronological age: 생년월일을 기준으로 해서 실제로 산 햇수)보다 생물학적 나이를 어리게 유지시켜준다는 것이다. 캘리포니아 대학 샌프란시스코 캠퍼스(University of California, San Francisco)의 연구자들은 마음의 방황이 텔로미어를 일찍 단축시킨다는 점을 알아냈다. 텔로미어란 무엇일까? 텔로미어는 DNA 염색체의 말단 부분을 말한다. 텔로미어는 신발 끈 끝에 붙어 있는 플라스틱 고리처럼 세포들을 하나로 묶어준다. 텔로미어는 노화의 생물학적 척도이다. 텔로미어가 짧아지거나 닳으면 세포가 더 이상 제대로 분화되지 못해 우리는 질병을 얻고 죽음에 이른다.

이전의 연구들은 심각한 스트레스가 텔로미어를 일찍 짧아지게 하고 혈액 세포의 노화를 최대 10년까지 가속시킨다는 점을 입증했다. 캘리포니아 대학 샌프란시스코 캠퍼스에서 진행된 연구는 마음의 방황도 텔로미어를 일찍 짧아지게 한다는 점을 입증했다. 그렇지만 좋은 소식도 있다. 연구에 따르면 현재에 집중하고, 현재에 참여하고, 현재에 존재하는 것이 텔로미어가 짧아지는 것을 막아준다고 한다. 연구자들은 이렇게 결론지었다.

'마음의 방황이 심한 사람은 마음의 방황이 적은 사람에 비해 면역 세포인 과립성백혈구(granulocytes), 림프구(lymphocytes)의 텔로미어가 일관되게 더 짧았다. 심지어 마음의 방황이 적은 사람의 텔로미어는 스트레스를 받는 상황에서도 여전히 더 길었다....현재에 주의하는 상태가 건강한 생물화학적 환경을 촉진할 수 있으며, 이것이 다시 세포의 장수를 촉진할 가능성이 있다.'

당신이 마음의 방황에 대해 걱정하다 도리어 스트레스를 받아 쓰러지기 전에, 마음의 방황이라는 개념의 의미를 '부정적인 마음의 방황'

으로 한정해두고자 한다. 부정적인 마음의 방황, 즉 과거에 대한 걱정과 미래에 대한 불안은 노화에 악영향을 끼친다. 찰나 집중을 지속하는 것이 당신에게 좋다. 찰나 집중이 기분 좋은 공상을 하는 것이든, 창조적인 생각을 하는 것이든, 휴가 계획을 짜는 것이든, 다음번의 숨을 호흡하는 것이든, 무엇이든 상관은 없다.

  한 사전 연구는 호흡 수행, 운동, 사회적 지지, 건강한 식생활, 생활 습관 개선 그리고 이에 따른 스트레스 감소가 실제로 텔로미어를 길어지게 한다는 것을 입증했다. 이 분야에 관한 연구는 앞으로 더 늘어날 것이다. 하지만 어쨌든 같은 분야의 연구들이 던지는 핵심적인 메시지는 같다. 바로, 일상적 경험과 인식 방법이 세포의 차원에서 우리에게 깊은 영향을 미친다는 것이다.
  당신은 아기가 숨 쉬는 것을 본 적 있는가? 잘 들여다보면 가슴이 아니라 배가 부풀었다 꺼졌다 하면서 움직이는 것을 볼 수 있다. 이것은 아기가 천천히 기분 좋게 숨을 쉰다는 뜻이다. 이것이 자연적인 기본 호흡 방법이다. 따라서 이런 방식으로 호흡하면 마음의 방황이 자동적으로 줄어든다. 뿐만 아니라 몸의 이완 체계, 즉 부교감 신경계가 가동된다.

  우리는 자라면서 스트레스를 겪는다. 그때마다 우리의 숨은 얕아지고 폐의 윗부분에만 숨이 들어간다. 폐를 컵 모양에 비유하여 생각해보자. 당신이 얕은 숨을 쉬면 컵의 윗부분만 채워진다. 얕은 호흡은 교감 신경계와 몸의 스트레스 반응을 활성화시킨다. 그렇게 되면 혈압, 맥박수, 호흡횟수가 증가한다. 평범한 날에도 스트레스 호르몬이 분비된다. 우리의 몸과 뇌는 잔뜩 흥분 상태에 이른다. 복식호흡의 비밀은 컵을 아래서부터 채우는 것이다. 우리가 어렸을 때 했던 것처럼. 이제는 호흡과 '함께 존재' 하는 법을 알아보자. 이것은 언제 어디서든 유용하고 강력한 핵심적인 도구다.

마음 청소도구: 존재와 평화를 위해 호흡하기

다행히도 복식호흡을 다시 배우는 것은 아주 쉽다. 몸의 자세를 변화시키는 실험을 해보면 된다. 대안적인 자세 4가지를 소개한다. 이 자세들은 우리가 아기였을 때 했던 호흡법을 되찾게 해줄 것이다. 아래 소개한 각각의 자세들은 어깨를 활짝 열어 뒤로 떨어뜨리게 해주고, 흉곽을 열어주는 흉곽 사이의 근육인 늑간근을 당겨준다. 이런 자세에서는 복식호흡을 하기가 더 쉽다. 이러한 호흡법은 횡경막 호흡이라고도 불린다.

이 호흡법을 배우고 연습을 하면 이것을 당신의 새로운 기본 설정 호흡법으로 만들 수가 있다. 이 호흡법은 삶의 어려움이 닥쳤을 때, 당신이 보다 선명하게 인식하고 보다 평온하게 대처할 수 있게 도와줄 것이다.

자세 1

앉든 서든 상관없다. 양팔을 등 뒤로 돌려서 손에 깍지를 껴라. 몸에 힘을 빼고 호흡하라. 호흡이 느려지는지 지켜보라. 복부에 움직임이 있는지 지켜보라. '숨을 들이쉬는 법'을 알았으면 복부 근육에 힘을 빼고 배를 자유롭게 내버려두라. 오랫동안 얕은 호흡을 해왔다면 이렇게 길고 천천히 숨 쉬는 법을 익히기까지 시간이 걸릴 수 있다. (주의: 이 자세를 하고 배의 아래 부분에까지 숨을 들이쉬는 것이 어렵다면, 그냥 등을 바닥에 대고 똑바로 눕거나 옆으로 누워서 해보라. 배가 들어갔다 나오는 것을 느끼기가 더 쉬울 것이다. 배를 움직이는 것이 되면 이 자세로 돌아와서 다시 해보라.)

자세 2

나는 이 자세를 원더우먼 또는 슈퍼영웅 자세라고 부른다. 양손을 갈비뼈 양쪽에 올려놓아라. 이때 팔꿈치는 바깥을 향하게 하라. 숨을 쉴 때 복부의 양쪽이 바깥으로 움직이는 것이 보이는가? 이 자세를 한 채로 길게 숨을 쉬면 숨을 얕게 쉴 때보다 10배는 더 많은 공기를 들이마실 수 있다. 이 자세는 배가 바깥쪽으로 향하는 움직임에 집중하고 싶지 않은 사람들에게 좋다.

자세 3

양팔을 들어 올린 후 양손으로 머리나 목을 뒤에서 부드럽게 잡아라. 아니면 양팔은 들어 올린 채로 두고 손가락 끝으로 어깨를 만져도 된다. 어떤 사람들에게는 이 자세가 깊이 호흡하는 데 보다 효과적인 방법이 될 수 있다. 만약 어지러움을 느끼면 숨을 너무 깊이 들이마셔서 그런 것일 수도 있다. 폐를 컵이라고 상상해보라. 컵을 바닥에서부터 천천히 채우라는 말이지 넘치도록 가득 채우라는 것은 아니다.

자세 4

나는 이 마지막 자세를 '주름통 호흡'이라고 부른다. 양팔을 아코디언의 주름통처럼 사용하기 때문이다. 숨을 들이마실 때는 주름통이 활짝 늘어났다가 숨을 내쉴 때는 주름통이 닫힌다. 언젠가 미 해군의 사람들이 나에게 이것을 시범으로 보여준 적이 있다. 그들은 이 호흡법을 '각성'을 위한 수단으로 사용한다고 한다. 임무를 수행하는 도중에 공포나 불안이 엄습하더라도 이 호흡법을 사용하면 또렷한 정신 상태에서 생각할 수 있다. 이 자세는 다음과 같다. 먼저 양 손바닥을 가슴 앞쪽에 놓아라. 양팔을 각각 옆으로 재끼면서 아코디언을 열고 동시에 숨을 배에까지 들이마셔라. 양팔을 양 옆에 둔 채로 둘을 셀 동안 숨을 참아라. 그리고 나서 팔을 천천히 다시 가슴으로 모으면서 아코디언을 닫고 동시에 넷을 쉬면서 숨을 내쉬어라. 이런 식으로 아코디언 호흡을 두세 번 연습해보라.

위의 4가지 호흡법을 틈날 때마다 매일 해보아라. 무엇보다도 인내심을 가져야 한다. 하루 중에 호흡을 하며 쉬는 시간을 정해놓는 것도 좋다. 나는 워크샵에 온 사람들에게 이렇게 말하곤 한다.

"여러분은 이를 닦거나 샤워를 하는 등 신체 위생을 돌보는 데 시간을 쓰고 계시지요. 그렇다면 마음의 위생도 하루에 3분 정도는 시간을 내서 돌볼만한 가치가 있는 것이 아닐까요?"

호흡은 마음에 낀 찌꺼기를 닦아내는 것과 같다. 하루에 3분 복식 호흡하는 시간을 정하라. 아침에 1분, 오후에 1분, 저녁에 1분 할 수도 있다. 부담 갖지 말고 소소하게 시작하라. 그런 다음에는 하루의 어느 때고 틈 날 때 마다 당신의 숨이 어디에까지 내려왔는지를 의식해보라. 얕은 호흡을 하고 있는 것을 알아차리면 그 즉시 복식 호흡을 하라. 그럼으로써 당신은 몸에 몰입하게 될 것이고 보다 현재에 집중하게 될 것이다. 당신은 호흡이라는 다용도 세척제로 마음의 찌꺼기를 닦아낼 것이다. 그 결과 당신은 1859년 헨리 데이비드 소로우(Henry David Thoreau)가 다음과 같이 조언한 내용대로 살게 될 것이다.

"당신은 현재를 살아야 하고, 밀려오는 모든 파도에 당신을 내맡겨야 하며, 매 순간 당신의 영원성을 발견해야 한다."

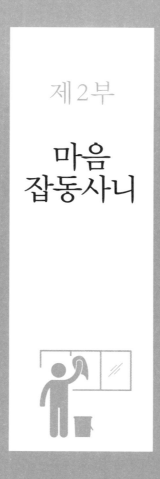

제2부

마음
잡동사니

우리는 개인의 생물학적, 신체적, 정신적 과정이 만들어낸 생산물에 가깝다. 실제로 우리는 환경, 즉 삶의 복잡한 그물 속에 실존한다. 과거가 우리의 경험과 선택에 어디까지 영향을 미치는지 결코 완전하게 이해할 수 없을지도 모른다. 하지만 이전의 세대들을 존경하고 공감하는 것으로 시작해볼 수는 있다. 우리는 유전적 찌꺼기를 알아차림으로써 치유와 희망, 존재 방식의 새로운 진화를 향한 첫걸음을 내딛을 것이다.

제 6 장

가정 안에서의 마음 청소

길 잃은 숲 속에서 살아남기 위해서는

옛날의 방식들을 버려야 한다.

습관적이고 심지어는 해로운 존재 방식에 묶여있는

당신을 자유롭게 하는 것이다.

– 줄리 탈라드 존슨(Julie Tallard Johnson),

『입문의 바퀴(Wheel of Initiation)』

가족과의 친밀한 관계는 우리가 옹알이를 시작하기도 전부터 우리 존재 안에 깊숙이 자리 잡는다. 생후 첫 10-24개월 사이에 우뇌에는 가족과 관련된 회로의 대부분이 만들어진다. 바로 이때 뇌는 정서 및 사회 프로그램을 발달시키기 시작한다. 우리의 뇌는 어머니, 아버지, 그리고 다른 보호자에게 주파수를 맞추고 그들과 동기화한다.

이렇게 깊이 얽혀있는 가족 관계에서 벗어나기란 매우 어렵다. 따라서 당신이 노력하다 실패했다 해도 전혀 이상할 건 없다. 가족 관계에서 생긴 감정의 찌꺼기를 청소하는 것은 마치 나침반 없이 숲속을 걷는 것과 같다. 방향 감각이 무뎌지고, 두렵고, 무섭다. 가족에게서 생긴 찌꺼기는 구속적이고, 해롭고, 짜증스럽고, 완전히 혼란스럽지만 이상하게도 이 모든 불편을 상쇄할만한 편안한 구석이 있다. 그것은 결국, 어릴 적 집에서 겪었던 경험과 사람들에 대한 애착의 재현이기 때문이다.

이런 이유 때문에 가족에게서 생긴 찌꺼기를 청소해나가는 여정은 새로운 삶에 입문하는 과정이라고 할 수 있다. 당신은 무엇보다 가족에 대한 깊은 인식, 자비, 통찰을 얻어야 한다. 그런 다음에야 미래를 어떤 식으로 펼쳐나갈지에 대한 고민으로 넘어갈 수 있다. 여정의 첫 단계로, 어린 아이의 뇌가 감정 및 관계 관리 프로그램을 어떤 식으로 다운받는지 살펴보자.

먼저 관계 맺기 능력이 뛰어난 보호자들이 있다. 이런 보호자들은 아이에게 즉각적으로 응답해주려 하고, 마음의 여유를 갖고 있고, 곁에 있어주려 하고, 주의를 기울이고, 안전한 환경을 제공하려고 한다. 아이의 뇌는 그것을 그대로 복사한다. 뇌의 하드드라이브에 다운로드된 프로그램은 이렇게 말한다.

'나는 내 욕구들을 충족시킬 수 있다고 확신해. 그리고 그럴 자신이 있어. 다른 사람들은 예상 가능한 범위 내에서 협조적이고 믿음직스럽고 너그러운 반응을 보여줘. 때문에 나는 내가 안전하다고 느껴. 세상은 안전한 곳이야. 나는 다른 사람들을 신뢰할 수 있어. 나는 보호받고 있다고 느껴. 나는 다른 사람들 사이에서 성장할 수 있다고 믿어.'

이와 반대로 혼란스러워하고, 좌절하고, 불안해하고, 무신경하고, 감정적으로 여유가 없는 보호자들이 있다. 이러한 보호자 아래에서는 우뇌가 성장 초기에 받는 다운로드 내용이 매우 달라진다. 그 결과 관계 및 정서 프로그램은 이렇게 말한다.

'내 욕구들을 충족시키는 일은 힘들고, 무섭고, 혼란스러운 일이야. 다른 사람들은 예상하지 못한 방식으로 상처를 주고, 변덕스럽고, 이기적으로 반응해. 때문에 나는 안전하지 못해. 세상은 위험하고 이상한 곳이야. 여기서 나는 사람들을 믿을 수 없어. 살아남으려면 경계를 늦추지 말아야 해.'

보호자의 관계 맺기 능력은 그대로 아이의 마음에 투영된다. 그 결과 아이는 관계 안에서 안전함을 느끼며 자랄 수도 있고, 아니면 그 반대를 느끼며 자랄 수도 있다. 사실 이러한 뇌 프로그램은 부모님이나 보호자들보다도 훨씬 더 오래전에 생겨난 것이라고 볼 수 있다. 바로 여기에 가족에게서 생긴 감정적 찌꺼기를 해체할 수 있는 열쇠가 있다.

후성유전학(epigenetics): 용서와 변화를 이끌어내는 새로운 맥락

우리가 일생을 사는 동안 인간의 잔인함과 야만성이 끝없이 되풀이되는 것을 보면서 낙담하지 않기란 어려운 일이다. 우리는 그 책임을 나쁜 독재자라든가 민주주의의 부재, 적자생존의 이데올로기, 사회경제학적 이유들에 돌리곤 한다. 어떤 사람들은 인간이란 원래 태생적으로 폭력적이며 유전자에 폭력성이 들어있다고 주장하기도 한다. 그러나 후성유전학이라는 새로운 과학은 우리에게 근본적으로 다른 그림을 보여준다. 후성유전학은 우리의 행동과 환경이 유전자를 바꿀 수 있다고 말한다. 예를 들어 폭력과 같은 충동이 반드시 인간의 본성으로 고정되는 것은 아니라는 말이다. 다시 말해 후성유전학은 그러한 충동들이 사실 변화될 수 있는 성향에 불과할 수 있다는 입장이다.

후성유전학(epigenetics)은 유전(genetics)의 '너머(over)' 또는 '위에(above)'라는 말이다. 기본적으로 우리의 게놈(genome: 유전자(gene)와 염색체(chromosome)의 합성어로 염색체에 담긴 유전자를 총칭하는 말이다. 유전체라고도 한다.)은 컴퓨터의 하드웨어와 같다. DNA가 바로 하드웨어다. 반면 후성유전학은 유전자가 무엇을 해야 하는지를 지시하는 소프트웨어를 연구한다. 이 소프트웨어는 발현 스위치를 켜야 할지 꺼야할지를 유전자에 지시한다. 후생유전학 연구는 우리의 일상적 경험이 어떤 식의 유전자 표현으로 나타나는지를 설명한다. 다시 말해 우리가 먹는 음식, 숨 쉬는 방식, 스트레스에 반응하는 방식, 환경과 상호작용하는 방식 유전자의 발현에 미치는 영향을 입증한다. 어떤 경우에는 새로운 유전자 표현 방식이 아무런 돌연변이 없이 다음 세대에 전달된다. 후성유전학은 다음과 같은 아인슈타인의 현명한 충고를 현실로 만드는 열쇠를 갖고 있을지도 모른다.

"평화는 물리적인 힘에 의해 유지될 수 없다. 그것은 오직 이해에 의해서만 이뤄질 수 있는 것이다."

듀크 대학(Duke University)의 과학자 랜디 저틀(Randy Jirtle)은 음식이 어떻게 후성유전학적 소프트웨어 프로그램의 역할을 하는지 조사했다. 저틀은 건강 관련 유전자인 아구우티 유전자(agouti gene)에 식단이 어떤 영향을 미치는지 알아보기 위해 실험쥐를 대상으로 실험했다. 그런데 쥐의 털색도 똑같은 아구우티 유전자에 의해 결정된다. 때문에 저틀은 아구우티 유전자의 스위치가 켜졌는지 아니면 꺼졌는지를 시각적으로 분명하게 구분할 수 있었다. 쉽게 말해 아구우티 유전자의 스위치가 켜지면 쥐는 노란색 털을 가졌고, 비만이었고, 수명이 매우 짧았다. 비만 유전자의 스위치를 끄기 위해 노란 쥐에게 메틸기(methyl group: 탄소원자 하나와 수소원자 세 개로 이루어진 분자)가 풍부한 식단을 먹였다. 메틸기는 아구우티 유전자에 달라붙어 그것을 비활성화시켰다. 이 실험의 진짜 놀라운 발견은 사실 다음이다. 이 메틸기 식단은 미래 세대까지 바꿨다. 쥐들이 날씬하고 건강한 쥐들을 낳은 것이다. 이 두 번째 세대의 쥐들도 갈색 털을 갖고 있었다. 갈색 털은 아구우티 유전자의 스위치가 식단에 의해 비활성화되었으며 그것이 꺼진 채로 유지되고 있다는 것을 말해주는 추적표지였다. 하지만 건강한 갈색쥐도 형편없는 식단을 먹이면 아구우티 유전자가 다시 켜졌다. 그리고 이것은 자손 쥐에게도 전달되었다. 이 자손 쥐는 노란 털을 가졌고, 비만이었으며, 수명이 짧았다. 저틀의 연구는 영양학적 요인과 환경적 요인이 유전자 표현을 바꿀 수 있다는 점을 보여준다. 그리고 이 요인들이 유전가능하다는 것도 입증한다. 심지어 암을 일으키는 유전자의 스위치를 끄는 후성유전학적 의학 치료(medical intervention)도 있다.

동물 실험을 이용한 다른 연구는 양육 방식이 뇌의 중요한 부분을 다르게 발달시킬 수 있다는 점을 입증한다. 또한 이 연구는 이러한 후성 유전학적 변화가 다음 세대에 전해진다는 것도 밝혀냈다. 아동 발달 연구자 알란 쇼어(Allan Schore)는 『심리치료술의 과학(The Science of the Art of Psychotherapy)』에서 이렇게 쓰고 있다.

"우리는 스트레스 호르몬의 엄청난 증가가 뇌 발달에 유해한 영향을 끼친다는 것을 알고 있다. 이것은 '폭력과 우울에 대한 성향'이라는 심리생물학적 요인이 다음 세대로 전달된다는 것을 나타낸다."

여기서 주의할 것은 한 개인의 DNA는 변형되지 않는다는 점이다. 환경과의 상호작용으로 인해 변하는 것은 유전자 표현이다.

이것은 강력한 희망의 메시지다. 하지만 그 희망은 우리가 내리는 선택에 보다 큰 개인적 책임이 뒤따를 때 실현될 수 있다. 생각 없는 선택이나 해로운 행동은 우리의 건강은 물론 아이들과 후손들의 건강에 영향을 끼칠 수 있다.

아직 중요한 질문이 남아있다. 우리는 가족에 존재하는 아픔과 고통에 어떻게 대처해야 하는가? 또한 상처 주는 행동을 그만두거나 용서하는 일에 관심이 없는 사람들에 대해서는 어떤 식으로 대처해야 할까?

우리가 계속해서 남을 비난하기만 한다면 치유가 어려워질 것이다. 그런데 후성유전학적 맥락은 완전히 다른 그림을 보여준다. 후성유전학은 다음과 같이 질문한다. 비난이 정말 어떤 도움이 될까? 문제의 조상을 찾아 욕이라도 하려면 과거를 얼마나 거슬러 올라가야할까? 백

년? 천년? 아마도 이보다 나은 방법은 자비심을 가지고 일가친척들의 낡은 사진들을 들여다보면서 그들이 바로 우리 자신이라는 것을 깨닫는 것이다. 우리의 개인적 투쟁은 우리의 부모, 조부모, 그리고 인류 전체가 엮인 우주적 인연망과 연결되어 있다.

우리는 자신의 선택, 의도, 감응적 애착을 인식함으로써 우리의 행동을 바꾸는 것부터 해나가야 할 것이다.

인식과 변화 VS. 용서와 반복

나는 세상에서 가장 멋진 추억을 갖고 있는 사람이라고 할 수 없다. 그런 것과는 거리가 멀다. 하지만 쉽게 잊지는 못할, 기억에 남는 대화가 있다. 그것은 나의 좋은 친구인 스테판(Stephen)과 나눴던 대화이다. 전직 해병 출신인 스테판은 달리기를 좋아하며 예상하다시피 겉모습만으로도 당당한 존재감을 뿜어내는 사람이다. 그는 성인이 된 세 자녀의 아버지이다. 나는 그 중 한 아들의 결혼식에서 세 아이들을 모두 본 적이 있다. 나는 스테판과 아이들 사이에 존재하는 존경과 사랑을 느낄 수 있었다. 그는 남모르는 학대 경험에도 불구하고 아이들과 서로를 아끼는 관계를 구축해낸 것이다.

어느 날 아침 그와 커피를 마시려던 참이었다. 내가 아버지와 아들의 관계에 대한 이야기를 시작하자 내 친구 스테판이 갑자기 조용해졌다. 그의 안색이 어두워지면서 그의 시선이 허공을 향했다. 마치 거기에 과거의 영상이 보이기라도 하는 것처럼.

"내가 어렸을 적에 아버지는 나를 성적으로 학대했네." 그가 덤덤하게 말했다.

그러고 나서 한숨을 한 번 내쉬더니 계속해서 말했다.

"나는 우리 아이들한테는 절대로 그런 짓을 하지 않겠다고, 어떤 식으로든 상처주지 않겠다고 맹세했어."

내가 그에게 그 일 때문에 여전히 고통스럽냐고 묻자 그는 이렇게 대답했다.

"나는 내 자신에게서 그 기억을 떼어버렸네. 그럭저럭 견딜만하게 되었지. 게다가 그런 일은 아무런 이유 없이 그냥 일어나는 법이니까."

스테판은 아버지를 용서하지 않았다. 하지만 그는 일어난 일을 받아들였고 그것을 떠나보내는 법을 배웠다. 그 사건은 그에게 있어 더 이상 강렬한 기억이 아니었다. 그는 가족에게서 비롯된 복잡한 정서적 트라우마를 자신만의 방식으로 극복했다. 나는 그 날 이후로 스테판을 더욱더 존경하게 되었다. 그의 이야기는 학대로 뒤덮인 복잡한 가족사가 또 다른 학대 행위의 변명거리가 될 수 없다는 점을 보여준다. 마찬가지 이유에서 그것은 우리가 미래에 내릴 선택에 대한 예측 변수가 될 수 없다.

관계에 안전함과 신뢰를 배양하는 능력은 누구나 터득 수 있는 하나의 도구이다. 이는 당신을 아프게 한 사람을 반드시 용서해야한다는 말이 아니다. 그렇지만 적어도 당신을 건강하지 못한 관계로 이끄는 감정의 찌꺼기를 그대로 내버려둔 책임은 당신에게 있다. 이번 장의 도구를 소개하기 전에 나는 결혼 생활에서 학대를 경험한 적 있는 한 상담객의 이야기를 공유하고자 한다.

톰(Tom)은 쉰여덟 살의 전문직 종사자였다. 그의 아내는 끊임없이 분노를 터뜨리곤 했다. 그녀는 분노를 이용하여 톰을 조종하려 했다. 그녀는 분노에 차서 마구 성질을 부렸고 사람들이 보는 앞에서 톰을 몰아세웠다. 톰은 달걀 위를 걷는 것처럼 항상 불안했다. 나는 톰의 가족사에 대해 알게 되었다. 그리고 곧 톰이 옛날의 가족 관계 패턴을 반복하고 있다고 확신했다. 톰의 아버지 에드(Ed)와 어머니 베티(Betty)는 사실 공동의존 관계에 가까웠다. 톰은 부모님의 공동의존 관계에 깊숙이 얽혀있었다. 에드가 베티에게 언어적 폭력을 가할 때마다, 베티는 용인하기 어려운 그의 행동을 금방 용서했고 이내 잊어버렸다. 사실은 베티에게도 남모를 가정사가 있었다. 베티의 아버지는 알코올중독자였고 베티의 엄마에게 물리적 학대와 언어적 학대를 가하곤 했다.

결국 톰은 자신이 어머니가 했던 행동을 그대로 따라하고 있다는 사실을 깨달았다. 즉 톰은 학대에 대한 기억을 재빨리 지우는 수법을 사용했다. 그는 아내의 부적절한 행동을 쉽게 봐주거나 잊어버렸다. 나는 톰이 그러한 '기억상실 수법'을 극복할 수 있도록 돕고 싶었다. 그래서 학대당한 일을 비롯하여 그에게 일어난 사건들을 시간발생순으로 기록해보라고 그를 독려했다. 톰은 사건들을 기록하고 나서 여러 번 읽었다. 그 결과 톰은 '기억상실 수법'을 사용하지 않게 되었다. 그는 현재에 벌어지고 있는 사건에 관하여 새로운 관점을 얻게 되었다.

어느 날 그는 상담 시간에 '기억 노트'를 가져왔다.

"나는 내 자신이 이런 취급을 받게 내버려뒀다는 걸 믿을 수가 없어요."

그는 여기까지 말하고, 고개를 저으며 말을 이었다.

"이것은 건강하지 못한 것이고 사랑도 아니에요. 그것은 내 가족사의 일부일지도 모르지만 이제는 바꿔야할 때가 온 것 같습니다."

자신의 주장을 펼치는 일이 쉽지는 않았지만 톰은 그렇게 했다. 그의 아내는 바뀌려 하지 않았고 결국 결혼 생활은 종지부를 찍었다. 톰은 상실감에 무척이나 슬퍼했다. 그에게 있어 한 번 결혼으로 맺어진 가족은 무슨 일이 있어도 죽을 때까지 함께 해야 하는 것이었기 때문이다. 하지만 다른 한편으로, 톰은 가족에게서 생긴 찌꺼기를 극복한 것에 대해서는 기뻐했다. 무엇보다도 그는 서로에게 행복하고 건강한 관계를 창조하는 법을 이해하게 되었다.

마음 청소도구:
가족에게서 생긴 찌꺼기를 청소하라.

나쁜 친구를 찾지 말고
배려하는 법을 모르는 이와 함께 살지 마라.
참된 이치를 사랑하는 벗을 구하라.

– 부처, 『법구경(The Dhammapada)』

만약 어린 시절에 당신의 뇌에 다운로드된 사회 · 정서 프로그램이 지금의 당신에게 도움이 되지 않는다면 어떻게 해야 할까? 그저 운이 없는 셈 치고 그대로 살아야할까? 다행히도 초기에 형성된 프로그램은 삭제하고 새로운 안전 프로그램으로 대체할 수 있다. 당신은 그것을 어디서 찾을 수 있는지, 그리고 새로 다운로드 받은 그 프로그램을 어떻게 설치하는지만 알면 된다.

파트 1

동네 컴퓨터 가게나 인터넷에서 이 프로그램을 찾지는 못할 것이다. 왜냐하면 그것은 하나의 살아 숨 쉬는 프로그램이기 때문이다. 그것은 주변 사람들에게 진정한 후원자(benefactor)의 역할을 하는 특정한 사람들 안에 존재한다. 이 후원자란 누구일까? 당신이 어떻게 그들을 알아볼 수 있을까? 후원자는 특정한 자질들을 갖추고 있다. 아래 그 자질들을 소개한다.

- 후원자는 함께 있을 때 당신의 기분을 좋게 만들고 안전한 느낌을 주는 사람이다.
- 후원자는 자신의 있는 그대로의 모습을 편안하게 드러내는 사람이다.
- 자주 미소를 짓고 당신의 이야기를 귀 기울여 들어주는 사람이다.
- 당신은 후원자에게서 상호존중을 느낀다. 상호존중은 단지 그 사람 자체에 국한된 것이 아니다. 그의 생활과 그가 문제를 다루는

방식에서도 상호존중이 드러난다.

- 후원자는 공감능력을 보인다. 다른 사람이 어떻게 느끼는지 이해한다. 이들은 자비심을 가지고 다른 사람을 대하는 경향이 있다. 예를 들어 푸드뱅크에서 자원봉사를 하는 사람이거나 친구가 아플 때 도움을 주는 사람일 가능성이 크다.
- 열린 마음을 갖고 있다. 자신만의 관점이나 독단을 고집스럽게 지키려 하지 않는다. 이들은 종교, 의견, 정치적 견해가 다르다는 이유로 사람을 배척하거나 가혹하게 비판하지 않는다.
- 후원자는 회복력이 강하고 너그러운 경우가 많다. 인생의 기복과 부당한 사건은 이들의 영혼에 영구적인 상처를 남기지 못한다. 이들은 수용하고 용서하는 법을 알고 있다.
- 마지막으로 후원자는 당신의 성공을 지지하고 기뻐한다. 질투하거나 시샘하지 않는다. 때문에 그들은 당신의 특정한 삶의 영역에 대한 멘토 또는 자원의 역할을 할 수 있다.

후원자는 성인(聖人)이라든가 결점을 갖고 있지 않다든가 하는 말을 하려는 것이 아니다. 우리는 모두 결점을 갖고 있다. 하지만 호기심으로 가득한 영혼과 낙천적이고 열정적인 인생관은 그 결점을 극복한다. 또한 위에 설명한 모든 자질을 구현하는 이상적인 인물을 찾을 필요도 없다. 중요한 것은 대체적으로 열려 있고, 사람들과 어울리고, 친절하고, 함께 있을 때 안정감을 주는 사람을 알아보는 것이다.

이제 여기서 부터가 정말 어려운 부분이다. 당신과 가장 가까운 사람들을 평가하라. 그들은 당신이 이 새로운 프로그램에 접속하게끔 도움을 주는 후원자인가? 아니면 다음과 같은 구 프로그램을 계속 사용하는가? 구 프로그램은 당신에게 이렇게 말한다. "사람들은 예상치 못한 반응을 하고, 상처를 주고, 변덕스럽고, 이기적으로 행동해. 세상은 위험하고 이상한 곳이야. 여기서는 사람들을 믿을 수가 없어. 살아남으려면 경계를 늦추지 않는 게 좋아." 물론 이러한 구 프로그램을 가진 사람들이 당신을 깊이 걱정할 수도 있다. 어쩌면 이들은 당신의 신실하고 충직한 친구일 것이다. 하지만 이들이 구 프로그램을 계속 사용하는 한, 당신의 구 프로그램을 삭제하는 작업이 어려워질 수 있다.

지금으로서는 이런 구 프로그램을 사용하는 사람들이 누구인지 알아보기만 하면 된다. 뭔가를 해야 될 필요도 없다. 그들과의 관계를 바꾸려고 할 필요도 없다. 그저 당신이 지금 당장 필요로 하는 것을 이 사람들이 갖고 있지 않다는 것만 알고 있으면 된다. 만약 정말로 어떤 사람이 당신의 발목을 잡고 있고, 당신에게 도움이 되지 않으며, 당신에게 부정적이고 비판적인 태도를 취하고, 그 결과 당신이 그 사람에게서 존중받는다는 느낌과 안전하다는 느낌을 갖지 못한다면, 그때는 즉각적인 변화를 꾀할 필요가 있다. 하지만 이 도구는 당신이 새로운 프로그램을 다운로드하는 것을 도와줄 수 있는 협력적이고 강한 회복력을 가진 사람을 찾는 것에 초점을 맞춘다. 나아가 당신이 스스로를 성공적으로 재프로그래밍 한다면, 이번에는 당신이 다른 사람들에게 잠재적인 후원자가 되어줄 수도 있다. 당신은 상처 입은 채로 살아남은 사람들을 도와줄 수 있을지도 모른다. 상처 입은 영혼이 되는 것이 꼭 나쁜 것만은 아니다. 우리 인간성의 많은 부분이 상처에서 생겨나기 때문이다.

당신이 후원자를 찾았다면 일단 반은 성공한 것이다. 다음 목표는 후원자가 사용하는 프로그램을 다운로드하는 것이다. 그러기 위해서는 후원자에게 주파수를 맞춰야 한다. 우리의 뇌는 다른 사람이 느끼는 것을 경험하거나 재현할 수 있는 놀라운 능력을 갖고 있다. 이것은 우리 모두가 갖고 있는 자연적인 능력이다. 어느 정도까지는 후원자를 복사하고 모방하는 행위를 말한다. 하지만 당신 자신의 정체성이나 자유 의지를 포기하라는 말은 아니다. 당신은 분리된 개별적 자아로 남아있다. 결정도 스스로 내리면 된다. 단지 그가 느끼고 구현하는 안정감, 신뢰, 자비심에 감응하는 것뿐이다. 당신은 업그레이드를 경험하게 될 것이다. 그것을 어떻게 느낄지, 무엇을 할지는 당신 스스로 결정할 수 있다.

아래의 단계를 따라 그에게 주파수를 맞추고 프로그램을 업그레이드 해보라.

- 후원자와 대화하거나 상호작용하면서 그가 느끼는 것을 의식적으로 알아차려라.
- 그의 얼굴 표정과 몸짓에 특히 관심을 가져라. 비슷한 몸짓을 따라 해보고 그때 어떤 느낌이 드는지 살펴보아도 좋다.
- 그와 상호작용하는 동안 다양한 감정과 표정을 사용해보라.

- 긴장을 풀라. 심호흡을 하면서 마음을 진정시켜라. 후원자가 편안하게 숨을 쉬는지 지켜보라.
- 주변 환경을 둘러보고 당신이 안전하다는 사실을 상기하라. 이러면 뇌의 위험 탐지기가 조용해질 것이다. 필요한 만큼 자주 하라. 색깔이나 모양, 물체 등 당신을 기분 좋게 하는 것을 찾아낼 수도 있다.
- 후원자가 들려주는 이야기에 집중하라. 그가 목표를 달성하거나 장애물을 극복하는 과정에서 사람들로부터 도움을 받은 내용이 이 이야기에 들어있는지 살펴보라.
- 당신의 이야기를 할 때는 당신에게 도움을 준 자원이나 사람을 반드시 언급하라.
- 후원자의 이야기를 듣고, 당신이 그와 비슷한 경험을 직접 하게 된다면 어떨지 상상해보라. 공감하는 능력이 다른 사람을 이해하는 데 어떤 도움을 주는지 스스로 생각해보라. 이러한 인식을 통해 당신이 신선한 통찰을 얻었고 그것을 공유하고 싶다면, 그렇게 하라.
- 그와 헤어질 때 당신이 이 만남을 즐겼다는 사실을 알려줘라. 헤어질 때 이것은 좋은 의미의 마무리가 될 것이다. 또한 당신에게 안정감을 가져다 줄 것이다.

당신이 그에게 감응하는 동안 뉴런은 새롭게 연결된다. 뇌의 회로가 재구성되고, 건강한 정서와 안정감이 설치된다. 침착하라. 완벽하게 하려고 할 필요는 없다. 당신이 '후원자'와 어울릴 때마다, 당신은 또 업그레이드 할 수 있다. 또한 사람들과 함께 있을 때, 새로운 프로그램을 가동하는 연습을 해볼 수도 있다. 무엇보다 과정을 즐겨라.

제 7 장
자비로운 소통에 관한 성찰

자비는 티베트 말로 살아있는 모든 것들과

연결되었다는 느낌이 자연스럽게 떠오르는 것을 말합니다.

당신이 느끼는 것을 내가 느끼고,

내가 느끼는 것을 당신이 느끼는 것이지요.

우리 사이에는 아무런 차이가 없습니다.

– 욘게이 밍규르 린포체(Yongey Mingyur Rinpoche),

『삶의 기쁨(The Joy of Living)』

나는 2012년 12월 14일 코네티컷(Connecticut) 주 뉴타운(Newtown)에 있는 샌디 훅 초등학교(Sanddy Hook Elementary School)에서 비극적인 총격 사건이 일어난 날에 내가 어디에 있었는지 분명하게 기억한다. 그 슬픈 사건은 내 기억 속에 영원히 각인될 것이다. 왜냐하면 그 날 나는 마음 챙김 워크샵을 이끌고 있었기 때문이다. 워크샵 참가자들 중 한 명이 그 소식을 가져와서는 함께 있던 사람들에게 전하면서 다함께 사건을 접하게 되었다. 우리는 모두 심하게 충격을 받은 나머지 쉽게 헤

어 나오지 못했다. 나는 잠시 조용히 앉아서 관련된 사람들을 위해 가호를 빌자고 제안했다.

나에게는 그 워크샵의 아침 활동으로 계획한 것이 있었다. 그것은 러시아의 소설가 레오 톨스토이(Leo Tolstoy)가 1885년에 쓴 『세 가지 질문(Three Questions)』이라는 감동적인 이야기에 기반을 둔 것이었다. 이 이야기는 지금 이 순간에 옆에 있는 사람을 돕는 데 집중하라는 메시지를 담고 있다. 왜냐하면 삶은 귀중하고 예측할 수 없기 때문이다. 샌디훅 초등학교의 사건 소식을 듣고, 나는 이 과정을 건너뛸까도 생각했었다. 하지만 마음 챙김이란 삶이 가장 어려울 때나 가장 쓰라릴 때에 함께 하는 것이기도 하다. 그래서 나는 그대로 진행하기로 했다. 톨스토이의 이야기를 하려니 목이 메여 말이 잘 안 나오지 않았다. 우리 모두 그랬다. 하지만 이 이야기에 담긴 메시지는 다른 어떤 때보다도 그 날에 그렇게 분명해 보일수가 없었다.

세 가지 질문

이 이야기는 철학에 아주 관심이 많았던 한 왕에 관한 것이다. 당신은 그의 왕국이 당신이 사는 곳에서 그렇게 멀리 떨어지지 않은 한 숲속 어딘가에 있다고 상상해도 좋다. 나아가 현대의 정착민들이 와서 자리를 잡기도 훨씬 더 전부터 거기에 그 왕국이 있었다고 생각할 수도 있다. 왕은 세 가지 질문에 대한 결정적인 답을 찾고 싶어 했다. 답을 알면 더 현명한 결정을 내릴 수 있을 거라고 생각했기 때문이다. 그 세 가지 질문이란 다음과 같다.

어떤 일을 하기에 가장 좋은 때는 언제인가?
함께 일해야 할 가장 중요한 사람은 누구인가?
항상 첫 번째로 중요한 한 가지 일이 있다면 그것은 무엇인가?

왕은 요령을 아는 사람이었다. 왕은 누구든 이 세 가지 질문에 가장 훌륭한 답변을 한 자에게 후한 보상을 내리기로 했다. 왕의 백성들은 모두 이 소식을 뛸 듯이 반겼다. 왕은 순식간에 감당하기 어려울 정도로 많은 편지를 받았다. 답들은 하나같이 타당했다. 그러나 왕은 각각의 답변에 편견이 담겨있다는 사실을 알아차렸다. 예를 들어 '함께 일해야 할 가장 중요한 사람은 누구인가?' 라는 질문을 보자. 의사들은 의사가 사람을 치료하기 때문에 의사가 가장 중요한 사람이라고 썼다. 음악가들은 음악가가 사람들을 춤추게 하고 기분을 좋게 만들어주기 때문에 음악가가 가장 중요한 사람이라고 말했다. 왕은 보다 보편적인 진실을 말하는 답변이 반드시 있을 것이라고 생각했다.

어느 날 왕은 숲속의 언덕 꼭대기에 살고 있다는 현명한 늙은 은자에 대해 알게 되었다. 왕은 그 은자를 찾아가 자신이 구하는 답변을 얻으리라 결심했다. 왕은 자신이 은자를 찾고 있다는 사실을 사람들이 알길 원하지 않았다. 때문에 왕은 농부의 차림을 하고 아침 일찍 길을 나섰다. 그는 믿을만한 호위 무사 하나와 시종 하나를 데려갔다. 그들은 함께 꽤 먼 거리를 걸어 나무가 빽빽한 숲에 당도했다. 숲 가운데로는 언덕으로 이어지는 오솔길이 나 있었다. 왕은 여기가 은자가 사는 곳이라는 느낌이 들었다. 왕은 함께 데려온 호위 무사와 시종에게 여기서 기다리라고 하고, 자신은 오솔길로 향했다.

몹시 고된 여정이었다. 울창한 숲 속은 매우 어둡고 으스스했다. 마침내 왕은 나무가 베어진 작은 빈 터에 이르렀다. 태양이 그곳을 밝게 비추고 있었다. 아니나 다를까 거기에 노쇠한 은자가 텃밭을 일구고 있었다. 왕은 보자마자 노인이 가엽게 여겨졌다. 왕은 노인의 삽을 받아 들고는 노인에게 쉬라고 말했다. 왕은 땅을 파내면서 은자에게 세 가지 질문을 했다. 하지만 은자는 대답하지 않았다. 노인은 아무런 표정의 변화 없이 그저 조용히 앉아있을 뿐이었다. 오래지않아 해가 나무들 너머로 넘어가려 했다. 대지에는 그림자가 길게 드리웠다. 왕은 날이 곧 어두워질 거라는 걸 깨달았다. 그는 곧장 마을로 돌아가야 했다. 그래서 왕은 다시 한 번 은자에게 세 가지 질문을 던졌다. 그러나 은자는 이번에도 대답이 없었다.

왕은 어쩌면 은자가 대답을 알지 못하거나, 아니면 그를 도와주고 싶은 마음이 없을지도 모른다고 짐작했다. 그리하여 왕은 떠날 채비를 했다. 그런데 바로 그때, 숲 가장자리 쪽에서 어떤 소리가 들려왔다. 왕과 은자는 검은 딸기나무와 덤불 사이로 나동그라진 상처 입은 사람의 곁에 가서 그 사람의 상태를 살폈다. 그 남자는 피를 흘리고 있었고 의식이 거의 없었다. 그는 바로 왕의 발치에 쓰러졌다. 왕은 망설이지 않았다. 그는 낯선 사람의 상처를 씻었다. 그런 다음 자신의 웃옷을 사용하여 지혈하고 붕대를 감았다. 왕은 남자의 생명이 위태롭다는 사실을 깨달았다. 왕은 상처 입은 남자를 살리기 위해 하룻밤을 머물며 그를 간호하기로 했다. 왕은 불을 피워서 남자의 몸을 따뜻하게 유지시켰고, 밤새 그에게 물을 먹였다. 마침내 남자는 다시 규칙적으로 호흡하기 시작했고, 잠이 들었다.

날이 밝자 햇살이 나무들 사이로 비쳤다. 잠에서 깬 새들이 짹짹하고 지저귀는 소리가 공기를 가득 메웠다. 남자도 잠에서 깨었다. 그는 왕을 올려다보며 왕을 희미하게 가리켰다. 그가 한 말은 왕을 놀라게 했다.

"저는 당신이 누군지 압니다. 당신은 왕이시지요."

그는 계속해서 말했다.

"저는 당신을 암살하기 위해 마을에서부터 당신을 미행했습니다. 저는 당신이 언덕을 다시 내려갈 때까지 기다렸어요. 하지만 당신은 내려오지 않았죠. 당신의 호위무사가 저를 발견하고는 저를 공격한 겁니다."

"하지만 무엇 때문에? 자네는 왜 그런 일을 하려는 건가?" 충격을 받은 왕이 말했다.

남자는 자신이 근처의 다른 왕국에서 살았다고 했다. 몇 해 전 왕의 나라와 자기 나라 간에 전쟁이 있었다.

"저의 형제가 그 전쟁에서 전사했습니다." 남자가 말했다.

"그리고 저는 제 고향을 잃었지요. 그래서 저는 당신에게 복수를 하겠다고 맹세했습니다. 하지만 이제 당신은 제 목숨을 살리셨으니 제가 당신을 완전히 잘못 생각했다는 걸 알았습니다. 저를 받아주신다면 당신의 충직한 백성이 되어 당신을 받들겠습니다."

사태의 반전에 마음이 움직인 왕은 바로 그 자리에서 그를 용서했다. 그런 다음 왕은 언덕을 달려 내려가 호위무사와 시종을 데리고 왔다. 왕은 그에게 집을 한 채 주겠다고 약속했다. 호위무사와 시종은 남자를 왕국으로 옮겼다. 또한 왕은 가장 훌륭한 의사를 불러 그를 돌보게 했고, 그가 완전히 건강을 회복할 수 있도록 최선을 다했다.

호위무사와 시종이 남자를 데려간 뒤에도, 왕은 방금까지 있었던 일의 여운이 가시지 않은 듯 그 자리에 그대로 서 있었다. 왕은 한숨을 내쉰 다음 은자를 쳐다보며 말했다.

"나는 당신에게서 어떤 대답도 듣지 못했습니다. 하지만 적어도 그 사람의 목숨을 살리기는 했군요."

왕이 돌아서서 떠나려 하자 은자가 마침내 입을 열었다.

"하지만 왕이시여, 당신은 세 가지 질문에 대한 답을 모두 가지고 계십니다!"

"내가요?" 왕이 어리둥절한 표정을 지으며 말했다.

"그렇습니다." 은자가 고개를 끄덕이며 말했다.

"당신이 어제 저를 무시하고 떠나셨다면 그 남자는 기다리고 있다가 당신을 해쳤을 겁니다. 즉 저의 텃밭에서 일하며 보낸 시간이 가장 중요한 시간이었던 것이지요. 당신이 이 늙은이를 가엽게 여긴 것은 결국 제가 가장 중요한 사람이었다는 의미가 됩니다. 그리고 당신에게 가장 중요한 일은 저를 돕는 것이었지요. 오후 늦게, 그 상처 입은 남자가 당신의 발치에 쓰러졌을 때 가장 시급한 행위는 그를 구하는 것이었습니다. 모르시겠습니까? 지금 말고 더 중요한 시간은 없습니다. 그 누구도 지금 말고는 어떤 시간도 마음대로 할 수 없습니다. 우리 중 그 누구도 미래를 소유하거나 살 수 있는 사람은 없습니다. 그렇기 때문에 가장 중요한 사람은 누가 됐든 바로 지금 옆에 있는 사람인 것입니다. 바로 여기. 바로 지금. 마지막으로 당신이 항상 최선의 힘을 다해야할 대상은 무엇일까요? 바로 당신 앞에 있는 사람의 행복을 위해 당신이 할 수 있는 것을 하는 것입니다. 기다리고 있으면 그런 기회가 미래에 다시 찾아올 거라고 어느 누가 단언할 수 있겠습니까?"

잠시 동안 이 이야기를 생각하며 앉아 있어 보라. 무엇이 느껴지는가? 어떤 생각이 드는가? 살다가 당신에게 엄청난 감정적 고통과 찌꺼기를 만들어내는 사람을 만났을 때, 톨스토이의 조언을 어떻게 적용할 수 있을까?

친절한 말과 자비로운 존재라는 선물

앞서 우리는 폭력적인 말이 뇌에 얼마나 해로운 영향을 끼치는지 알아보았다. 연구에 따르면 따뜻한 말, 진정시키는 말이 반대의 효과를 낼 수 있다고 한다. 이러한 말은 뇌의 경보기를 진정시킨다. 이로써 뇌는 안전함, 신뢰, 안정감을 더 많이 받아들일 수 있게 된다. 심리학자들은 이러한 과정을 안전 프라이밍(security priming)이라고 부른다. 즉 당신이 다른 사람으로 하여금 특정한 방식으로 느끼거나 생각하게 만들 수 있다는 것이다. 프라이밍은 오랫동안 우리가 일상에서 사용해온 어휘들 중 하나였다. 예를 들어 대부분의 오토바이는 시동을 걸기 전에 스로틀(throttle: 연료 조절판)을 몇 번 당겨줘야 한다. 옛날 자동차들도 마찬가지 이유로 액셀러레이터 페달을 몇 차례 밟아줘야 했다. 모두 엔진에 연료를 주입시켜 점화 준비를 하기 위해서이다. 이것을 엔진 프라이밍이라고 부른다.

안전 프라이밍 과정도 거의 비슷한 방식으로 작용한다. 이 과정 중에 사람들은 읽기, 보기, 듣기와 같은 여러 방식을 통해 프라이밍 언어에 노출된다. 이로써 사람들은 긍정적인 감정을 마음에 점화시킬 수 있는 준비를 마치는 것이다. 안전 프라이밍은 부지불식간에도 작용을 하는 것으로 보인다. 물론 안전 프라이밍을 반복적으로 훈련한 경우보다 효과적이지는 않지만. 언어를 통한 프라이밍에는 여러 가지의 적용 방법들이 있다.

안전 프라이밍은 어린 시절에 트라우마를 겪은 사람들에게 유용한 것으로 연구되었다. 팔레스타인인과 이스라엘인은 서로 간에 있었던 오랜 분쟁의 역사 때문에 서로를 믿지 못한다. 그런데 이런 사람들도 개방성 및 보호와 관련된 안전 프라이밍 언어에 처음 노출된 후 서로에 대한 경계를 감소시킬 수 있었다. 『성인(成人)기의 애착(Attachment in Adulthood)』에서 연구자 마리오 미쿨린서(Mario Mikulincer)와 필립 셰이버(Philip Shaver)는 이러한 프라이밍 언어의 효과에 대해 설명한다. 이들은 불안하고, 회피적이고, 화난 상태에 있는 성인들을 친밀함, 사랑, 아낌을 표현하는 말들에 노출시켰다. 그런 다음 서로가 원하는 바를 소통하게 했다. 연구자들은 프라이밍 언어에 노출된 사람들이 특히 어려움에 직면했을 때, 믿음, 안전함, 안정감을 더 많이 느낄 수 있다는 결과를 도출했다. 〈성격과 사회심리학 저널(Journal of Personality and Social Psychology)〉에 게재된 한 연구는 프라이밍을 통해 사람들에게 안정감을 확보하게 했다. 그 결과 사람들에게서 자비심, 타인을 돌보는 행동, 이타적인 행동이 증가했다.

당신은 『세 가지 질문』을 읽은 후에 프라이밍이 되었다고 느꼈는가? 아마도 그럴 것이다. 그런데 우리는 주변의 매체들, 즉 광고, 비디오 게임, 폭력, 뉴스, 스포츠 등등에 의해 좋은 쪽으로든 나쁜 쪽으로든 항상 프라이밍을 당하고 있다. 요점은 프라이밍이 우리가 생각하고, 느끼고, 행동하는 방식에 영향을 미친다는 점이다. 프라이밍은 여러 학습 방법들 중의 하나이다. 그렇다면 우리는 우리 자신과 우리가 아끼는 사람들을 사랑, 아낌, 관대함에 관한 이야기들로 안전하게 프라이밍 해야 하지 않겠는가?

사람들을 아끼고 배려하는 당신의 행동은 사람들에게 안전함을 느끼게 해주는 일종의 안전 프라이밍으로 볼 수 있다. 우리 자신 안에는 누군가를 행복하게 만들 힘이 없을지도 모른다. 하지만 적어도 우리는 우리의 자비로운 존재를 선사할 수는 있다. 자비의 어원적인 의미에서 보면 그렇다. 자비란 원래 '함께 고통 받음'을 뜻하기 때문이다.

당신은 한 번도 고통 받은 적이 없는 사람을 본 적 있는가? 인간의 몸과 인간의 마음을 갖고 있다면 살면서 상실, 비탄, 슬픔을 경험할 수밖에 없다. 비딱하게 말하려는 뜻은 전혀 없다. 단지 세상 이치가 그렇다는 것이다. 하지만 이것이 전부는 아니다. 이러한 앎은 우리를 하나로 묶어준다. 즉 길에서 마주친 사람과 당신이 그렇게 다르지 않다는 말이다. 우리는 상실을 받아들이게 된다. 그리고 이 순간에, 특히 바로 옆에 있는 사람에게 깊이 감사할 수 있는 용기를 갖게 된다.

톨스토이의 이야기는 우리 각자가 사람들에게 줄 수 있는 진정한 선물이 무엇인지 상기시켜준다. 우리 중 몇 명이나 되는 사람들이 자비심을 가지고 사람들과 함께 앉아 있으려 할까? 다른 사람과 함께 있을 때는 자동운항 모드가 되기 쉽다. 실제로 심리학자들은 마음에 지름길을 만들려고 하는 성향이 우리에게 있다는 것을 밝혀냈다. 물론 장점도 있겠지만 다른 사람에 대하여 섣부른 판단을 내리는 실수를 할 수도 있다. 자동 운항 모드에 있는 동안에는 다른 사람의 아름다움이나 개성에 대해 잘못 판단할 수도 있다. 자동 운항 모드는 안전하게 느껴질 수 있다. 하지만 그 안전함이란 표면적인 안전함에 지나지 않는다.

당신은 어떤 계획이나 의도를 비운 채로 자비심을 가지고 다른 사람과 함께 앉아있어 본 적이 있는가? 나는 워크샵 중에 톨스토이의 『세 가지 질문』을 소개한 후 다음의 활동을 진행했다. 사람들에게 짝을 지어준다. 그리고 나서 3분 동안 짝끼리 서로를 바라보며 고요한 상태로 앉아 있는다. 나는 활동에 대해 설명하는 동안 사람들이 시작하기 전부터 부담스러워하는 것을 느꼈다. 하지만 나는 이것이 단지 빤히 쳐다보는 것이 아니라는 점을 상기시켰다. 이 활동이 자비심과 열린 태도를 가지고 다른 사람과 깊이 교감하며 함께 있어볼 수 있는 기회라는 점을 강조했다. 참가자들이 이 활동을 끝낸 후에 보통 어떤 식으로 반응했을까? 당신이라면 어떻게 반응할 것 같은가? 어떤 사람들은 웃음을 참지 못해 터뜨리기도 하고, 어떤 사람들은 짝의 시선을 피하기도 한다. 그리고 마치 거울 속의 나를 들여다보는 기분이 들 정도로 심오하고도 초월적인 경험이었다고 말하는 사람도 있다.

당신도 원한다면 한 번 해봐도 좋다. 이 연습을 할 때는 짝에게 이 활동이 어떤 것인지 충분히 이해시키고, 짝이 마음을 솔직하게 열도록 장려해야 한다. 어떠한 기대도 갖지 않는 것이 좋다. 끝나고 난 후에 그 경험에 대해 이야기를 나눌지는 당신에게 달렸다. 하지만 그저 톨스토이의 이야기에 대해 생각해보는 것만으로도 충분하다. 또 가능하다면 당신이 통찰한 것을 옆에 있는 사람에게 이야기 해봐도 좋다. 이 과정에서 스스로를 표현하는 방식이 바뀌는지 살펴보라.

마음 청소도구:
존중이 담긴 상냥한 의사소통 프라이밍

말은 관계를 강화하는 도구이자 다른 이에게 안정감을 프라이밍하는 도구이다. 지혜로운 말은 나와 너에게 믿음을 프라이밍한다. 배려 없는 말과 불친절한 말은 아픔을 낳고 사람들을 멀어지게 한다. 조급함, 분노, 수동적 반응, 무리한 요구를 담은 말들은 사람들을 밀어내기 쉽다. 아마도 누구나 한번쯤은 그런 말을 들어본 적이 있을 것이다. 당신도 들어봤다면, 그런 말이 주변 사람들에게 얼마나 상처를 주고 얼마나 큰 해를 입히는지 알 것이다.

아래는 친절하고 지혜로운 말이 가진 핵심적 측면 다섯 가지다.

1. 바른 때에 말하라.

이것은 대개의 경우 바른 때가 아니면 말을 삼가는 것을 말한다. 화가 난 상태이거나 수동적 반응을 보이려 할 때는 더욱더 말을 하지 않는 편이 좋다. 그럴 때는 잠시 쉬면서 감정을 가라앉히는 게 더 지혜로운 행동일 것이다. 평온한 상태로 이야기할 수 있을 때 다시 시도 하라. 말싸움을 일으키지 않고 생각을 전달할 수 있을 때 말하라.

2. 정직하게 말하라.

정직함은 지혜로운 말, 대화다운 대화를 하기 위한 초석이다. 정직함이 신뢰를 부르기 때문이다. 정직한 말하기는 자신의 내면을 들여다보는 일을 포함한다. 우리는 정직함을 가로막는 마음의 장애물, 예를 들어 질투, 욕심, 이기심 등을 내려놓을 수 있어야 한다. 정직함은 합리화하는 것과 다르다. 또한 '정직'하게 말한다는 핑계로 상처 주는 말을 하는 것과도 다르다. 그것은 그저 불친절한 말, 못된 심보에 불과하다.

3. 친절함과 애정을 담아 말하라.

내용이야 어찌 됐든 간에 친절하게, 그리고 부드러운 목소리로 표현하려고 노력하라. 당신이 느끼는 것을 표현하는 것은 중요하다. 하지만 담담하게 말할 수 없다면 애정과 부드러움을 담아 말할 수 있을 때까지 기다려라.

4. 이로운 방식으로 말하라.

말하는 내용에 신경 쓰고 상대방을 배려하라. 당신의 말에 유익함, 자비가 담겨 있는지 확인하라. 가십을 자제하라. 언어를 무기로 사용하지 않는 것이 중요하다.

5. 의도에 맞게, 진심을 담아 말하라.

상대의 의견에 동의하지 않더라도 비난도 비판도 하지 말고 존중하는 태도로 요점을 말하라. 그렇게 함으로써 당신은 상대를 경청하게 만들 수 있다. 상대방은 이해받고 있다는 느낌을 갖게 될 것이다. 그렇다고 언어폭력을 당할 때도 스스로를 방어하지 말라는 것은 아니다. 기회가 될 때마다 우정을 기르고 더욱더 깊은 우정을 나누어라.

이번 생활 수행 도구의 마지막은 다음의 질문들을 스스로에게 직접 해보는 것이다.

 – 집이나 직장에서 당신이 지혜롭고 친절한 말을 연습하는 데 있어 가장 큰 어려움은 무엇인가?

- 당신이 살면서 어려움에 직면했을 때, 안전 프라이밍 언어를 어떤 식으로 사용하여 평정심을 되찾을 수 있을까?
- 당신에게 안전 프라이밍 언어가 될 수 있는 말이나 이야기는 무엇인가?
- 당신의 감정을 보다 투명하게 보고 그것에 솔직해질 수 있는 한 가지 사소한 방법은 무엇일까?

제 8 장
우정의 씨앗 심기

기억하라. 길은 보이는 것만큼 험하지 않다.

오히려 저항하는 것이 당신을 힘들게 한다.

많은 스승들이 지금 당신과 함께 걷고 있으며,

당신 역시 그들에게 한 명의 스승이다.

당신이 낯선 이에게 사랑을 전할 때

당신은 천사 같은 전령이 된다.

– 프랭크 카피터스(Frank Coppieters),

『진화하는 마음에 관한 안내서(Handbook for the Evolving Heart)』

우정을 소재로 한 영화 중에 좋아하는 영화가 있는가? 우정을 주제로 한 영화는 호러 영화, 스포츠 영화, 서부 영화, 공상과학 영화, 애니메이션 등 거의 장르를 가리지 않고 찾아볼 수 있다. 몇 가지 기억에 남는 TV 프로그램과 영화가 있다. 대개 적대적인 관계에 있는 두 사람이 대립을 극복하고 질긴 애정의 관계를 만들어내는 과정을 보여준다.

〈스타 트렉(Star Trek)〉의 인간 캡틴 커크(Captain Kirk)와 외계의 벌칸인(Vulcan) 스팍(Spock), 〈새벽의 황당한 저주(Shaun of the Dead)〉의 인간 션(Shaun)와 좀비 에드(Ed), 〈덤 앤 더머(Dumb and Dumber)〉의 덤 해리(Harry)와 더머 로이드(Lloyd), 〈제리 맥과이어(Jerry Maguire)〉의 절박한 스포츠 에이전트 제리(Jerry)와 욕심 많은 풋볼 선수 로드(Rod), 〈워킹 앤 토킹(Walking and Talking)〉의 결혼한 로라(Laura)와 유감스럽게도 싱글인 아멜리아(Amelia), 〈리썰 웨폰(Lethal Weapon)〉의 가정폭력 사건 전담 형사 머터프(Murtaugh)와 자살 사건 전담 형사 리그스(Riggs), 〈위대한 레보스키(The Big Lebowski)〉의 느긋한 듀드(Dude)와 성질 급한 월터(Walter), 〈오드 커플(The Odd Couple)〉의 결벽증 환자 펠릭스(Felix)와 슈퍼 게으름뱅이 오스카(Oscar), 〈토이 스토리(Toy Story)〉의 구식 카우보이 인형 우디(Woody)와 신형 로봇 버즈(Buzz), 〈프리 윌리(Free Willy)〉의 소년 제시(Jesse)와 범고래 윌리(Willy), 〈해리포터(Harry Potter)〉의 호그와트 삼총사 해리(Harry), 헤르미온느(Hermione), 론(Ron).

이 모든 영화들 속 우정들이 지닌 공통점은 이들 사이의 깊은 유대감이다. 이들은 뜻깊은 인생 경험을 공유하는 과정에서 서로에 대한 우정을 단련한다. 우리는 친구와 있을 때 방어 태세를 풀고 '진짜 나'를 내어 보여준다. 이러한 경험은 두려운 모험이기도 하지만 동시에 진정한 유익함을 낳는다. 이와 달리 그 반대의 상황이 어떨지 생각해보자. 만약 우리가 친구나 네트워크 없이 홀로 고립된다면 어떨까? 그럴만한 이유나 사정이 있을 수도 있겠지만 어쨌든 그렇게 되었다고 할 때, 고립은 우리의 삶에 어떠한 영향을 미치게 될까?

고립은 정서 건강과 신체 건강에 부정적인 영향을 가져온다고 한다. 연구에 따르면 가족이나 친구와의 네트워크가 없으면 건강이 나빠질 수 있다. 알코올 중독자가 되거나, 하루에 담배 한갑을 피우거나, 비만이 될 수도 있다. 한 광범위한 메타 분석 보고에 따르면 사회적 관계가 건강과 사망률에 어떤 영향을 끼치는지를 설명한다. 이 보고서는 148건의 연구들을 검토했으며 연구에 참가한 사람들은 30만 명이 넘는다. 〈공공과학도서관-의학(Public Library of Science Medicine)〉에 게재된 이 연구는 다음과 같은 결론으로 마무리된다.

"사회적 관계망이 위기에 처할 경우 그 영향력은 이미 잘 정립된 사망 요인에 필적한다."

실제로 우리가 강력한 사회적 지지를 받으면 더 오래 살 수 있는 가능성이 50% 더 높아진다.

다른 연구들은 특히 나이가 들면 우정이 훨씬 더 중요해진다는 점을 지적한다. 〈역학(疫學)과 공중 보건 저널(Journal of Epidemiology and Community Health)〉에 게재된 한 연구는 호주에서 70세 이상 노인 약 1만4천명을 10년 넘게 추적 조사했다. 연구자들은 건강상태나 생활습관과 같은 변수들을 통제했다. 그 결과 개인의 사회적 관계망이 노년의 생존율을 높이는 보호 요인으로 작용한다는 사실을 밝혀냈다.

영어 속담에 불행한 자는 다른 이의 불행을 반긴다는 말이 있다. 그렇다면 행복한 자는 어떨까? 우정이 우리의 정서에 영향을 미칠 수 있을까?

행복한 사람은 다른 사람의 행복을 바라며 행복에는 전염성이 있다고 한다. 하버드 의대(Harvard Medical School)와 캘리포니아 대학 샌디에이고 캠퍼스의 연구자들은 4천5백 명의 사람들과 그들의 가족, 그리고 그들과 사회적 관계를 맺고 있는 사람들 5만5천명을 추적 조사한 데이터를 분석했다. 연구자들은 이 분석을 통해 행복과 같은 감정이 어떻게 간접적으로 퍼져나가는지를 처음으로 밝혀냈다. 그들이 발견한 바에 따르면, 행복은 감기가 전염되는 것처럼 접촉을 통해 퍼져나갔다. 데이터는 우리의 친구 한 명이 행복하면 우리가 행복해질 확률이 15.3 퍼센트 더 커진다는 것을 입증했다. 그리고 우리의 친구의 친구가 행복하면 그것만으로도 우리가 행복해질 확률이 9.8 퍼센트 증가한다. 게다가 행복은 지리학적으로 근접할수록 더욱 쉽게 퍼진다. 친구들이나 형제자매, 친척들이 멀리 살거나 다른 도시에 살 경우, 이들이 우리의 행복에 미치는 영향은 미미하다. 반면 가까이 사는 사람일수록 우리에게 더 큰 영향을 미친다. 또한 면대면 접촉은 전화나 인터넷을 통한 접촉에 비해 더 많은 행복감을 느끼게 했다.

보살핌, 친구의 기본 자질

쉰 살의 로이드(Lloyd)는 아버지를 잃은 슬픔에서 벗어날 방법을 찾지 못해 나를 찾아왔다. 로이드는 외롭고 고립된 사람이 어떻게 되는지를 보여주는 하나의 사례이다.

"나는 언제나 아버지 생각뿐이에요." 로이드가 말했다.

로이드는 아버지가 쇠약해지자 아버지를 돌보는 데 모든 시간을 썼다고 했다. 로이드의 아버지는 수백 킬로미터 떨어진 곳에 살았다. 때문에 로이드는 금요일 밤이면 피곤으로 충혈된 눈을 비비며 비행기를 탔다. 주말 동안 아버지를 돌보기 위해서였다. 그는 일요일 오후면 집으로 돌아왔다. 로이드는 아버지가 돌아가시기 전까지 3년 동안 그렇게 했다. 나는 그의 헌신적이고 존경스러운 행동에 매우 감동을 받았다. 그것은 아버지에 대한 자비심과 애정에서 우러나온 행동이었다. 하지만 그 결과 로이드는 함께 어울리던 친구들을 하나둘 잃었다. 로이드의 사회적 관계망에 구멍이 뚫린 것이다.

로이드는 말했다. "나는 아버지와 함께 있기 위해 친구들을 만나지 않았어요. 저보다 나이가 많은 아버지의 친구들이 저의 새로운 친구가 되었죠. 그분들 중에는 세상을 떠나신 분도 몇 분 계세요."

로이드는 아버지가 돌아가신 후 3년 동안 일하러 나가는 것을 제외하고는 고립되어 지냈다. 로이드는 이전의 사회적 관계를 회복하지 못했다. 로이드와 나는 친구를 사귀는 행위, 그리고 아버지에 관해 친구와 이야기하는 행위가 어떻게 그를 슬픔에서 빠져나오게 만들 수 있는지 이야기했다. 그는 친구가 도움이 될 거라는 생각에는 동의했다. 하지만 어디서 어떻게 시작해야할지 알지 못했다. 나는 새로운 방법을 찾기보다는 예전에 어떤 식으로 사람들을 만났었는지 기억을 더듬어보라고 했다. 그는 성인 농구 리그와 같은 스포츠 활동을 통해 친구를 만났던 일을 떠올렸다.

우리는 함께 그의 동네에 있는 농구 리그 몇 개를 찾아냈다. 로이드는 나중에 직접 전화를 걸어 리그들에 관해 더 자세히 알아보았다. 그는 일이 없는 시간에 그런 활동에 참여하기 시작했고 새로운 친구들을 만날 수 있었다. 사람들과 긍정적인 방식으로 다시 관계를 맺게 된 로이드는 슬픔을 떨쳐내고 앞으로 나아갈 수 있었다. 우정은 과거의 상처와 상실을 치유하는 능력을 갖고 있다.

당신은 어떻게 친구를 사귀는가? 잠시 동안 내면을 들여다보라. 당신이 살면서 만난 친구들을 떠올려보라. 아래 목록은 친구의 자질들을 묘사한 것이다. 이 중 어떤 자질이 당신을 행복하게 하고 당신에게 안정감을 느끼게 하는지 살펴보라. 어떤 친구가 다음의 자질들을 얼마나 갖고 있는가?

한때는 소중했지만 고통스러운 방식으로 끝났거나 변해버린 우정이 있는가? 그렇다면 당신이 스스로를 자비로 포용할 수 있는지 지켜보라. 이런 식으로 당신은 그 경험과 그 경험에 대한 슬픔, 상처, 실망을 당신과 분리시켜 볼 수 있다. 그리고 그것들을 받아들일 수 있게 된다. 또한 이를 통해 당신은 새로운 우정이 가능하다는 것을 받아들인다.

- 친구는 나의 결점과 서로간의 뚜렷한 차이에도 불구하고 나를 있는 그대로 받아들인다.
- 나에게 성장과 배움이 필요할 때 친구는 나에게 도전한다.

- 친구는 나의 견해를 가치 있게 여긴다.
- 친구는 특별한 흥미를 공유하고 나에게서 최고의 것을 끌어낸다.
- 친구는 나의 성공과 성장을 진심으로 기뻐한다.
- 친구는 나의 비밀을 들어주며 나를 비난하지 않는다.
- 친구는 좋을 때나 나쁠 때나 의리를 저버리지 않고 나의 편에 선다.
- 친구는 나를 깊이 아낀다.
- 친구는 나를 지지하고 나의 자원이 되어준다.
- 친구는 나를 든든히 받쳐준다. 내가 안전하다는 느낌, 보호받고 있다는 느낌을 갖게 해준다.
- 친구는 가장 깊은 감정과 느낌을 공유한다.
- 우정은 오래될수록 깊어진다.
- 친구는 나의 멘토이자, 지도자이자, 선생이다.
- 친구는 동지애와 소속감을 준다.
- 친구는 삶의 경험을 공유하고 그로부터 살아있다는 느낌, 즐겁다는 느낌을 갖게 해준다.

이런 식으로 시간을 갖고 우정을 찬찬히 들여다보려면 개인의 통찰력이 필요하다. 친구가 많아지기를 원한다면, 친구에게 위의 자질들을 나눠주는 당신의 모습을 상상해보라. 여기서 나는 성 프란치스코(Saint Francis)의 기도를 추천한다. 이 기도의 다음과 같은 구절은 받는 것이 아닌 주는 것을 이야기하고 있다. 주는 행위야말로 오랫동안 아름다운 우정을 기를 수 있는 지혜로운 방법이다.

증오가 있는 곳에 사랑을 싹틔우게 해주시고,
상처가 있는 곳에 용서를 싹틔우게 해주소서.
의심이 있는 곳에 믿음을 싹틔우게 해주시고,
절망이 있는 곳에 희망을 싹틔우게 해주소서.
어둠이 있는 곳에 빛을 싹틔우게 해주시고,
슬픔이 있는 곳에 기쁨을 싹틔우게 해주소서...
위로한 만큼 위로받기를 구하지 않게 하시고,
이해한 만큼 이해받기를 구하지 않게 하시며,
사랑한 만큼 사랑받기를 구하지 않게 하소서.
우리는 주는 행위를 통해 이미 받고 있기 때문입니다.

우정의 세 가지 씨앗

나는 대학을 나온 후 첫 직장을 갖게 되었다. 나의 흥미와는 맞지 않는 일이었다. 내가 맡은 일은 사무 일이었다. 출근하려면 시카고 북서쪽에 있는 교외에서 출발해 교통체증으로 꽉 막힌 고속도로를 한참 달려야 했다. 그 사무실에서 그나마 마음에 드는 몇 가지 중 하나는 휴 (Hugh)였다. 그는 내가 젊은 시절에 만난 그 누구와도 달랐다. 그는 회사의 낡은 회계 시스템을 개편하는 컨설턴트로 회사에 들어왔다.

당시는 컴퓨터가 막 상용화되기 시작한 때였다. 때문에 휴는 끝도 없는 회계 업무를 컴퓨터로 간단하게 해결하는 일에 열정적인 에너지를 쏟았다. 사업 파트너는 그렇게 생각지 않았지만, 휴는 구식의 사무 관행을 바꾸자고 주장했고 매 단계마다 반대에 부딪쳤다. 나는 그가 안쓰럽게 느껴졌다. 우리는 함께 점심을 먹으러 가곤 했는데 그때마다 그는 주요 철도 회사의 부사장으로 지냈던 일하며 산전수전 겪은 이야기를 해줬다. 나보다 서른 살 정도 더 나이가 많았지만 우리는 친구가 되었다. 그의 밝은 영혼은 당시 미래에 대한 불안과 불확실함 때문에 어두웠던 나의 영혼을 가볍게 만들어 주었다. 휴에게 힘든 시기가 찾아왔다. 이혼을 한데다 금전적인 어려움에 처한 것이다. 당시 나는 여전히 부모님과 함께 살고 있었고 대학 동창과 함께 아파트를 구해 살기 위해 돈을 저축하고 있었다. 그때 휴가 나에게 500달러를 빌려줄 수 있는지 물었다. 500달러면 그 당시 나에게는 큰돈이었지만 그에게 빌려줬다. 아버지에게 이 이야기를 했더니 아버지가 입을 떡 벌리며 이렇게 말했다.

"한 푼도 받지 못할 거야. 휴는 완전히 거덜난데다 나에게도 돈을 빌렸거든. 난 아마 그것도 받지 못하겠지."

말하자면 긴데 결론만 얘기하자면, 휴는 약속한대로 나에게 빚을 갚았다. 휴는 그 돈이 나에게 필요하다는 사실을 알았다. 무엇보다도 나는 단 한순간도 그가 갚지 않을 거라고 의심한 적이 없다. 휴가 나에게 돈을 갚았다는 사실을 아버지가 알게 됐을 때 아버지는 깜짝 놀랐다.

나는 휴에게 돈을 빌려주기로 한 결정을 후회한 적이 없다. 나는 휴의 친구로서 휴가 나에게 돈을 갚기 위해 최선을 다하리라는 점을 믿고 기다렸다. 친구가 도움을 필요로 했기 때문에 나는 자비심을 느꼈고 행동했다. 돌아보면 휴와 나는 그때 신뢰, 수용, 공감이라는 세 가지의 우정의 씨앗을 심었던 것 같다.

마음 청소도구:
신뢰, 수용, 공감의 씨앗을 심어라.

세 가지 씨앗 각각에 대한 설명을 읽어본 후 마지막 질문들에 대해 생각해보고 답해보라.

〈신뢰의 씨앗〉

어떤 관계에서든 신뢰는 매우 중요하다. 신뢰 없이는 관계도 없고, 상호존중이나 안정감도 없기 때문이다. 신뢰를 구축하는 데는 세 가지 방법이 있다.

1. 직감을 무시하지 마라.

적신호, 즉 마음에서 일어나는 사소한 질문이나 의문, 뭔가 꼬일 것 같은 느낌에 귀를 기울여라. 당신이 안전하지 않다는 신호를 느끼면 의문이나 질문에 대한 대답을 얻을 때까지 속도를 늦추는 것이 좋다.

2. 서두르지 마라.

신뢰를 쌓는 데는 시간이 필요하다. 사람들에게 종종 상처받는 한 가지 이유는 상대방이 믿을만한 사람인지 아직 확실히 모르는 상태에서 너무 일찍, 너무 많은 것을 보여주려고 하기 때문이다. 상담실에는 비밀 유지에 대한 윤리 지침이 벽에 걸려 있다. 상담객을 보호하고 그들에게 신뢰를 주기 위해서다. 이와 마찬가지로 다른 모든 관계에서도 전문적인 공개 진술서를 쓰는 것까지는 아니더라도, 그러한 지침이 필요하다. 새로운 우정은 즐겁고 신나는 것일 수 있지만 자연스럽게 성장할 수 있는 기회를 주어야 한다. 커다란 떡갈나무는 하룻밤 사이에 자라지 않는다.

3. 정직한 태도, 투명한 태도를 가져라.

정직한 태도는 '진실'이라는 이름으로 다른 사람의 머리를 때리는 것을 말하지 않는다. 정직한 태도란 진실된 태도, 기만하지 않는 태도를 말한다. 당신의 친구가 당신의 말과 행동에 기댈 수 있을 때, 이것을 정직한 태도라고 한다.

〈수용의 씨앗〉

수용은 우정을 살찌우는 두 번째 씨앗이다. 수용은 그 누구도 완벽하지 않다는 것을 인정하는 태도이다. 심지어 당신의 '절친'도 그렇다는 것을 인정해야 한다. 수용적 태도를 기르는 세 가지 지침을 소개한다.

1. 당신을 포함하여 사람은 누구나 약점을 갖고 태어난다는 점을 기억하고, 너무 가혹하게 대하지 마라.

수용은 학대를 수용한다는 의미가 아니다. 보다 너그러운 태도를 갖고 마음을 여는 것을 말한다. 수용이란 친구를 폭넓게 포용하는 것이며 있는 그대로의 모습을 받아들인다는 느낌을 친구에게 주는 것이다.

2. 친구를 지지해주고 친구의 행복을 빌어라.

우정은 경쟁이 아니라 서로를 지지하는 관계방식이다. 관객석 한 쪽에서 응원하는 마스코트나 치어리더처럼 친구의 성공에 기뻐하는 모습을 보여라. 당신이라면 하지 않을 선택을 친구가 했다고 하더라도 친구를 똑같이 지지해주어라.

3. 친구가 완벽하지 못한 모습을 보일 때 용서하는 법을 연습하라.

친구가 당신을 실망시킬지라도 여전히 진실한 친구가 될 수는 있다. 당신은 용서를 통해 실망과 분노를 내려놓고 그것들을 흘려보내는 방법을 터득하게 될 것이다.

〈공감의 씨앗〉

우리는 공감을 통해 친구와 깊은 관계를 맺을 수 있다. 우리는 친구가 무엇을 원하는지 느낀다. 자비심에서부터 기쁨에 이르기까지 다양한 감정을 친구와 공유할 수 있다. 공감은 유대감을 높인다. 공감은 서로에 대한 친밀함, 사랑, 아낌을 실현하기 위한 관문이다. 공감능력을 키우는 데는 세 가지 방법이 있다.

1. 친구에게 귀를 기울여라

친구에게 가까이 다가가고, 친구에게 공감하라. 우리는 상대방의 감정 상태 및 느낌에 보조를 맞춤으로써 상대방의 입장이 어떤지를 이해하게 된다. 친구가 슬퍼하면 슬픔에서 빠져나오라고 하기 보다는, 친구에게 다가가 친구의 이야기를 듣고 친구의 슬픔을 느껴라. 공감은 친밀함을 키운다. 이성적인 이야기는 나중에 하면 된다.

2. 천천히 호흡하고, 몸의 감각에 집중하라.

호흡은 우리를 머릿속의 생각에서 벗어나게 한다. 그리고 바로 그 순간에 옆에 있는 친구와 '함께 존재' 하게 만들어준다. 상대방의 기분을 느껴보는 행위는 이해를 토대로 한 강력한 유대관계를 만든다.

3. 친구와 있는 시간을 즐겁게 만들어라.

어떤 사람에게는 친구가 이런 저런 불만과 걱정거리들을 쏟아내기 좋은 대상이 되곤 한다. 그렇다. 친구는 당신의 아픔에 도움을 줄 수 있다. 하지만 우정이란 살면서 겪는 다양한 감정들의 종합세트를 공유하는 것이다. 현자였던 시인 루미(Rumi)는 바로 이점을 우리에게 상기한다. "사람들은 당신이 행복하기를 바란다. 당신의 아픔을 달래기 위한 도구로 사람들을 이용하지 마라!"

이제 스스로에게 다음을 질문해보라.

- 나는 어떤 방식으로 성공적인 우정을 쌓아왔는가? 나의 우정을 강하고 단단한 것으로 만드는 데 어떤 씨앗이 효과가 있는가?
- 이러한 씨앗들 중 어떤 것이 나의 우정을 보다 완전하게 만들어줄 수 있을까?
- 기존의 우정 또는 새로운 우정에 심어볼만한 씨앗 하나를 꼽자면?

제 9 장
온전한 듣기

말은 하고 또 하고 얼마든지 계속 할 수 있어요.

하지만 말이 길어질수록 상황은 나빠집니다.

즉 당신은 진실에서 더욱 멀어지게 되는 거죠.

– 조지 워싱턴 카버(George Washington Carver)

TV를 보면 토크쇼(talk show)는 많지만 리슨쇼(listen show)는 없다. 의사소통에서 말하기와 듣기는 둘 다 필수적인 요소이다. 하지만 어떤 이유에선지 말하기가 훨씬 더 섹시해 보인다. 어떤 의미에서 말하기는 받는 행위라고 할 수 있다. 우리는 말을 함으로써 듣는 이의 관심을 '붙든다'. 우리는 사람들의 의견과 생각을 듣기보다는 자신의 의견을 '말한다'. 훌륭한 배우와 강연자는 무대를 '지휘한다'. 어느 쪽이 더 중요하다고 생각하는가? 말하기인가 아니면 듣기인가? 당신은 어느 쪽에 많이 의존하는가? 어느 쪽이 당신의 기분을 좋게 만드는가?

아마도 말하기가 기분을 더 좋게 만든다는 답변이 솔직한 답변일 것이다. 특히 우리 자신에 대해 말할 때 기분이 좋아진다. 어떤 조사에 따르면, 트위터나 페이스북만 보더라도 전체 포스트의 75퍼센트 이상이 본인의 즉각적이고 주관적인 경험에 관한 것이었다. 하버드의 연구자들은 이러한 인간의 욕구를 이해하고자 했다. 그들은 뇌 영상법과 인지 과학을 결합하는 방법을 택했다. 그리고 사람들이 자신을 '폭로' 할 때 뇌에서 어떤 일이 벌어지는지 알아보고자 했다. 연구자들은 참가자들이 '다른' 사람의 의견이나 '중립' 적인 주제에 대해 말을 할 경우, 그들에게 소정의 돈을 지급해주기로 했다. 즉 참가자들이 '자기 자신' 의 의견이나 느낌, '개인' 적인 경험에 대해서 말하면, 이러한 돈을 받지 못하게 되는 것이다. 〈미국국립과학원 회보(Proceedings of the National Academy of Sciences)〉에 게재된 이 연구는 사람들이 돈을 버는 것보다 자신에 대해 말하는 것을 선택한다는 점을 보여준다. 자신에 대해 말하는 것이 왜 그렇게 만족감을 주는 걸까? 연구자들은 자기 폭로가 뇌에 있는 '기쁨, 만족, 보상의 체계' 를 자극한다는 것을 알게 되었다. 이 보상 체계는 음식, 성관계, 약물, 돈에 의해 활성화되는 보상 체계와 같은 것이었다. 하지만 혼잣말은 보다 깊은 이해나 진정한 소통에는 별로 도움이 되지 않는다. 오로지 듣기를 통해서만 우리는 진짜 다른 사람의 내면세계를 여행할 수 있다.

제대로 듣는다는 것은 어떤 의미일까? 식물 분야의 토마스 에디슨이라 할 수 있는 조지 워싱턴 카버는 무려 삼백 가지 이상의 땅콩의 용도를 밝혀냈다. 카버의 비밀 무기는 듣기였다. 그는 아침 일찍 일어나 간단한 아침식사를 했다. 오전 4시가 되면 땅콩을 비롯하여 그가 연구하는 다른 식물들과 소통하는 시간을 갖곤 했다.

"특별한 것들이 있다네. 대개는 아주 작은 것들이지. 작은 땅콩이나 작은 진흙 덩어리, 작은 꽃, 이런 것들이 우리의 시선을 내부로 끌고 들어간다네. 그때 우리는 그것의 영혼을 들여다보게 되는 거야." 그가 말했다. 카버가 배운 것처럼 듣기는 수동적인 활동이 아니다. 듣기 하나에만 집중할 때 가장 효과가 있다. 우리는 또렷한 각성 상태에서 존중하는 마음을 가지고 우리의 존재와 주의를 의도적으로 상대에게 줄 수 있다. 듣기에 오롯이 집중하지 않고 대화중에 문자를 보내거나 컴퓨터 작업을 한다면, 그것은 우리 앞에 있는 사람에게 등을 돌려 그 자리를 떠나는 것이나 다름없다.

잘 들으려면 찌꺼기를 청소하라

우리의 뇌가 과거의 반응적 회로를 따라 경보를 울리면, 듣기와 관련된 뇌의 회로가 닫힌다. 특히 우리가 잘 아는 사람들에 대한 감정의 찌꺼기가 활성화될 때 듣기 회로가 완전히 닫힌다. 베스(Beth)가 바로 그런 경우다. 이 35살의 여성은 엄마가 자신을 비난한다는 느낌을 자주 받았다.

"제가 아이들에게 자유를 좀 주려고 하면, 엄마는 제가 아이들을 방관한다고 비난하고요. 제가 아이들의 학교 일을 도와주거나 아이들을 위한 활동을 계획하면, 엄마는 제가 헬리콥터맘이래요. 언제나 제 잘못이죠."

엄마의 전화가 올 때마다 베스의 방어체계는 경보태세에 들어갔다. 온몸의 신경이 곤두서고, 기분이 상하고, 화가 날 때가 많았다. 베스는 생존 회로의 노예가 되었다. 왜냐하면 뇌 회로는 지각된 위협과 우리의 자아에 대한 위협을 포함한 모든 종류의 위협에 방어적으로 반응하도록 만들어져있기 때문이다. 물론 자아의 욕구에 대한 애착이 덜 하다면 방어적인 반응을 보일 이유도 줄어든다.

이를 이해하기 위해서는 우리가 들은 것을 뇌가 어떤 식으로 처리하는지 알아야 한다. 소리는 청각 신경을 통해 뇌에 있는 언어 처리 센터인 베르니케 영역(Wernick's area)으로 이동한다. 하지만 그 전에 뇌의 경보 탐지기인 편도체가 그 입력 신호를 먼저 받는다. 기억하라. 편도체는 모든 감각 기관, 즉 시각, 청각, 촉각, 미각, 후각, 그리고 정위기능(몸의 균형이 흐트러졌을 때 몸이 스스로 순간적으로 균형을 바로잡는 능동적인 기능)과 연결된 목 근육을 통해 들어오는 것을 중간에서 낚아챈다. 편도체는 잠재적인 위협이 될 수 있는 모든 것을 잡아내려고 한다. 엄마의 비판은 베스의 방어 체계를 작동시켰다. 이는 다시 매 순간에 집중하여 듣고 응답하는 베스의 능력을 손상시켰다.

왜 우리의 뇌 회로는 이런 식으로 고정될까? 초기 진화의 역사를 보면 이것이 완벽하게 이해가 된다. 당시 인간은 정글 속에서 으르렁거리는 호랑이의 소리에 자동적으로 반응함으로써 목숨을 구할 수 있었다.

오늘날 우리의 생존 체계는 논쟁과 직무 검토, 격렬한 직원회의, 비판적인 평가, 또는 굶주린 호랑이 간의 차이를 알지 못한다.

나는 베스가 고정된 뇌 회로를 극복하는 데 도움이 될 만한 간단한 지침 네 가지를 일러주었다. 이 지침들은 방어 체계를 작동시키고 듣기를 방해하는 회로로부터 탈출하고자 하는 베스를 돕기 위해 고안한 것이다. 그녀는 이 방법을 통해 엄마의 말의 이면에 있는 것을 들을 수 있었다. 그로 인해 그녀는 엄마의 말에서 새로운 의미를 파악할 수 있었다.

1. 대화하는 동안에는 상대방에 대한 모든 전제들을 내려놔라.

나는 베스에게 대화하는 동안에는 과거의 회로를 의도적으로 내려놓으라고 했다. 대화를 마친 후에는 다시 예전의 회로로 돌아가도 된다.

2. 말을 보조하는 목소리 톤, 몸짓 언어, 얼굴 표정에 주의를 둠으로써 상대방의 감정에 공감하라.

이렇게 하게 한 이유는 베스가 말의 내용에 갇히지 않길 바랐기 때문이다. 엄마가 정말로 표현하고 있는 것, 즉 엄마의 깊은 감정에 베스가 닿기를 바랐다.

3. 의사소통하고 있는 사람에 대한 호기심을 가져라.

나는 베스가 흥미로운 낯선 이와 대화를 하고 있다고 상상할 것을 주문했다. 이를 통해 베스가 익숙한 과거의 회로를 깨길 바랐다. 베스는 마치 처음 보는 사람과 만나고 있다고 상상했다. 덕분에 베스는 기대를 내려놓을 수 있었다. 베스는 엄마의 말을 이전만큼 개인적으로 받아들이지 않게 되었다.

4. 상대방에 대한 나의 생각이 정확한지 또는 자동적인 것에 불과한지 주시하라.

이렇게 하는 목적은 베스가 자신의 생각과 건설적인 거리를 둘 수 있게 해주기 위함이었다. 베스는 이를 바탕으로 자신의 생각을 평가하는 법을 배울 수 있었다. 그녀는 그 순간에 자신의 생각이 정확한지 확인했다. 이로써 그녀는 자동적으로 반응하는 대신 다른 방식의 대응을 할 수 있는 상태가 되었다.

상담실을 다시 찾은 베스는 다른 관점에서 본 엄마에 관해 이야기했다. "저는 엄마랑 이야기하면서 이전과는 전혀 다른 것들을 들을 수 있었어요. 저는 외로움을 들었죠. 엄마는 저랑 가까워지고 싶어 하는데 방법을 모르는 것 같았어요. 엄마가 얼마나 외로운지 알고 나니 슬프더라고요. 정말 오래간만에 처음으로 저는 엄마에게 측은함을 느꼈어요."

베스는 이러한 연습을 통해 상위인지(metacognition)라는 중요한 마음 챙김 기술을 배웠다. 상위인지란 생각과 판단을 평가하기 위해 내면을 성찰하는 것이다. 교육 분야에서 상위인지는 오래전부터 하나의 배움의 수단으로 인정받아왔다. 우리는 상위인지를 통해 바로 결론으로 건너뛰는 것을 피하고 사고를 분석할 수 있다. 이러한 마음 챙김 능력은 우리로 하여금 생각으로부터 한 발자국 뒤로 물러나게 한다. 생각과

거리를 두는 것이다.

우리는 듣기를 하는 동안 상위인지를 통해 수동적 반응과 건설적인 거리를 둘 수 있다. 우리는 자신이 대상에 대해 어떤 식으로 생각하고 있는지를 검토해보면서 시간을 벌 수 있다. 예를 들어 어떤 상황이나 대화에 대한 평가가 부정확할 때, 그것을 찾아냄으로써 진행 경로를 바꿀 수 있다. 우리는 질문을 통해 명확성을 얻을 수 있으며, 자동적인 사고에 도전할 수도 있다.

로봇과 같이 이미 조건 지어진 생각을 하는 자신을 발견한 적이 있는가? 순간 판단은 매우 빠르게 일어나기 때문에 성찰이나 재평가의 단계를 건너뛰어 버린다. 언젠가 동료 상담가가 함께 책을 써보지 않겠냐고 나에게 물었던 적이 있다. 나는 반사 신경과 같은 속도로 그럴 생각이 없다고 곧바로 대답했다. 하지만 잠시 동안의 성찰을 통해, 내가 로봇처럼 반사적으로 반응했다는 것을 인식하게 되었다. 나는 거기서 바로 성급한 대답을 한 것에 사과했다. 그리고 친구에게 더 자세하게 이야기해줄 수 있는지 물었다. 마음 챙김 성찰 덕분에 나는 들을 수 있었다. 나는 온전하게 존재할 수 있었으며, 조건 지어진 찌꺼기로부터 벗어날 수 있었다.

더 깊은 이해의 과정에 자신을 내맡겨라

채우고 싶다면, 비워라.

다시 태어나고 싶다면, 죽어라.

-노자, 『도덕경』,

다른 사람과 이야기하고 있을 때, 당신의 컵은 얼마나 차 있는가? 당신의 컵이 당신 자신의 의견, 생각, 견해로 가득 넘쳐 흐르고 있는가? 그렇다면 당신은 다른 사람이 공유하고자 하는 것, 또는 기여하고자 하는 것을 받아들일 여유가 없을 것이다. 당신은, 자기 생각으로 컵을 가득 채운 나머지 당신의 이야기를 들어줄 여유가 없는 사람과 뭔가를 공유하려고 해본 경험이 있는가? 듣기는 고대의 기술이다. 지금 소개하려는 듣기 기술은 2-3세기에 사막의 수도승들이 사용했던 관상(觀想) 수행을 거쳐 약간 변형된 것이다. 렉시오 디비나(Lectio Divina)라 불리는 이 수행법은 당신의 컵을 비워줄 것이다. 당신은 새롭고 더 깊은 방식의 받기, 듣기, 이해의 과정에 자신을 내맡기게 된다.

렉시오 디비나는 우리의 이야기와 다른 사람들의 이야기를 보다 깊이 이해하기 위해 기존의 믿음을 버리는 것이다. 신성한 읽기 또는 관상적 듣기 수행법은 우리가 이야기를 경험하는 방식을 변화시킨다. 우리는 유의미한 글, 경전, 시, 이미지를 통해 이성적 사고 및 이미 조건 지어진 사고를 버린다. 그리고 마음의 문을 열어 발견의 과정을 받아들인다. 그 과정에는 보통 보다 깊은 의미가 드러날 때까지 짧은 글을 계속 반복해서 읽는 것이 포함된다. 이러한 읽기는 짧은 구절이나 단어로 초점을 천천히 좁혀간다. 이렇게 해서 드러난 의미는 당신이 탐험해 본 적 없는 미지의 영역으로 당신을 데려간다. 읽기는 때로 질문을 수반한다. 예를 들면 스스로에게 이렇게 묻는 것이다. "나는 무엇을 보았는가? 나는 무엇을 들었는가? 나는 새롭게 얻은 앎을 가지고 무엇을 해야

하는가?"

렉시오 디비나는 궁극적으로 당신의 자신의 이야기뿐만 아니라 사람들이 당신에게 공유한 이야기에 평화와 수용을 가져다준다. 나바호(Navajo)와 같은 북미 인디언은 의식과 춤, 그림을 사용하여 스스로를 치유하고, 탐험하며, 조화를 이끌어낸다. 누구나 이러한 신성한 방식의 듣기를 배울 수 있다. 우리는 이미 갖고 있는 생각들과 판단들로 가득한 컵을 비워낼 수 있다. 그럼으로써 공간을 만들고 향긋한 음료를 조금씩 채워나갈 수가 있다. 다음의 생활 수행 도구는 보다 깊고 자비로운 듣기를 돕는 일상의 수행법을 당신에게 알려줄 것이다. 그리고 그럼으로써 이번 장의 모든 이야기들을 하나로 완성하게 될 것이다.

마음 청소도구: 당신은 어떻게 듣는가?

우리에게는 새롭고 자유로운 방식의 듣기와 의사소통이 필요하다. 이것은 우리로 하여금 열린 마음, 창조적인 태도, 자비심을 간직할 수 있게 도와준다. 과거의 찌꺼기가 대화와 소통을 방해한다면 간단한 머릿글자 HEAR를 떠올려라. HEAR를 사용하여 보다 드넓은 인식, 덜 방어적인 인식을 시작해보라. HEAR의 의미는 다음과 같다.

모든 전제들을 보류하라.(Hold all assumptions)

정서의 세계로 들어가라.(Enter the Emotional World)

흡수하고 수용하라.(absorb and accept)

성찰하고 존중하라.(reflect, then respect)

H – 모든 전제들을 보류하라.

열린 마음의 장을 열기 위해서는 당신이 이전에 갖고 있었던 전제들을 내려놓는 것이 중요하다. 당신의 자아를 비우고 호기심을 가져라. 개인적으로 비판받는다는 느낌이 들더라도 마음의 찌꺼기들이 담긴 컵을 비워라. 전제를 내려놓는다는 것은 객관적인 사실을 찾아나서는 것과 같다. 그렇다고 당신이 스스로를 변호하거나 보호할 수 없다는 말은 아니다. 상대방에 대한 호기심을 갖고 이렇게 질문해보라. 이 사람은 어쩌다 이런 생각을 갖게 되었을까? 이 사람은 어떤 고민을 갖고 있을까? 이 사람의 말은 공포나 걱정의 마음에서 나오는 것인가?

E–정서의 세계로 들어가라

당신이 상대방의 기분이나 믿음을 밀어내면 어떤 일이 생길까? 당신이 화난 사람에게 이렇게 말한다고 가정해보자.

"화를 내는 건 바보 같은 거예요. 나는 당신이 하는 말을 듣지 않을 겁니다. 들어봤자 좋을 게 없거든요. 당신은 마음이 진정되고나면 더 괜찮은 생각을 할 수 있을 거예요."

대답이나 요구, 명령은 상대방을 화나게 만들 수 있다. 그러지 말고 상대방의 정서에 공감하면서 그 세계에 들어가 보라. 들어간다는 것은 잠시 동안 그 사람의 편이 되어 그 사람의 입장에 있을 때 그 기분이 어떤지를 느껴보는 것이다. 예를 들면 이러한 반응을 보이는 것이다.

"나는 당신이 이렇게 화내는 것(슬퍼하는 것, 속상해하는 것, 좌절하는 것 등)을 본적이 없어요. 무슨 일인지 얘기해주겠어요? 나는 당신이 어떤 기분인지 알고 싶어요. 그러면 우리가 함께 그 문제를 해결할 수 있을지도 몰라요."

감정을 나타내는 2차적인 언어나 의미에 주의를 집중하라. 상대의 몸짓과 손짓, 목소리 톤을 주시하면 상대의 기분을 당신의 마음속에서 재현할 수 있다. 언어화되지 않은 정보 중에, 당신이 표현해볼 수 있는 것이나 당신이 통찰해낸 것이 있는가? 당신은 상대방의 세계에 들어감으로써 그 사람과 보다 성공적인 관계를 맺을 수 있다.

A—흡수하고 수용하라

전화 게임을 아는가? 둥글게 모여 앉아서 다음 사람에게 한 구절이나 한 문장을 속삭이는 게임이다. 그 구절이 마지막 사람에게 전달될 즈음이면 원래의 것과는 전혀 혹은 거의 닮지 않게 된다. 우리가 들은 것은 쉽게 잘못 해석되곤 한다. 그렇기 때문에 우리는 상대가 말할 때 이해심과 열린 마음을 가지고 듣고 그것을 흡수해야 한다.

스폰지가 물을 어떻게 흡수하는지 떠올려보라. 스폰지는 물을 여기저기 첨벙첨벙 튀겨가며 서두르지 않는다. 상대의 관점을 흡수하는 것은 때로 시간이 필요하다. 즉 질문을 통해 명확하게 이해하는 과정이 필요하다. 흡수는 듣기, 이해하기, 질문하기의 과정을 거친다. 그리고 마지막으로 당신이 명확하게 이해했는지를 확인하기 위해 당신의 언어로 다시 말해보는 것까지 포함한다.

상대방이 말한 것을 흡수하는 데까지는 성공할 수 있을지도 모른다. 하지만 수용이 없다면 흡수한 것은 사라진다. 수용은 온전히 상대의 관점에 서서 보기 위해 필요한 태도다. 수용은 우리가 반드시 상대의 관점에 동의해야한다는 것을 의미하지 않는다. 단지 우리는 상대가 어떻게 느끼는지를 마음을 열고 받아들이는 것뿐이다.

R-성찰하고 존중하라

성찰은 모든 것을 잠시 멈추고, 내면을 들여다보면서, 내가 방금 들은 것에 대해 생각하는 상위인지 단계이다. 아마도 우리는 바로 응답할 준비가 되어 있지 않을 것이다. 그럴 땐 잠깐 멈추어도 괜찮다. 성찰은 마음을 열고 여유를 허락한 상태에서 내면의 지혜와 친절함에 귀를 기울이는 행위이다. 때로 답을 구하려는 마음 없이 오랫동안 걷는 것이 성찰의 방법이 되기도 한다. 현명한 후원자와 고민을 나누는 것 또한 성찰에 도움이 될 수 있다.

응답할 준비가 되었을 때 응답하되, 존중과 친절을 담아 응답하라. 화가 날 때는 응답하지 마라. 당신의 마음이 지혜와 사랑, 존중으로 가득 찼을 때가 응답하기에 옳은 때이다.

제 10 장

관계 확장

인간은 우리가 '우주'라고 부르는 전체의 일부이며,

시간과 공간의 제약을 받는다.

인간은 스스로를, 즉 자신의 생각과 감정을 나머지 세계와 분리된

어떤 것으로서 경험한다. 자신이 나머지 세계와 분리된 독립된 존재라는 인식

은 사실 자신의 의식이 만들어낸 광학적 망상에 가깝다.

—알버트 아인슈타인(Albert Einstein)

도시국가가 발달하기 전에 인간은 부족이라고 하는 사회 집단을 조직하여 살았다. 이 책에서는 부족이라는 용어를, 우리가 유대를 맺고 있는 집단이나 사회적 가치를 공유하는 집단이라는 의미로 사용하고자 한다. 이러한 문맥에서 볼 때 부족(또는 집단)은 당신의 가족을 의미할 수도 있다. 가깝게 지내는 친구 집단, 정치·종교 단체, 심지어는 직장 문화를 의미하기도 한다. 당신은 어떤 '부족'과 관계를 맺고 있는가? 우리가 항상 부족을 고를 수 있는 것은 아니다. 때로 우리는 부족의 세계관을 마치 복음처럼 받아들일 때도 있다.

잠시 동안 당신의 부족이 외부인을 어떻게 보는지 생각해보라. 의심하는 태도와 적대적인 견해를 가지고 외부인을 바라보는가? 아니면 열린 마음과 수용적인 태도를 갖고 있는가? 그 부족, 예를 들어 가족, 문화, 교회, 친구, 국가, 직장에 대한 당신의 충성과 복종은 당신의 세계관에 어떤 영향을 미치는가?

'각인'이라는 말을 들어본 적 있는가? 오리, 거위, 닭과 같은 동물들은 매우 어린 시절에 부모와 강한 유대를 맺는다. 이 동물들은 세상에 태어나 처음 본 움직이는 물체를 따라다니도록 프로그래밍되어 있다. 그 각인 대상은 보통 새끼들의 엄마이다. 새끼들은 엄마가 어디를 가든지 따라간다. 이 과정을 '각인'이라고 한다. 이것은 새끼들이 중요한 기술을 배우는 방법이기도 하다. 과학자들은 새들이 인간이나 심지어는 인형, 막대기 같은 물체에 각인될 수도 있다는 사실을 오래전부터 알고 있었다.

가족 또는 다른 집단에 대한 각인 행위와 유대 행위에 담긴 중요한 목적은 우리의 생존이다. 하지만 만약 당신의 부족이 당신을 가르치는 데 한계가 있으면 어떻게 될까? 〈아름다운 비행(Fly Away Home)〉이라는 영화로 극화된 한 사례를 살펴보자. 이 영화에서 부모를 잃은 캐나다 기러기(Canadian geese) 새끼들 무리는 한 인간 가족의 손에 크게 된다. 새끼들은 이 가족에게 각인되었다. 안타깝게도 곧 인간들은 거위가 겨울을 넘기지 못할 거라는 사실을 알게 된다. 왜냐하면 보통 어린 거위는 나이 많은 멘토 거위에게 의지하여 계절에 따른 철새 이동 경로를 배우기 때문이다. 인간 가족은 이러한 한계를 극복해주고자 거위에게 저속 초경량 비행기를 따라가도록 가르친다. 이 비행기는 새들을 이끌고 캐나다의 온타리오(Ontario) 주에서 출발하여 버지니아(Virginia)주까지 간다. 비행기 조종사 빌 리시먼(Bill Lishman)이라는 사람이 실제로 이렇게 했다. 그는 초경량 비행기를 사용하여 거위에게 이동하는 법을 가르쳤다. 길을 한 번 배운 새들은 그 후 매년 스스로의 힘으로 이동했다.

부족의 메시지 해독하기

부족은 성공의 의미라든가 바람직한 개인적 특성이라든가 하는 것들에 대한 지침을 만든다. 때로 이것은 명시적으로 결정된다. 대중매체, 법, 대중문화, 기관들은 허용가능한 행실과 가치를 정의한다. 때로 메시지는 교묘하다. 몇 년 전 나는 비행기 안에서 일본인 경영학 교수 옆에 앉게 되었다. 그는 동부 해안의 명문 경영 대학원에서 MBA 과정을 밟는 대학원생들을 데리고 텍사스에 갔다가 돌아오는 길이었다. 거기서 그들은 성공해서 잘 나가는 한 컴퓨터 회사를 방문했다. 그의 설명에 따르면 그 회사의 모토는 '승리의 문화'였다. 일본인 교수는 모토가 너무 일편향적이며 협력의 중요성을 간과하고 있다고 생각했다. 그는 '우리 VS. 그들'이라는 식의 접근을 약간 조정해서 균형을 맞출 필요가 있다고 느꼈다. 명백하게도 텍사스 회사의 메시지는 서양의 문화에 기반을 둔 것이다.

우리의 문화, 기관, 가족의 믿음이 우리에게 각인되는 것은 자연스러운 일이다. 그러나 가장 중요한 것은 어떤 견해가 당신에게 가장 중요한지를 아는 것이다. 예를 들어 어렸을 때 가족이 당신에게 "절대 울지 마라"라고 가르쳤다고 해서, 당신이 성인이 되어서까지 감정들을 꾹꾹 담아두고 살아야 한다는 법은 없다. 운동 코치가 당신에게 "무슨 일이 있어도 이겨야 한다"고 가르쳤다고 해서, 당신이 인생을 흑백논리나 이기고 지는 문제로만 생각해야 하는 것은 아니다.

바로 지금 이러한 생각들을 살펴보고 있는 당신을 격려하고 질문을 이어가라. 우리가 보다 넓은 차원에서 할 수 있는 질문은 다음과 같다. 부족의 견해는 얼마나 포용적인가? 혹은 얼마나 배타적인가? 당신이 부족의 견해에 따른다고 할 때, 아인슈타인이 말한 것처럼 "자비의 범위를 모든 살아있는 생물들과 아름다운 자연 전체로" 넓히는 것이 가능하겠는가? 아니면 부족의 견해는 나에게 제한적인 관점을 갖게 하는가? 아니면 보다 관용적이고 너그럽고 수용하는 태도를 갖게 하는가? 당신의 관점은 다른 관점을 가진 사람을 존중하고 인정하는가?

좋은 소식은 특정 부족과의 관계가 영구적이지는 않다는 점이다. 당신은 언제든지 당신만의 부족을 만들 수도 있다. 비슷한 성향을 지닌 사람들을 만들면 된다. 또는 자비롭고 열려있는 사람들이 모인 집단을 만들 수도 있다. 이것이 아마도 세상을 보다 포용적인 곳, 배려하는 곳으로 만들기 위한 첫걸음이 될 것이다.

대화를 통해 소통하기

타인에게서 자신의 모습을 보라.

그러면 누구를 상처 입힐 수 있겠는가?

감히 어떤 해를 입힐 수 있겠는가?

― 부처, 『법구경』

누군가와 종교나 정치에 관해 이야기할 때 그 사람의 눈을 보지 못한 적이 있는가? 당신에게 상대를 존중하는 마음이 있었다고 해도, 서로의 견해 사이에 있는 간격은 그랜드 캐니언 만큼이나 벌어진 채로 좁혀지지 못했을 것이다. 왜 사람들은 정치나 종교 관련 주제에 관해 이야기하기를 꺼려할까? 정확히 짚고 넘어가자면, 그러한 일촉즉발의 긴장감을 만들어내는 것은 주제가 아니다. 대화의 분위기는 우리가 부족의 견해에 얼마나 밀착하고 충성하는지에 따라 달라진다.

스포츠 팀은 우리가 강렬한 소속감을 갖는 부족들 중 하나이다. 나는 언젠가 제프(Jeff)라는 친구와 함께 포틀랜드(Portland)의 프로 농구 팀인 트레일 블레이저스(Trail Blazers)의 경기를 보러 간 적이 있다. 블레이저스가 이겼다. 나는 차를 타고 돌아오는 길에 제프와 내가 우리 팀의 승리에 대해 매우 행복해하고 있다는 사실을 알아차렸다. 물론 동시에 그것은 경기에 진 상대팀인 덴버 너겟(Denver Nugget)의 팬들이 행복하지 못하다는 것을 의미했다. 나는 덴버의 팬들에 대한 동정을 느꼈다. 하지만 너겟의 선수들이 진짜 패배자인 것은 아니었다. 그들은 아마도 제각기 쾌적한 시설을 갖춘 멋진 집으로 돌아갔을 것이다. 그럼에도 불구하고 나는 제프에게 다음과 같은 질문을 제기했다. 만약 팀들 간에 협력이 존재한다면 어떻게 될까? 그래서 승리자도 패배자도 없다면? 우리는 그런 생각을 한 것에 크게 웃었다. 그리고 그렇게 되면 모든 스포츠가 사라지게 될 거라는 결론을 내렸다. 스포츠는 특정한 팀이나 도시에 대한 우리의 친밀함과 애착에 의존한다. 우리는 그들과 깊이 연결되려 한다. 그 결과 그들이 잘하는 모습을 보고 싶어 한다. 그들은 우리의 부족인 것이다.

다행히도 팀 스포츠는 경쟁을 상쇄하는 한 가지 중요한 교훈을 가르쳐주기도 한다. 한 명의 슈퍼스타만 존재하는 팀은 승리할 수 없다는 사실이 반복적으로 증명된다. 마이클 조던(Michael Jordan)은 혼자서 이기지 않았다. 그는 팀을 필요로 했다. 승리는 팀의 성공을 판단하는 유일한 척도이다. 승리를 목표로 하는 팀의 일부가 되는 것은 우리에게 에너지와 동기를 자극한다. 팀 스포츠는 우리가 어떤 식으로 공유하고, 소통하고, 배려하고, 타인을 포용하는지를 보여주는 하나의 은유이다.
마찬가지로 지구를 성공적인 행성으로 만들고 싶다면 다른 부족들을 우리의 집단 안에 포용해야 한다. 이와 같은 동기를 가진 물리학자 데이비드 봄(David Bohm)과 몇몇 사람들이 언젠가 흥미로운 길을 탐사한 적이 있다. 그 길은 대화(dialogue)라는 것이다. 영어 단어의 어원을 따지면, 대화란 "말을 통해서"라는 의미이다. 본질적으로 대화란 우리 팀이 이겨야 한다는 욕구를 내려놓는 과정이다. 대화란 어떤 전제들(문화적인 것 혹은 다른 전제들)이 우리의 사이를 가로막고 서로를 이해할 수 있는 공통의 지점을 찾지 못하게 만드는지 보기 위해, 우리의 과거를 파고드는 과정이다. 『대화에 관하여(On Dialogue)』에서 봄은 이렇게 쓰고 있다.

사람들은 소수의 모임 안에서조차 소통하는 것을 어려워한다....왜 그럴까? 그 이유 중 한 가지는 모든 사람이 서로 다른 전제들과 견해들을 갖고 있기 때문이다. 그 전제들이란 기본적인 것들이며 단순히 피상적인 전제들이라고 치부할 수는 없는 것들이다. 예를 들면 삶의 의미에 관한 전제들, 자신의 이익에 관한 전제들, 자국의 이익에 관한 전제들, 자신이 믿는 종교의 이익에 관한 전제들, 자신이 정말로 중요하다고 생각하는 것에 관한 전제들이다. 그리고 이러한 자신의 전제들이 도전받으면 사람들은 그것들을 방어한다. 사람들이 자신의 전제들을 방어하는 행위는 대부분 어떻게 저항할 수 있는 일이 아니다. 사람들은 흥분하면서 자신도 모르게 그것들을 방어하곤 한다....

중요한 것은 대화가 전제들을 떠받치고 있는 배후로 파고들어가야 한다는 점이다. 대화의 참여자들은 단순히 전제들의 수준에서 머물지 말고, 전제들의 배후에 있는 생각의 진행 과정 속으로 뛰어들어야 한다.

대화의 핵심 구성 요소들 중 하나는 '규준'이라는 것을 탐사하는 것이다. 규준이란 우리의 사고방식과 정서반응에 가장 깊이 박혀 있는 신념들을 말한다. 여러 부족들, 예를 들면 문화들, 종교들의 사이에 충돌을 일어나는 것은 대개 우리 각자가 서로 대립하는 규준들을 고수하기 때문이다.

언젠가 내 친구 하나가 인터넷에서 만난 사람과 데이트를 시작했던 적이 있다. 나는 그의 첫 번째 커피숍 데이트가 어땠는지 물었다. 처음에 그는 순조롭게 진행되었다고 했다. 그의 설명에 따르면 서로 호감을 느꼈고 다음 번 데이트 약속도 잡았다고 했다. 그러던 중 그는 데이트 상대가 자신의 정치적 신념과 맞지 않은 생각을 갖고 있었다는 점을 떠올렸다. 그는 자신의 규준을 지키고자 다음날 약속을 취소했다.

나는 워크샵에 가면 사람들에게, 그들이 갖고 있는 규준들에 대해 생각해보라고 한다. 많은 사람들이 그 쪽은 들여다보고 싶어 하지 않는다. 신에 대한 믿음을 규준으로 가진 사람과 무신론, 즉 신이 존재하지 않는다는 믿음을 규준으로 가진 사람 간의 대화가 어떨지 상상해보라. 나답다고 느끼게 해주는 것을 내려놓는다는 생각을 하는 것만으로도 겁이 날 수 있다. 그렇지만 감정의 찌꺼기를 청소하는 것이 쉽다고 한 적은 결코 없다.

우리가 사람들과 함께 하지 못하게 만드는 것이 무엇인지 들여다보아야 한다. 그리고 일시적인 것일지라도 그것을 내려놓으려는 의지를 다져야 한다. 이러한 노력은 한 가지 어려운 일을 가능하게 한다. 즉 우리는 숨겨진 정서적 방해물들을 청소할 수 있게 된다. 봄은 순진한 사람이 아니다. 그는 대화의 진정한 의미를 알리고자 노력했다. 그러나 한편으로는 오랜 기간에 걸친 서로에 대한 헌신이 있어야 대화가 가능하다는 것을 알았다.

우리는 사람들이 규준들을 기꺼이 내려놓도록 그들을 조종하거나 할 수 없다. 다행히도, 부족에 대한 소속감을 초월하게 하고 외부인에 대한 자비를 증가시키는 중요한 요인이 하나 있는 듯하다. 〈심리학(Psychological Science)〉에 게재된 한 연구는 한 집단에 강한 충성도를 가진 사람들이 다른 집단에 속한 사람들을 자동적으로 거부하는 것은 아니라는 점을 발견했다. 그들을 조절한 요인은 개인의 도덕적 신념이었다. 연구자들은 진정한 도덕적 신념을 가진 사람들은 외부인에게 공격적인 충동을 덜 보인다는 점을 발견했다. 연구자들은 여러 가지 시나리오를 실험했다. 그리고 강한 도덕적 정체성을 가진 사람들이 이방인을 괴롭히는 행위를 비판할 가능성이 더 크다는 점을 입증했다. 이들은 이방인과 한정된 음식을 나눌 가능성이 더 컸다. 이 연구 결과가 전하는 메시지는 희망적이다. 강한 도덕심은 우리 모두가 궁극적으로는 같은 팀이라는 점을 깨닫게 한다. 우리는 다른 사람들을 조종할 수 없다. 하지만 우리의 이해를 넓히고 규준들을 해체할 수는 있다. 이러한 행위는 올바른 방향성을 지닌 커다란 도약이 될 것이다.

대화는 세상에 존재하는 편협함을 줄일 수 있는 간단한 한 가지 방법이다. 관용은 고통의 본성을 이해하고 세상 만물의 상호연결성을 인식하는 것을 통해 자란다. 이러한 앎은 언어와 대화를 초월할 수 있다. 그것은 두 번째 눈과 같다. 두 번째 눈이란 꿰뚫어 보는 것(penetrating awareness)이다. 베트남의 불교 승려이자 저자이자 스승인 틱낫한 (Thich Nhat Hanh)이 종종 언급하곤 하는 더불어 있음(interbeing)이 바로 꿰뚫어 보는 것의 한 사례이다.

당신이 시인이라면 당신은 이 종이에 구름 한 점이 떠다니고 있는 것을 분명하게 볼 것입니다. 구름이 없다면 비가 없을 것이고, 비가 없다면 나무가 자라지 못하고, 나무가 없으면 우리는 종이를 만들 수 없지요. 구름은 종이의 존재에 필수적인 것입니다. 만약 구름이 여기에 없다면 이 종이도 여기에 있을 수 없지요. 그래서 우리는 구름과 종이가 '더불어 있다'고 말할 수 있습니다....더욱 깊이 들여다본다면 우리도 그 안에 있는 것을 볼 수 있습니다. 이것을 이해하기란 어려운 일이 아닙니다. 왜냐하면 종이를 들여다볼 때 종이는 우리가 지각한 것의 일부이기 때문입니다. 당신의 마음은 여기 안에 있고 나의 마음도....모든 것은 이 종이와 함께 상호존재합니다....존재는 '더불어 있음'입니다. 당신은 당신 자신에 의해서만 존재할 수 없습니다.

다음의 도구는 우리의 자비의 범위를 넓혀줄 것이다. 그것은 모든 존재들과 고통 받는 존재들을 안으로 포용할 수 있는 또 다른 방법이다.

마음 청소도구:
'더불어 있음'을 경험하라.

우리에게는 연결성을 깨달을 수 있는 능력이 태생적으로 잠재되어 있다. '더불어 있음'의 경험은 모든 뚜렷한 차이들, 예를 들어 습관, 정치, 성, 나이, 종교, 문화를 대수롭지 않은 문제로 축소시킨다. 그것은 우리의 공통성을 긍정한다. 그리고 서로를 분리시키는 데 열중하는 불필요한 마음을 해체한다.

연결성을 기준으로 사물을 본다는 것은 어떤 사람이 해를 입었거나, 수치스러운 일을 당했거나, 모욕당했을 때, 우리 모두가 그 고통을 함께 짊어진다는 것을 의미한다. 이러한 인식은 공감능력을 기르며, 자비로 연결된 인연망을 넓힌다. 우리 모두 '더불어 있음'을 수행하자. 그리고 모든 존재들에 대한 이해와 사랑, 배려를 살찌우자. 잠시 시간을 내어 아래의 질문들에 답해보라. 당신과 연결되어 있다고 느껴지는 범위를 성찰을 통해 확장해보자.

 - 당신이 겪은 상실의 아픔은 당신이 아는 사람들의 마음을 움직였는가? 혹시 당신이 개인적으로 모르는 사람들의 마음까지 움직이지는 않았는가?
 - 모든 사람들과 존재들에 대한 자비를 발견하는데 있어, 상실의 보편성이 어떤 식으로 도움이 되는가?
 - 당신이 인생에서 힘든 시기를 넘길 수 있게 도와준 사람은 누구인가? 듣기를 통해 도와주었는가? 아니면 자비를 통해서인가? 행동을 통해서인가?

마지막으로 매일 몇 분만 시간을 내어, 모든 사물이 그 밖의 다른 모든 사물에 어떤 식으로 의존하는지 주시하라. 얼마나 미묘한 방식으로 의존하는지 인식하라.

제 3 부

마음
예방주사

마음챙김은 마음의 문 앞에서 끝없이 밀려오는 불안과 초조를 막아, 마음의 병을 예방한다. 제3부에서는 스트레스를 줄이고, 자신감을 얻는 방법에 대해 설명하고자 한다. 마음을 비워라. 당신의 일상이 기쁨과 충만함으로 채워지고, 심신의 평안을 얻을 것이다.

제 11 장

머리 청소

요즘 아이들은 태어날 때부터 시작되는 소음과 함께 자라난다.

온갖 종류의 전자기기, 모터, 심지어 형광등까지,

이 소음에는 밤낮이 없다. 얼핏 보면 이 도구들은

우리의 삶을 안락하게 하고 풍요롭게 만들어주는 것 같이 보인다.

하지만 우리는 이런 외적 환경을 조절하느라

내면의 세계를 망각하곤 한다.

– 로버트 존슨(Robert Johnson)과 제리 럴(Jerry Ruhl)의 '만족' 중에서.

전자 기기에 시간 가는 줄도 모르고 푹 빠져본 적 있는가? TV, PC, 스마트폰, 그 외 수 많은 전자기기들은 우리의 마음을 빼앗아가는 가상의 쳇바퀴를 만들고, 우리는 그에 맞춰 매일매일 주변의 환경을 통제하고자 한다.

인류학자인 나타샤 도우 슐(Natasha Dow Schull)에 따르면, 이 쳇바퀴는 슬롯머신 중독의 원리와 유사하다. '도박 중독자들은 도박을 할 때 마음이 편해지고 그 무엇보다 안전한 자신만의 세계에 빠져든다. 도박 중독자들은 돈을 따기 위해 도박을 하는 것이 아니다. 그저 도박이 일상적인 걱정과 육체적 고통, 돈과 시간과 인간관계에 대한 모든 걱정을 잊게 해주기 때문에 멈추지 못하는 것이다.'

물론, 미디어와 기술은 약물보다는 나은 대안이다. 하지만 이곳에도 위험은 있다. 대중매체는 불안과 걱정에서 쉽게 도피시켜주지만, 대신 잡다한 정보들로 우리의 마음을 가득 채운다. 그 결과 정말로 중요한 것들, 진정으로 기쁘고 충만하게 해주는 것들에 집중할 수 없게 된다. 게다가 이런 매체들은 우리의 기분과 행동에도 큰 영향을 끼친다.

'미국 심리학 협회'에서는 아이들에게 매체와 전자기기가 미치는 영향을 연구했다.

첫 번째로 광고가 아이들에게 미치는 영향, 두 번째로 비디오 게임의 폭력성과 상호작용 미디어의 연관성, 세 번째로 여자 아이들에게 스며드는 성적 대상화와 이미지 객관화에 대한 연구였다. 특히 세 번째 연구에서, 대상 여자 아이들에게 여러 문제가 발견되었었다. 인지능력 저하, 자신감 결여, 낮은 자존감, 식습관의 문제, 부정적 감정상태, 성에 대한 부적절한 인식과 육체적 수용, 여성성과 육체적 매력에 대한 비뚤어진 생각과 믿음들…. 이렇듯 대중 매체는 성의 역할에 잘못된 인식을 심어주고 나쁜 고정관념을 갖게 했다. 대중 매체는 남녀 모두의 마음에 좋지 않은 영향을 끼치고 있는 것이다. 그렇다면 이 대중매체가 당신의 삶에는 어떤 영향을 미쳤을까?

모든 잡념을 비우기

우리는 잡다한 것들에 자주 마음을 빼앗긴다. 삶에는 우리를 유혹하는 미디어와 복잡한 문제들이 산재한다. 어떻게 하면 이런 것들을 제거 할 수 있을까?

다행스럽게도 우리는 전자 기기가 도저히 흉내 내지 못하는 강력한 양자 도구를 가지고 있다. 이 강력한 도구를 사용한다면 우리 삶의 구석구석을 점령하고 싶어 하는 찌꺼기를 깨끗이 청소할 수 있다.

이 강력한 도구란 의지이다. 원하는 것을 얻기 위해 행동하는 능력이다. 정신적 의지는 세상을 움직일 수 있다. 의지는 마음챙김 기술인 '짝되기(PAIR UP)' 중 하나로 잘만 사용하면 현실을 바꿀 수 있다. 의지는 새로운 신경의 연결고리를 만들고, 뇌를 새로 프로그래밍하며, 감정적으로 막다른 골목에 몰렸을 때 그 장벽을 극복하게 해 준다.

우리의 크고 작은 모든 행동은 의식적이든 무의식적이든 뇌에서 일어나는 양자적 반응의 산물이다. 즉, 의지가 이온을 움직여 뉴런으로 전송하고, 일정한 전하를 띠게 된 이온은 신경을 자극한다. 결국 의지가 축적되면 뇌의 구조도 바뀌고 생각하는 방식도 바뀌게 된다. 그렇게 의지가 모여 자유 의지를 형성한다.

핸들로 자동차를 조종할 수 있듯이, 의지는 삶의 방향을 조종할 수 있다. 만약 당신의 인생이 틀에 박혀 있거나 부정적인 패턴이 반복된다면 그 패턴의 원인을 알아내야 한다. 그 원인은 외적인 요소일 때가 많은데, 이러한 외적인 잡음은 사람의 의지를 둔화 시키고, 마치 기계 같은 반응을 하게 한다. 당신이 굳은 의지를 품고 있어도, 잡음에 정신이 팔리는 순간, 당신은 부정적인 패턴으로 돌아가게 된다.

많은 사람들은 아니라고 생각하지만, 이런 부정적인 행동 패턴은 고칠 수 있다. 나는 한 환자가 계속 부정적인 행동을 반복하는 이유를 깊게 파고든 적 있다. 그는 어깨를 으쓱이며 말했다. "제가 이렇게 된 건 우연들과 사고가 겹쳐서 그런 것이겠죠." 하지만 그렇게 책임을 우연과 사고로 떠넘긴 순간부터 그는 자신의 삶을 바꾸는 걸 포기한 것이나 다름없다. 자신의 의지로 자율적으로 행동하기보다는 해묵은 습관에 의지하고, 외부의 자극에 기계적으로 반응하는 것이다. 누구나 주의를 기울이지 않으면 낡고 익숙한 습관을 다시 반복하게 된다. 하지만 단순히 사고 때문에 해묵은 습관이라는 구덩이에 빠지게 되는 것은 아니다. 반대로, 아무리 작은 의지라 해도 그 의지를 염두에 두면 우리는 다시 자율적으로 삶의 운전대를 잡을 수 있게 된다.

내면의 의지에 귀를 기울이는 법은 간단하다. 스스로에게 다음과 같은 말을 하라.

의지를 떡갈나무처럼 크고 단단하게 기르고 싶으면 마음을 민들레 씨처럼 여기저기에 퍼뜨리지 마라.

전자기기의 잡음은 시간을 낭비할 뿐만 아니라 뇌의 신경을 재구성하여 무엇보다 소중한 보물인 우리의 자유 의지를 방해할 수도 있다. 음악, 비디오, 게임, 영화, 뉴스, 그리고 새로 등장하는 가상현실 기술은 우리 생각보다 더 큰 영향력이 있다. 예를 들어, 인터넷으로 야기되는 인터넷 포르노 중독을 보자. 이것은 사회적으로 아주 큰 문제가 되었는데, 섹스 중독 치료 전문가인 테드 로버츠(Ted Roberts) 박사는 '인터넷은 섹스 중독자들을 위한 마약이 되어 버렸다.' 라고 말하고 있다.

이러한 인터넷의 유혹은 로저의 삶을 망쳐 놓았다. 그는 성공한 젊은 임원이었다. 그가 나에게 진료 받으러 왔을 때, 그의 삶은 인터넷 포르노 중독으로 인해 완전히 망가져 있었다. 중독의 시작은 사소했다. 로저의 부인이 조립 공장에서 야간조로 일하게 되면서 그는 집에 혼자 남게 되었던 것이다. "저는 혼자 있는 것이 너무 싫었습니다. 부인이 출근하면 아주 불안해졌어요. 그래서 그녀가 출근한 첫날에 딱 오 분 동안 포르노를 감상하며 마음을 달래려고 했어요." 그 오 분은 곧 삼십 분이 되었고, 이내 한 시간, 세 시간, 그리고 일곱 시간으로 늘어났다. 로저는 미처 깨닫기도 전에 인터넷 포르노 중독자가 되어 버렸다. 로저는 자신이 의도한 것이 아니었기 때문에, 불가항력적인 사고라도 당한 기분이었다. 그의 인터넷 포르노 습관은 이내 비슷한 부류의 위험한 습관들로 확대됐고, 결국 이 모든 것을 알게 된 부인은 이혼을 요구했다.

나는 로저에게 결혼생활과 인간관계에서 가장 소중하다고 믿었던 가치들의 목록을 만들어보라고 하였다. 그리고 그 가치들과 어울리는 긍정적인 습관들의 목록도 작성해보라고 했다. 그가 애초에 원했던 것은 참된 인간관계였다. 사랑, 존경, 신뢰, 정직함, 열정과 투명성에 기반을 둔 인간관계였다. 포르노를 감상하는 것은 이 가치들과 어긋나는 행동이었다.

그리고 나는 그에게 집에 혼자 남을 때마다 엄습해오던 불안을 받아들이라고 조언했다. 로저는 처음에 별로 내켜하지 않았지만 결국 명상을 해냈고, 이를 통해 어린 시절에 버림 받은 고통스러운 기억을 되살려낼 수 있었다. 그의 부모님은 자주 폭력적으로 다투곤 했었는데, 싸우는 와중에 갑자기 집을 나가버리는 일이 빈번했던 것이다. 마침내 로저는 자신이 왜 집에 홀로 남겨지는 것을 두려워하는지 깨닫게 되었다. 그러자 불안함 역시 사라지게 되었다.

자유의지 행사하기

의지는 자유의지를 만들어내는 강력한 힘이다. 의지를 통해 통찰력을 키우고, 과거로부터 배울 수 있다. 우리는 의지를 통해 현재에 발을 담그고, 현재를 디딤돌 삼아 새로운 방향으로 나아갈 수 있다. 더 나아가, 우리는 의지로 목표를 만들어낸다. 잠시 쉬어가며, 스스로에게 다음과 같이 물어보라.

- 나는 얼마나 자주 무의식적으로 컴퓨터, 텔레비전, 노트북, 타블렛, 게임기, 그리고 스마트폰을 찾는가?
- 나는 대화 상대를 눈앞에 두고 얼마나 자주 전자기기를 들여다보고 있는가?
- 나는 얼마나 자주 내 삶을 적극적으로 개척하는 대신에 소파에 앉아 그저 다른 이들이 행동하는 걸 구경하고 있는가?

-내가 과거에 즐겼던 활동들은 전자 기기를 즐기면서 얼마나 줄어들
었는가?

정해진 답은 없다. 이 질문들은 전자기기의 찌꺼기에 더 적극적으로
대처할 수 있게 자아 탐색의 계기를 마련해 준다.

심리학자 다니엘 시걸(Daniel Siegel)은 다음과 같이 말한다. '의지는
뇌와 신경을 활성화시켜 우리가 특정 방향으로 나아갈 수 있게 해준다.
의지는 선택적으로 정보를 수집하여, 주어진 목표에 집중하고, 그 목표
를 위해 우리를 알맞은 상태로 조율한다. 목표를 향한 의지는 단순히
우리를 움직이는 것이 아니라, 뇌를 고도로 집중시키고 정비하여 실제
로 우리가 목표를 이룰 수 있도록 준비시킨다.'

사찰에서 승려들의 마음 챙김 훈련은 식사나 산책 같은 일상생활에
서 사용할 수 있도록 되어 있단 걸 깨달았다. 우리는 식사 할 때 순서대
로 몸을 움직인다. 포크를 집어 들고, 입을 열고, 씹고, 삼키고, 처음부
터 다시 이걸 반복한다. 걸을 때도 마찬가지다. 발을 들고, 내딛고, 무
게 중심을 옮기고, 다시 같은 것을 반복한다. 이런 동작 속에서는 다른
동작을 할 시간적 여유가 없다. 승려들은 걸을 때는 걷는 것에, 먹을 때
는 먹는 것에, 앉을 때는 단지 앉는 것에 집중한다. 이렇게 한 번에 한
동작만 하는 것을 유니 태스킹(uni-tasking)이라 한다. 유니 태스킹은
우리가 한 순간에 집중할 수 있도록 하며, 낡은 틀과 습관에서 벗어나
게 해준다. 이 연습은 다소 이상해 보일지 몰라도 우리에게 작은 행동

들이 완전한 자유 의지를 가질 수 있다는 사실을 일깨워준다. 이 연습은 우리가 자동적으로 행동하는 것을 멈추게 하며, 내면에 있는 자동기계를 멈추게 한다. 개인적으로 나는 이 연습 덕분에 내면의 로봇이 얼마나 쉽게 작동하는지 알게 되었다. 물론, 목표를 지닌 의도라고 모두 효과적으로 작동하는 건 아니다. 가장 효과적으로 작동하는 의지는 삶에서 무엇을 없애고자 하는 의지가 아니라, 긍정적인 언어로 설정된 적극적 행동에 대한 의지이다. 부정적인 목표의 한 예를 살펴보자. '나는 주변 사람들이 나를 보지 않고 핸드폰을 보는 게 싫어요.' 이 의지는 '원하지 않는 것'을 목표로 한다. 그렇기에 목표를 이룰 수 있는 적극적인 행동지침을 제시해주지 못한다.

자, 그러면 시험 삼아 아래 내용을 바탕으로 현재에 충실한 목표를 세워보자.

이 문장을 읽으며, 당신이 지금 느낄 수 있는 모든 감각을 정신의 목표로 삼아보라. 이제 오른쪽을 보고, 왼쪽을 보라. 목을 돌리고, 목 근육과 머리에서 느껴지는 느낌에 집중하라. 시야에 들어오는 색, 형태, 모양에 집중하라. 청각에 집중하여 들리는 모든 소리를 들어라.

이 간단한 연습을 통해 당신은 현재와 자신의 육체를 느꼈을 것이다. 짧은 순간이지만, 당신은 자신의 삶과 자기 자신을 완전히 느낀 것이다. 사실, 비슷한 방법으로 전자 기계를 다루는 순간에도 자신을 느낄 수 있다. 키보드를 두드리는 손끝에 집중한다거나, 화면에 비치는 색을 유심히 본다든가, 자신의 호흡에 주의를 기울이는 것으로 충분하다. 이 방법은 당신 자신을 기계에 빼앗기지 않고, 기계를 다루는 순간에도 존재할 수 있게 해준다. 당신은 기계에 완전히 정신을 빼앗기지 않기 때문에, 언제든지 기계사용을 멈출 수 있다.

이런 순간에 충실해지는 연습을 통해, 우리는 명확한 의도성을 가지게 되며, 무슨 일이든 할 수 있게 된다. 그에 반해 메타 의도성(meta-intenions)은 우리 삶 전체를 좌우하는 가치관을 따르는 의도성이다. 이 의도성은 우리의 가치관에 반하는 장애물을 걸러내고, 삶에 있어 결정적인 선택을 할 수 있게 한다. 저자 디팍 코프라(Deepak Chopra)는 이 의도성을 다음과 같이 정의했다. '의도성은 단순한 변덕이 아니다. 그것은 집중과 객관성을 요구한다. 의도성에 따른 선택은 결과에 연연하지 않고 우주에 그 결과를 맡겨야 하는 것이다.'

메타-의도성은 삶에 목적을 부여한다. 이 의도성은 우리에게 사랑, 행복, 건강, 인간관계, 균형에 대한 욕구, 그리고 살아 있다는 감각을 느끼게 한다. 이 의도성 역시 긍정적으로 표현 될 때 강력한 효과를 발휘하는데, 특히 선택이라는 말로 표현될 때 그렇다. 예를 들어, "난 건강을 위해 살을 뺄 거야."라고 말하는 것보다는, "나는 가공식품을 덜 먹고, 하루에 한 번 산책을 나가서 건강해지기를 '선택'했어." 라고 말하는 것이 훨씬 효과적이다. "나는 미디어와 전자기기에 정신을 덜 빼앗기고 싶어"라는 말보다는, "나는 전자기기가 아니라 사람을 직접 만나 인간관계를 맺는 걸 '선택' 하겠어." 라고 말하는 것이 더 긍정적 의도성이다.

 긍정적 의도성은 '하지 않겠다'가 아니다. 그것은 구체적으로 무엇을 '하겠다'는 것이며, 그것이 우리의 선택에 달렸다고 강조하는 것이다. 이러한 결심은 당신이 삶을 어떤 방향으로 꾸려나갈지를 부드럽게 일깨워준다. 단순한 필요가 아니라, 스스로 선택해서 이 행동을 하고 있다는 걸 일깨워 주는 것이다.

 긍정적인 메타 의도성이 떠오르면 그때그때 적어두어라. 이런 의도성은 인간관계에 대한 것일 수도 있고, 경력에 대한 것일 수도 있고, 재정적인 것일 수도 있다. 기록을 눈에 잘 띄는 곳에 두고 종종 들여다보라. 핸드폰에 기록해도 좋고, 카드에 써서 지갑이나 가방에 넣어두어도 좋다. 그리고 읽을 때마다 그 의도를 당신의 모든 세포로 받아들여, 정신에 각인시켜라.

 한 가지 명심해야 할 것은 메타 의도성은 그 자체로는 완성되지 않는다는 것이다. 이것에 너무 많은 기대를 걸거나 결과에 목을 매지 말아라. 너무 많은 기대는 또 다른 고통을 부른다. 그때그때 당신의 의도성에 따라 떠오르는 생각과 행동에 몸을 맡겨라. 당신은 의도성이 가진 그 이타성에 놀랄 것이다. 인간은 서로 의존하는 존재이기 때문에, 당신의 의도성은 인간의 이기심을 초월하여 이타적인 가치관을 지닐 수밖에 없다.

 또 하나의 의도성으로 '거부권(Free won't)'이 있다. 뇌 연구자 벤자민 리벳은 뇌가 가지는 자유 거부권을 연구했다. 리벳에 의하면 우리는 자동화된 행동이나 기계적인 행동을 거부할 수 있다. '우리가 거부권을 가지고 있다는 건 의심의 여지가 없다. 피실험자들은 뚜렷이 원하는 바나 특정 행동을 하고 싶은 충동을 느낀다고 보고했지만 그 생각을 거부했다고 말했다.' 당신도 분명 좋지 않은 충동을 거부한 적이 있을 것이다. 어쩌면 과자 먹기라든가 쓸모없는 물건 사기 등을 거부했을 수도 있다. 또한, 화를 내거나 비판하는 것이 안 좋을 수 있다고 생각해서 마음이 가라앉을 때까지 분노와 비판적인 충동을 거부했을 수도 잇다. 뇌는 빠르다. 뇌는 당신이 충동적으로 행동하려 할 때에도 순간적으로 개입하여 거부권을 행사할 수 있다.

당신이 자유의지와 거부권을 행사할 때마다 당신의 뇌 속에선 의도적 행동을 관장하는 신경들이 강화된다. 잠시 진정하고 사안을 되돌아볼 수 있다면, 당신은 이롭고 옳은 행동을 선택할 수 있다. 먼저 작은 것부터 시작해서, 하루 동안 이러한 충동에 맞서는 의도성을 늘려가라. 당신이 아침에 어떻게 서 있는지, 어떻게 샤워를 하는지, 감각을 일깨워라. 옷을 차려 입고, 셔츠에 단추를 채우고, 식사를 준비하고, 이 모든 일상적인 순간마다 깨어 있으라. 우리는 일상에서 거의 모든 행동들을 자동적으로 한다. 우리가 그 일들을 무의식적으로 처리한다는 게 실패라거나 나쁜 일이란 뜻은 아니다. 하지만 우리가 아무런 주의도 기울이지 않고 그 가상의 쳇바퀴에서 움직이고 있다면 문제가 생길 것이다. 의도 없는 선택을 할수록, 우리는 정말 소중한 것이 뭔지 잊어버린 채

반응기계에 불과해질 뿐이다.

오늘 날, 전자기기를 다루는 것은 삶의 일부분이 됐다. 하지만 그것들을 피할 수 없을지라도, 그것들을 사용하는 것이 우리에게 어떤 영향을 미치는 지 깨달아야 한다. 전자기기가 우리를 어떻게 행동하게 만들고, 어떻게 생각하게 만들고, 어떻게 살게 하는지 깨달아야만 한다. 많은 이들은 전자기기를 사용한 멀티태스킹이 집중력을 떨어뜨린다고 믿는다. 그래서 어떤 사람들은 독서클럽을 만들어 전자 기기를 꺼 놓고 침묵 속에서 함께 책을 읽기도 한다. 이 사례는 잡음으로 가득한 요즘 세상에서 어떻게 의도성과 명확성을 기를 것인지에 대한 훌륭한 답안이 될 수 있다.

마음 청소도구: 마음 챙김으로 시간을 배분하기

자신이 시간을 어떻게 쓰는지 정리한 적 있는가? 이번 연습은 정확한 시간 배분을 위한 것이다. 아래 질문을 종이에 적어라. 각각의 항목 밑에 일곱 개의 기둥을 그려 일주일을 표시하라. 이 차트를 활용해 30분 간격으로 어떤 곳에 시간을 쓰고 있는지 파악해 보자. 만약 겹치는 카테고리가 있으면 둘 중 더 정확하다고 생각하는 카테고리를 선택하라. 이 연습을 통해 하루와 한 주의 시간이 어떻게 쓰이는 지 정확히 알 수 있을 것이다.

활동	시간 (삼십분 단위로)
자기 관리 (음식, 영양, 위생)	
면대면 대화 (방해 받지 않고 반려나 친구들, 가족과 보내는 시간)	
직장이나 학교와 관련 없이 기기에 쓰는 시간 (텔레비전, CD, 스마트폰, DVD, 이 메일, 게임, 페이스북, 기타 등등)	
운동 (그 외 다른 모든 육체적 활동들)	
자연 (자연과 보내는 시간)	

활동	시간 (삼십분 단위로)
취미 생활 (즐거운 활동)	
여행과 계획짜기 (계획을 짜고, 조직하고 수정하는 시간)	
뒤돌아보기 (명상, 독서, 자아의 탐색과 성장)	
직장, 학교, 공부	
욕구와 갈망 (검색하고 쇼핑하는 시간)	
수면과 휴식	

이하의 중요한 질문을 스스로에게 던지고 그 의미에 대해 생각해보라.

- 현재 배분된 시간이 어떻게 느껴지는가? 가장 놀라운 시간 사용은 무엇인가? 이 결과로 인해 고민이 생겼는가?
- 이 시간 배분 결과로 인해 생긴 고민은 무엇인가?
- 과거에 즐겼던 취미활동(독서나 자전거 타기)이 전자기기 사용 시간에 영향을 받았는가?
- 내가 만들 수 있는 작지만 적극적인 의도적 변화는 무엇인가? (이 의도성을 행동으로 전환하는 구체적 행동을 적어놓고 들고 다녀라)
- 내가 시간과 에너지를 어떻게 쓸지 결정하는 메타 의도성은 무엇인가? (이것도 기록하고 당신의 삶과 인간관계에 어떤 영향을 미치는지 관찰해보자)

제 12 장

예방주사 맞기

주전자 부리에서 증기가 갈래갈래 피어오른다.

보글보글 끓는 물소리는 소나무 사이로 부는 바람소리와 닮아 있다.

정적인 풍경을 뚫고 차 향기가 물씬 풍긴다.

– 소싯토 센 7세의 〈차의 삶과 마음〉 중에서

새로운 물건은 사람을 매혹시킨다. 새 자동차의 시트 냄새를 좋아하지 않는 사람이 어디 있겠는가? 나는 아직도 아버지가 새 자동차를 산 순간을 생생히 기억한다. 우리 가족은 흥분하여 일제히 몰려들어 새 자동차를 구경했고 첫 드라이브를 즐기기 위해 아이스크림 가게로 향했다. 반짝이는 새 자동차는 우리를 감동시켰다. 그건 매우 특별한 순간이었고, 낡은 차 보다는 새 자동차가 항상 훨씬 더 좋아 보였다. 이렇게 나는 미국의 자동차 문화를 접했고, 새 것의 마력과, 그것을 소유하는 희열도 알게 되었다.

플라톤은 약이면서 독인 것을 '파르마콘(Pharmakon)' 이라고 불렀다. 끝없는 소유욕과, 항상 새로운 것을 찾는 갈망은 파르마콘의 일종일지도 모른다. 광고는 항상 신상품에 대한 갈망을 부채질하기 위해 '당신이 가진 것은 이미 고물이고, 낡고, 촌스럽습니다. 훨씬 좋은 신상품이 나왔습니다.' 라고 말한다. 그러면 소비자는 어찌되었든 신상품을 가지는 게 더 즐겁다고 생각하게 된다. 게다가 신상품은 이것을 가지면 남들이 자신을 더 좋아하리라는 착각을 불러일으킨다. 이렇게 소유욕은 점점 커지고, 어느 순간부터 넘치게 된다. 신상품에 대한 욕구가 어느 순간부터 파르마콘이 되는지, 자문해볼 필요가 있다.

소유욕이 야기하는 일상의 찌꺼기는 독감이나 바이러스처럼 전염성이 있다. 신상품과 직간접적으로 접하거나, 그에 집착하는 사람을 만나게 되면, 소유욕은 마치 감기처럼 우리에게 전염된다. 이 감기에 걸리면, 더 많이 가지고 싶다는 갈증이 마음을 말리며, 부족하다는 걱정과 불안이 우리를 압도한다. 이 감기는 폐렴처럼 치명적이기에, 서둘러 조치를 취해야만 한다.

그웬은 소유욕에 걸린 대표적인 사람이었다. 그녀는 우울증 때문에 나를 찾아 왔고, 첫 상담 시간에 울면서 자신이 어떻게 사라져가는 화려한 생활의 끝자락에 매달리고 있는지 말해주었다. 그녀는 이혼, 양육권 분쟁, 경제적 위기라는 태풍의 한가운데에서, 겉으로 보이는 모습을 유지하기 위해 필사적으로 노력하고 있었다. 그녀는 압류 중에 있는 빈 콘도에 몰래 묶고 있었다. 그 곳은 한 때 남편과 공동명의로 소유하고 있었던 스키장 콘도였다. 그곳엔 가구도 전기도 없었다. 그러나 그웬은 어머니 집에 들어가느니 차라리 빈 콘도의 거실 바닥에서 자는 것을 택했다. 또한 그녀는 압류 중인 사치스런 자동차도 포기할 수 없었다. 슬프게도 그녀는 자신의 옷, 차, 집으로 자신을 정의하고 있었다.

내가 그녀의 결혼생활에 대해 묻자, 그녀는 이렇게 답했다. "전 성공한 부부가 으레 하는 것들을 따라하는데 급급해서, 더 이상 남편을 사랑하지 않는다는 것을 깨닫지 못했어요. 우리는 서로 존중하거나 사랑하고 있지 않았던 거에요."

어떻게 보면 그웬은 어플루엔자로 알려진 사회적 질병이자 문화적 찌꺼기 때문에 이혼을 하고 자신의 부를 다 잃은 것이나 다름없다. 존 드 그라프와 데이빗 완, 그리고 토마스 나일러는 자신들의 저서 〈어플루엔자(Affluenza)〉에서 이 질병을 다음과 같이 정의했다.

어플루엔자: 고통스럽고, 전염되기 쉽고, 사회적으로 전염되는 병으로 증상은 과소유, 빚, 불안, 그리고 더 소유하고자 하는 길에서 일어나는 낭비가 있다.

몇 달 동안 그웬은 정말로 모든 물건을 잃어버렸다. 아니, 모든 물건이 그녀를 떠났다고 해야 맞을 것이다. 그녀의 커다란 자동차가 압류되었기 때문에 그녀는 낡은 중고차를 타야만 했다. 그녀는 콘도와 집도 잃었다. 그녀는 혼자 살 능력도 잃어 친구네 집에 얹혀살아야 했다. 그녀의 옷장에는 꼭 필요한 옷들만 남았다. 심지어 그웬은 딸의 양육권마

저 잠시 동안이나마 잃었었다. 하지만 이런 상실이 그웬에게 타격을 줬음에도 불구하고 그녀는 이 경험을 통해 한 줄기 빛을 얻게 되었다.

그웬은 태어나서 처음으로 자신의 가치관을 되돌아보고 그녀를 빚더미에 앉히고 인생을 망쳐놓은 어플루엔자를 되돌아봤던 것이다. 내면을 들여다본다는 것은 마음 챙김 예방 접종 주사를 맞는 것과 다름없다. 그웬은 놀랍게도 그녀가 하루하루 부정적인 마음의 찌꺼기를 쌓고 있었다는 것을 깨달았다. 먼저 스스로의 힘으로 성공하지 못할지도 모른다는 두려움이 있었고 그녀가 충분히 똑똑하거나 강하지 못하다는 불안도 있었다. 그리고 그녀의 가족과 문화로부터 전해진 감정적인 찌꺼기가 있었는데, 이 찌꺼기들은 그녀에게 반드시 독립적으로 살아야 한다는 것과 남들에게 도움을 요청하는 것은 잘못되고 부끄러운 일이라는 인식을 심어주고 있었다.

이 과정에서 그웬은 소유욕과 다른 일상적인 관념들이 얼마나 자신에게 부정적이었는지 깨달아야만 했다. 그 가치관들을 바꾸면서, 그녀는 스스로에게도 낯선 이야기를 하기 시작했다. 무엇이 정말 중요하며, 무엇이 충만함을 주는지, 삶에 대한 깊은 이해와 명료함이 있는 이야기였다. 감정적이고 물질적인 찌꺼기에서 해방된 그웬은 자신과 주변 사람들을 이롭게 하는 가치관과 강점에 근거하여 새 삶을 살기 시작했다.

그웬은 다른 사람들과 깊은 교류를 하려고 노력을 하게 되었을 뿐만 아니라 다른 사람들의 도움도 적극적으로 받게 되었고 그녀의 평범한 하루의 소중함도 깨닫게 되었다. 그녀는 자신의 삶을 처음부터 한 단한 단 다시 쌓아올렸던 것이다. 그웬은 결국 작은 집이었지만 자신의 집을 가지게 되었고, 좋아하는 직장도 갖게 되었으며 가장 중요하게는 딸의 양육권도 공유할 수 있게 되었다. 나는 그웬과 만날 수 있는 기회를 가졌던 것에 감사한다. 그녀는 자신의 삶을 새로운 방향으로 이끌어 가기 위해 노력을 아끼지 않은 사람이었다.

마음을 집중하여 일상에서 가치 있는 순간 찾기

신상품이 그토록 좋아 보이고 매력적인 까닭은 우리의 뇌가 새로운 경험을 하면 긍정적인 자극을 받기 때문이다. 그러나 새로운 물건에 익숙해지면 자극은 사라지고, 다시 같은 자극을 위해 다시 새로운 물건을 찾아야만 한다. 심리학자들이 말하는 자극의 쳇바퀴에 갇히게 되는 것이다. 만약 우리의 본성이 이렇다면, 소유욕에 대한 해독제는 존재하지 않는 것일까? 우리는 이 쳇바퀴 위에서 영원히 달려야만 할까?

불교에서는 이러한 채울 수 없는 욕심에 대한 훌륭한 비유가 있다. 바로 아귀다. 아귀는 거대한 배를 가지고 있다. 하지만 너무나도 작은 입과 가는 목을 가지고 있기에, 배고픔을 채울 수 없다. 이 아귀의 이야기는 물질적인 소유욕에 국한되는 이야기가 아니다. 아귀는 감정적일 갈망과 공포로 가득 차 있어, 질투, 질시, 탐욕과 온갖 소유욕을 끌고 다닌다. 당장 뉴스를 봐보라. 억만장자들이 타인에게 막대한 피해를 주면서도 더 많은 것을 가지고 싶어 한다. 당연한 말이지만, 아귀는 세상에 많은 고통을 야기한다.

놀랍게도, 자극의 쳇바퀴와 아귀를 치료할 수 있는 방법은 멀리 있지 않다. 평범한 순간에 감사하는 것만으로 우리는 이 증상들을 치료할 수 있다. 우리의 소유욕을 이미 가진 것에 만족하는 것으로 치료할 수 있다면 어떨까? 테레사 수녀는 '진실한 사랑의 물방울'이라는 시를 통해 이 치료법을 감동적으로 표현했다.

사랑이 진실하기 위해
특별해야한다 생각지 마라.
사랑은 지치지 말아야 할 뿐이다.

램프가 어떻게 타오르는가?
지속적인 기름방울 덕분에 타오른다.
기름방울이 더 이상 흐르지 않는다면 램프의 불도 꺼지고,
당신의 신랑도 당신을 모른다고 할 것이다.

내 딸들아, 우리의 램프를 타오르게 하는 기름방울은 무엇이냐?
바로 하루의 사소한 일들이다.
충실함,
꼼꼼함,
작지만 친절한 말들,
다른 이들을 생각하는 마음,
우리가 침묵을 지키는 방식,

우리가 보고, 말하고,
행하는 방식.

이것들이 진실한 사랑의 물방울이다.
작은 것들에 충실해라, 왜냐하면 그곳에서
우리의 힘이 솟아나기 때문이다.

테레사 수녀는 자신이 말하는 진리가 무엇인지 잘 알고 있었다. 〈심리과학 학술지〉에 실린 '미래를 위한 선물: 재발견의 재발견'이라는 연구는 일상생활에서의 경험의 중요성을 연구했다. 연구자들은 사람들이 일상적인 경험과 특별한 경험 중 무엇을 더 회상하는 것을 좋아하는 지에 대해 연구했다. 연구자들은 당연히 평범한 기억이 시시할 것이라고 예측했다. 참가자들은 일상적인 날과 특별한 날에 대한 사진과 기록을 해 일기를 남기도록 지시를 받았다. 특별한 날은 밸런타인데이였고, 모든 피실험자들은 이 특별한 날을 기록했다. 세 달이 지나 피실험자들은 자신들의 과거 경험을 재발견하고 어느 경험이 더 궁금하고 더 만족스러운지 평가를 내려야 했다.

어떤 경험이 더 의미 있고 호기심을 자아냈을 것 같은가? 놀랍게도 평범한 날들이었다. 피실험자들은 평범한 일상이 밸런타인데이에 있었던 일 보다 더 의미 있고 흥미롭다는 사실을 발견했다. 그들은 평범한 하루의 가치와 그 날을 뒤돌아보며 얻을 수 있는 것들을 과소평가했던 것이다. 이 연구는 평범함의 가치를 일깨운다.

우리는 평범함의 의미와 일상에 감사함으로서 소유욕을 치료할 수 있다. 평범함에 가치를 부여하는 태도는 탐욕과 시기를 야기하는 태도와는 다르다. 이미 가지고 있는 것에 대한 깊은 감사함이 있다면 당신은 다른 사람이 가진 것을 탐낼 가능성이 적을 것이다. 주변에 있는 평범하고 좋은 것들에서 뜻밖의 가치와 풍부함을 발견하게 된다면 당신은 남과 비교하는 습관, 만성적인 허기, 끝없는 소유욕을 정복할 수 있을 것이다.

나는 친구를 통해 어떻게 하면 평범함을 사랑할 수 있는지 좋은 사례를 배우게 되었다. 그녀는 자신의 아이들이 빨리 자라고 있다고 말하며, 이 순간을 잊을지도 모른다는 것을 생각하면 슬프다고 했다. 그녀는 단순하고 아름답고 심려 깊은 방식으로 일상에서 이 슬픔에 대처하는 방법을 찾아냈다.

"오늘 이른 아침, 나는 부엌 옆에 있는 그림자에 앉아 있었어. 거기서 내 열여섯 살 된 아들이 부엌에 들어가 아침을 만드는 것을 지켜보았지. 그 아이는 내가 지켜보고 있다는 것을 몰랐지만 나는 거기 앉아 그 애가 달걀 껍데기를 깨서 팬에 넣는 것을 보았어. 그 아이는 깨진 껍질을 흔들고 이어폰을 고쳐 쓴 다음 달걀을 하나 더 깨서 팬에 넣었어. 그 아이를 지켜보는 그 순간순간이 나에게는 명상이나 다름없었어. 지극히 평범하고 특별한 순간이었어."

고대 그리스의 스토아학파의 철학자들조차 만족감은 평범함의 가치를 깨닫는 데서 온다고 하였다. 그들은 자신들에게 다음과 같은 질문을 던졌다. 지금 내 삶을 가능케 하는 간단한 것들이 없다면 내 삶은 어떨까? 평범함 것들을 잃는 것을 상상함으로써 그들은 그것들을 가치를 더 깊이 느꼈다. 평범함이 어플루엔자가 불러일으키는 매일의 탐욕과 찌꺼기에 대항하는 비밀 무기인 것도 놀랄 일이 아니다.

마음 청소도구: 평범한 것들을 소중히 여기고 감사하기

이 연습을 위해서 우리는 테레사 수녀가 말한 작은 것들에 주의를 기울일 것이다. 매일 이 명상을 한다면, 당신은 자신이 얼마나 많은 것을 가졌는지를 깨닫고 놀랄 것이다.

먼저 5분 동안 방해 받지 않고 앉아서 명상할 수 있는 조용한 공간을 찾아라. 아래의 네 가지 항목에 평범함을 감사히 여기는 방법의 목록이 있다. 이 항목들을 가지고 생각하거나 당신의 생각을 받아 적어라. 당신의 마음을 사로잡는 방법을 한두 가지 찾으면 일상의 찌꺼기를 예방하기 위해 매일 연습해라.

1. 기쁨을 부르는 작은 것들에 감사하라.
당신이 좋아하거나 감사히 여기는 작은 것들을 생각해라. 당신의 하루를 지켜주는 일상적인 행동도 상관없다. 다음은 몇 가지 예시들이다.

- 따뜻한 모닝커피
- 신문 읽기
- 소중한 사람을 포옹하거나 뽀뽀하기
- 직장 동료에게 미소 지으며 인사하기
- 당신의 아이가 달걀을 깨는 것을 보기
- 아침에 당신의 발이 바닥에 닿는 것을 느끼기
- 샤워를 하면서 물줄기를 느끼기
- 태양빛
- 아침에 처음 먹는 음식의 맛
- 안락한 의자
- 당신이 이용하는 교통수단

2. 주위의 평범한 것들을 알아차려라.

당신의 주변을 둘러보아라. 당신이 감사히 여기거나 소중히 여길 수 있는 평범한 것들이 눈에 띄는가?

하루를 지내며 당신이 그때그때 하고 있는 평범한 일들을 머릿속에서 그리는 습관을 들여라. 사무실에 앉거나 아이들을 학교에 데려다 주는 것도 괜찮다. 평범한 것의 아름다움에 자신을 맡겨라. 이 순간이 특별하고 다시는 반복되지 않으리라는 것을 자신에게 상기시켜라.

3. 과거의 성공을 되살려라.

지금 이 순간 벌어지고 있는 평범한 일들에서 가치를 찾아낼 수 있는 것처럼 우리는 자부심이나 행복을 느꼈던 과거를 회상하며 가치를 재발견할 수 있다.

자신이 성취한 뿌듯한 일을 회상해 보아라. 학교를 졸업한 것도 좋고, 다른 이들이 성공하게 도운 것도 좋고, 진급한 순간도 좋고, 자기관리를 철저히 한 것도 좋고, 병이나 삶의 힘든 순간에서 회복한 것도 좋다. 5분간 그 순간을 회상하며 좋은 기분으로 있어라.

4. 과거의 친절을 기억해보자.

다른 사람을 도운 적 있는가? 다른 사람에게 도움을 받은 적이 있는가? 물론 있을 것이다. 그 순간을 기억해보아라. 미소, 등을 토닥이는 것, 격려의 말 같은 작고 평범한 친절도 관심의 강력한 표출이고 장기적인 효과를 가질 수 있다는 기억해라.

요즘 같은 세상에서 어떻게 하면 평범한 친절을 행할 수 있는가? 친절해지기로 결심했다면, 이것을 잊지 않게끔 당신이 베푼 친절을 기록하거나 다른 이들과 공유해라.

제 13 장

속도 늦추기

조금 더 빨리! 조금만 더 속도를 내!

―영화 〈탑건(Top Gun)〉의 대사 중에서

우리가 사는 세상과 문화는 모든 일에서 속도를 강조한다. 이 문화는 속도가 삶을 편안하게 해준다고 말한다. 실제로 우리의 삶은 빠른 속도 덕분에 매우 편안하다. 우리가 주문한 물건은 하루나 이틀이면 집 앞으로 배송된다. 피자 한 판을 받는 데 삼십 분이면 된다. 문자와 그 밖의 통신기기는 장거리에서도 즉시 연락을 주고받게 해준다. 예전에는 은행에 가거나 쇼핑을 하러 가느라 몇 시간을 써야 했지만 이제는 간단하게 휴대폰이나 컴퓨터를 통해 몇 번의 클릭만으로 업무를 끝낼 수 있다. 심지어 사람을 만나 직접 거래를 할 때도 현찰로 거래하는 것보다

카드나 폰뱅킹의 도움을 받는 것이 시간을 아낄 수 있게 해준다. 확실히 세상은 좋아졌다. 하지만 속도가 삶에 반드시 좋은 영향만을 끼친 걸까.

일을 빨리 처리할 수 있게 된 것은 분명 좋은 일이다. 하지만 우리는 시간을 많이 절약하게 되었다면서 어째서 항상 일상에서 시간에 쫓기며 사는 걸까. 왜 하루하루의 페이스는 점점 급박해지는 걸까? 왜 잠시 한숨 돌리거나, 잠시 사색을 할 시간도 없는 것처럼 바쁘게 사는 걸까? 그것은 우리가 아낀 시간만큼 더 많은 일을 하고 있기 때문이다. 우리는 적어도 동시에 두 가지 삶을 살고 있다. 훌륭한 직장을 가진 직장인이면서, 성실한 부모이면서, 친구들을 즐겁게 해주는 친구이면서, 몰두할 취미를 가진 사람에, 독서가에, 맛집을 잘 찾아다니는 사람에, 운동도 잘하면서 멋진 파티도 열 줄 아는 사람이 되고 싶어 한다. 한 번에 너무나 많은 역할을 수행하려고 하기 때문에 결과적으로 삶은 터져 나갈 것처럼 느껴진다. 하지만 우리가 하루에 잘 해낼 수 있는 역할의 갯수는 정해져 있다.

더 많은 경함과 역할을 해내려고 할수록 역설적으로 각 경험을 깊이 있게 체험할 시간은 적어져 의미를 잃는다. 직장에서 우리는 멀티태스킹을 요구받지만 실제로 하는 일에 비해 생산성은 이전보다 높지 않다. 너무나 바쁘게 살고 있기 때문에 가족이나 친구들을 만나 아무런 방해 없이 길고 의미 있는 대화를 나눌 시간조차 모자라다. 그 결과 우리는 깊은 경험을 얕은 경험으로 대체한다. 취미 생활을 실제로 즐길 시간이 없기 때문에 SNS에서 다른 사람들이 요리, 자전거, 낚시. 등산, 여행 등을 즐기는 걸 구경하는 구경꾼이 되어버렸다. 마음을 가라앉히고 책을 삼십 분이나 한 시간 동안 읽을 정신적 여유가 없기 때문에 우리는 여기저기서 책을 몇 페이지씩 조금씩 훔쳐 읽는다. 마치 깊은 바다에서 잠수하고 싶어 하면서 얕은 풀장에서 물장구를 치는 걸로 대리만족 하는 것과 같다.

최근 나는 워크숍에서 한 그룹에 5분간 명상을 할 것을 지시했다. 명상을 하고 난 후 여러 사람들이 얼마나 그 시간이 도움이 되었었는지 말해왔지만 동시에 아무것도 안 하고 그저 가만히 앉아 5분을 쓴 것에 죄책감을 느낀다고도 말했다. 단 5분 동안 생산적인 일을 하고 있지 않았다고 참가자들은 죄책감을 느끼고 있었던 것이다!

속도와 멀티태스킹에 대한 압박감은 우리를 무의미하게 계속 달리게 만들고 더 나아가 우리가 점점 빨라져가는 현대의 삶에 결코 적응할 수 없을 것처럼 느끼게 만든다. 이것이 속도와 멀티태스킹이 만들어내는 마음의 찌꺼기다. 속도는 즉시 만족을 주기 때문에 우리도 만족감을 즉시 느끼기를 기대한다. 속도를 중요시 하는 문화는 또한 우리에게 하루 동안 여러 개의 역할을 해내라고 강요한다. 여러 역할을 동시에 조율하는 법을 배우지 못하면 우리는 그만큼 빨리 지치게 된다. 빠르게 밤낮 일하게 해주는 전자기기는 일상의 찌꺼기를 만들어내는 강력한 조합이다. 이 두 가지가 합쳐져 마음의 찌꺼기가 극대화된다.

1911년에 저서 '과학적 관리법'을 출간한 프레드릭 테일러 (Frederick Taylor)는 우리 삶에 큰 영향을 미친 인물이다. 테일러는 스톱워치를 작업장에 들고 가서 그 작업장의 전체적인 효율성과 노동 생산성을 향상시켰다. 처음에 사람들은 기계처럼 일하는 것을 거부해 폭동을 일으켰고, 심지어 나중에는 이 안건을 가지고 의회 청문회도 열렸다. 그러나 백년이 지난 지금 테일러의 사상은 미국인의 문화와 직장에 뼛속 깊이 스며들었다. 심지어 건강관리와 의료 분야에서조차 시간 절약을 중시한 나머지 환자와 전문의가 만나는 시간이 줄어들고 있다. 결과적으로 생산성의 의료진들을 혹사시킴으로써 생산성이 향상되고 있는 것이다. 우리는 속도와 생산성을 높였지만 그 대가로 무엇을 치렀는지 생각해봐야 한다.

속도감 있는 삶이 가지는 영향을 분석하기 위해서 사회 심리학자 로버트 르빈(Robert Levine)은 전세계 대도시들에서 삶의 속도를 측정했다. 그는 또한 속도감 있는 도시 생활이 건강에 미치는 영향을 알고 싶어 했다. 그는 서른 한 개 국가에서 일상의 속도를 측정했는데, 각 지역에서 사람들의 일상의 속도를 측정하기 위해 두 가지 방법이 사용되었다. 첫째로, 출퇴근 시간 동안 사람들이 도시의 한 구획을 얼마나 빨리 걷는지 측정했다. 두 번째로, 또한 우체국 직원들이 한 가지 업무를 완수하는데 걸리는 시간을 측정했다.

연구 결과 각 나라마다 삶의 속도가 현저하게 다르다는 것이 나타났다. 삶의 속도는 일본에서 가장 빨랐고 그 다음으로 몇 개의 서유럽 국가들이 뒤따랐다. 경제가 발달되어 있을수록, 기온이 추울수록, 그리고 개인주의 문화가 만연해 있을수록 해당 도시의 삶의 속도가 더 빨라졌다. 하지만 정작 놀라운 발견은 따로 있었는데 바로 건강과의 연관관계였다. 일상의 속도가 빠른 도시일수록 심장 질환으로 인한 사망률이 높았으며 흡연자의 비율 또한 높았다. 또한 빠른 속도를 강조하는 문화에 사는 이들일수록 다른 사람을 돕는 것을 꺼려했다. 당신은 속도가 빠른 도시에 살고 있는가? 그렇다면 이와 같은 발견에 동의하는가?

알란은 속도와 효율성에 희생당한 젊은이들 중 한명이었다. 그는 스물다섯 살이었고 창고에서 꽤 괜찮은 봉급을 받으며 일하고 있었다. 그의 업무는 지게차를 운전해서 화물의 운반대를 이송하는 일이었다. 알란은 그의 상사도 좋아했고 승진도 했다. 회사에서 그가 유일하게 느끼는 문제는 속도를 중시하는 문화였다. 알란의 작업 동선과 활동은 그가 목에 걸고 있는 GPS 장치에 의해 항상 감시되고 있었는데, 그가 새로운 운반대를 받을 때마다 그 장치는 시간을 재기 시작했다. 알란이 창고에서 부두로 왕복하는 데 걸리는 시간은 늘 기록되었다. 결국 이 압박감은 알란을 무너지게 했다. 그는 잠을 잘 잘 수가 없었고 자신이 충분히 빠르거나 효율적이지 못해 작업 능률을 잃을지도 모른다는 걱정을 늘 하고 살았다. 얼마 지나지 않아 알란은 직장에서 공황 발작을 일으키기 시작했고 결국은 업무를 쉬어야 할 지경이 되었다. 일주일간의 휴가를 받자 발작은 어느 정도 진정되었지만 알란이 직장에 복귀하자 발작도 다시 시작되었다.

알란이 처음 나를 방문했을 때 그는 그저 이 발작 증상을 고치고 싶다고만 이야기했다. 얼마간의 응답 시간을 거치고 나서 난 그의 직장에서 속도와 생산성으로 인해 받는 압박 때문에 힘겨워 하는 것이 알란만이 아니라는 것을 알게 되었다. 압박을 견디지 못한 사람들이 많았고 많은 이들이 직장을 떠났다. 나는 그의 불안을 줄이는데 주력했지만 시간이 지나자 알란은 자신의 직장이 그다지 좋은 곳이 아니라고 깨닫게 되었다. 알란은 적응을 해서 더 기계처럼 일할 수 있었을지도 모른다. 하지만 장기적으로 봤을 때 그것은 알란에게 그리 건강하고 만족스러운 장기정인 해결책이 아니었다.

역할을 바꿀 때 마음 챙김을 통해 속도를 늦추기

역할 전환에 대해 알아야 할 것이 있다. 한 역할에서 다른 역할로 넘어가는 순간에 사람의 스트레스와 걱정은 증가한다. 왜냐하면 역할을 바꾼 직후에 무슨 일이 일어날지 우리는 잠시 불확실해지기 때문이다. 역할 전환 자체가 부정적인 행동은 아니다. 다만 그 전환이 어떻게 이루어지는 지가 중요하다. 우리가 의식적으로 마음을 집중해서 다른 역할로 넘어간다면 걱정과 불안을 훨씬 덜 느낄 수 있다. 역할 전환에는 사회적 요소도 크다. 가령, 당신이 아침마다 집을 나갈 때 당신은 안전한 집에서 나감으로써 막대한 변화를 겪는다. 한 장소를 떠날 때마다 마무리를 하는 의식을 하면서 흐름을 유지하는 것은 우리에게 큰 도움이 된다. 당신은 오늘 아침 집을 어떻게 떠났는가? 당신의 반려와 가족들을 포옹했는가? 오늘 하루를 보내는 동안 연락을 하겠다고 말을 했는가?

커플인 환자들과 상담할 때 나는 그들에게 관계를 개선시키기 위해 애인이 만들었으면 하는 작은 변화를 하나만 말해보라고 한다. 나는 그 변화가 작고 현실적이어야 한다는 것, 그리고 성취하기 쉬워야 한다는 것을 늘 강조한다. 뜻밖에도 많은 사람들이 매일 헤어지거나 만날 때마다 작고 간단한 행위가 추가되기를 요구한다. 예를 들어 한 여성은 애인이 잠들 때마다 굿나잇 키스를 해주기를 원했고 어떤 남성은 출근하기 전에 애인이 침대에서 일어나 그를 안아주고는 좋은 하루를 보내라고 말해주는 것을 원했다.

이와 마찬가지로 우리는 한 장소에 들어설 때마다(집이나, 직장 혹은 병원의 진료실) 그 장소가 안전하고 우리를 환영한다고 느낄 수 있어야 한다. 나의 환자였던 한 남자는 퇴근하면 부인이 텔레비전을 보는 것을 잠시 멈추고 5분 정도만 자신과 대화해주기를 원했다. 한 여성은 직장에서 아무도 그녀를 반겨주지 않았기 때문에 불안해했다. 그녀의 직장에서는 모두들 각자 자신의 모니터만 보고 있었던 것이다. 이에 대한 해결책으로 우리는 그녀가 한 명의 친한 사람과 주기적으로 인사를 하도록 했다. 이 단순한 하나의 변화는 그녀가 직장에서 안전하다고 느끼게 해주는데 충분했고 심지어 자신이 팀의 일원 중 하나라고 느끼게 해주었다.

일상에서는 다양한 종류의 역할 전환이 존재한다. 역할 전환은 우리가 한 장소에서 다른 장소로 일어날 때 일어난다. 아니면 이메일을 작성하다가 장 볼 물건의 목록을 적을 때와 같이 한 가지 일을 하다 다른 일을 할 때도 일어난다. 앞서 말했듯이 역할 전환은 사회적인 변화이며 우리가 주위 사람들과 헤어지거나 그들과 다시 만날 때도 일어난다. 역할 전환은 감정적인 차원에서도 이루어진다. 우리가 안전하다고 느끼는 정도도 역할이 바뀔 때 행동에 따라 변한다. 가령 직장 동료나 연인과 싸웠을 때 우리는 순식간에 감정적으로 안정된 상태에서 불안한 상태로 변한다. 이 모든 변화는 힘이 든다. 어느 변화가 당신에게 가장 많은 마음의 찌꺼기를 안겨주는가? 당신은 변화의 순간에 생기는 마음의 찌꺼기에 어떻게 대응하는가?

여기 마음이 바뀌는 순간을 관리하는 네 가지 기본적인 방법이 있다.

1. 하루 동안 일어나는 역할 전환의 양을 축소해라.

변이의 개수를 줄일수록 당신이 마주해야하는 불확실함과 불안감의 양도 줄어든다. 삶을 단순화시키는 것이다. 예를 들어, 당신이 오늘 해야 할 일이 운동하기, 병원에 가기, 장보기, 옷 사기, 친구 결혼식 선물 사기, 주말 동안 외식 약속 잡기, 그리고 학교에서 아이들을 데려오기라고 하자. 이것들을 다 하루에 처리하는 대신에 당신은 가까이서 처리할 수 있는 두세 가지 활동들을 한 번에 처리하고 다음 날 해도 되는 일의 목록을 작성해서 마음의 짐을 줄일 수 있다. 당신이 하루 안에 해야하는 일의 수를 줄임으로써 당신은 불안을 덜 느끼고 훨씬 단순해진 삶과 안정과 평화를 느낄 수 있다.

2. 하루 동안 처리해야 하는 업무의 수를 줄여라.

여러 개의 프로젝트 사이를 왔다 갔다 하며 하는 대신에 한 가지 일에 오랫동안 집중해라. 연구에 의하면 이 방식은 훨씬 생산성이 높으면서 당신의 집중력을 오래 지속시켜준다. 페이스북과 기타 SNS에 할애하는 시간은 따로 할당해 몰아보고, 자주 들여다보지 마라. 한 가지 일을 할 때 온전히 그 일에 마음을 쏟아라. 당신이 산만해지는 순간을 알아차려야 한다. 이러한 전략으로 당신은 효율성을 높이고 정신적으로 덜 피곤해지고 보다 잘 집중할 수 있다.

3. 순간의 변화에 마음을 집중해라.

당신이나 다른 사람이 떠날 때 마무리를 했다는 느낌을 받고 연결 고리를 느낄 수 있도록 접촉, 말, 몸짓, 미소 등을 사용해라. 당신이나 다른 사람들이 다른 장소에 도착할 때 환영받고 안전하다는 느낌을 받을 수 있도록 뭔가를 하도록 해라. 눈을 마주치거나 일어나서 그 사람을 환영하는 것도 좋고 아니면 전자 기기에서 눈을 떼는 것만으로도 괜찮다. 악수나 포옹도 좋으니 한 가지를 정해 습관으로 만들어라.

4. 변화가 일어나는 순간에 시간을 들여 마음을 집중해라.

번거로운 일을 대하듯 변화의 순간을 서두르려 하지 마라. 저녁 먹고 상을 치우는 평범한 일도 호기심과 경건한 마음가짐으로 대해라. 몇몇 종교적인 관례에서는 화장실을 청소하거나 바닥을 청소하거나 바닥을 걸레질하는 것과 같은 가장 하찮은 일들이 가장 우수한 학생들에게 주어진다. 그 학생들은 이를 통해 우리가 무슨 일을 하고 있든지 순간순간이 존재한다는 것의 소중함과 가치를 이해할 수 있다. 그래서 이 일들이 그들에게 주어지는 것이다.

선종에서는 다음과 같은 문구로 이 깨달음을 설파한다.

'장작을 패고, 물을 길어라.'

우편물을 가지러 가고 있다면 왜 서두르는가? 잠시 기다렸다가 쓸데없는 우편과 고지서들을 확인할 수는 없는 걸까. 우편함으로 천천히 걸어가라. 당신의 발이 땅을 밟는 것을 느끼고 당신의 몸이 기적처럼 움직이는 것을 느껴라. 당신의 손가락이 우편함을 만지는 것을 느끼고 손잡이를 내리고 안으로 손을 넣는 순간을 경험해라. 우편물을 집어 손 안에서 정리하는 동안 각각의 봉투의 다른 질감을 느껴라. 모든 우편물을 가지러 가는 여로는 다르므로 이 우편물 더미를 경이를 가지고 보아라. 이 경험을 놓치고 싶은가 아니면 다음에 해야 할 일, 또 다음에 해야 할 일, 그리고 또 다음에 할 일만을 생각하며 그저 기계처럼 움직이고 싶은가?

현명한 전이는 사려 깊은 사고와 계획과 노력, 그리고 훈련을 필요로 한다. 우리가 하루를 아무 생각 없이 그저 수행하기만 한다면, 우리가 무엇을 선택할지 결정할 자유가 있다고 생각함에도 불구하고 우리는 마음을 집중하여 전이를 할 참된 자유를 놓치고 있는 것이다. 수피교의 스승인 이나야트 칸과 불교 수도승인 아잔 아마로는 그들만의 방식으로 이 깨달음을 설파했다.

마음 청소도구: 지금 이 순간을 느끼기

여기 여러 가지 용도로, 이동 중에도 쓰일 수 있는 불안에 대처함으로써 변화의 순간을 관리할 수 있는 도구가 있다. 이 명상은 언제든지 변이의 전과 후에 당신이 한숨 돌려야 할 때 쓰일 수도 있고 아니면 당신의 마음이 너무 부산하여 정신이 없다고 느낄 때 현재에 발을 디디기 위해서 쓰일 수도 있다.

먼저 5분 동안 이 명상을 할 수 있는 조용한 장소를 찾아라. 당신이 이 순간을 끌어안는 법과 친숙해진 다음에는 이 명상을 하는 데 일분도 채 걸리지 않을 것이다.

먼저 편안한 의자에 앉아 마음을 진정할 수 있도록 길게 호흡하라. 발바닥을 바닥으로 밀며 당신이 앉아 있고 지구와 연결되어 있다는 사실을 느껴라. 당신이 제일 좋아하는 나무를 생각해도 좋다. 그 나무처럼 지구에 뿌리를 내리고 있는 자신의 모습을 상상해라.

이제 당신의 심장 근처까지 양 손이 삼십 센티 정도의 거리를 두고 마주보게 두 손을 들어라. 당신이 팔과 손을 드는 동작만으로 근육이 얼마나 긴장하는지 느껴라.

그 다음, 천천히 가장 작은 기운이나 압력이나, 열이나 따스함을 느낄 정도까지 두 손을 가까이 가져와라. 손을 멈추고 잠시 이 기운을 그저 느껴라. 그리고 관찰해라. 두 손 사이의 열이나 따스함, 기운, 아니면 압력이 일정한가? 아니면 순간순간 미세하게 변하는가?

이제 손끝이 미세하게 닿을 정도까지만 양 손을 가까이 가져와라. 당신의 오른손 끝에 있는 분자가 왼손 끝에 있는 분자랑 춤을 추고 있다고 상상해보라. 그들이 왈츠를 추고 있다고 상상해도 괜찮고, 삼바를 추고 있다고 생각해도 괜찮다.

이제 당신의 뺨이 가볍게 맞닿을 때까지 두 손을 가까이 가져와라. 이때 당신의 손가락이 얼마나 곧게 펴지는지 그리고 두 손 사이의 열기가 얼마나 뜨거워지는지 느껴라. 손목이 미세하게 움직이는 것도 놓치지 마라.

이제 두 손이 맞닿은 채로 잠시 동안 그대로 앉아 우리가 가진 귀중한 선물인 우리의 몸을 느껴라. 최소한 십초 동안 전직 승려이자 저자인 존 오 도노휴(John O' Donohue)의 말을 새겨라. "이 우주에서 당신의 집은 당신의 몸뿐이다."

이제 잠시 앉아 몸에 힘을 주었다 뺐다 해보아라. 손바닥을 붙인 채로 당신의 팔꿈치를 들어 올려라. 당신이 줄 수 있는 힘의 최소를 써서 양 팔을 밀어 올려라. 고통을 느낀다면 미는 것을 그만 두어라. 고통이나 불편함을 느끼지 않는 선에서 최대한 힘을 주어 양손을 밀어 올려라.

당신의 팔 어디까지 근육이 긴장하는지 느끼도록 하자. 압력이 당신의 손목을 지나, 팔꿈치, 어깨, 날개뼈, 또는 등이나 가슴까지 전달되는가? 당신의 손바닥 사이가 더 뜨거워지는가? 어떤 근육들이 긴장했는가? 5초 정도 지난 후에 당신의 어깨와 팔꿈치를 진정시키고 내려라.

몸에 있는 모든 힘을 빼라. 당신 몸에 있는 긴장과 압력을 풀어주는 것이 얼마나 기분 좋은 일인지 느껴보자.

마지막으로, 마치 태양 아래에서 꽃이 활짝 피듯 두 손을 천천히 열어라. 열기가 날아가 두 손바닥 사이의 열이 식는 것을 느껴보아라. 중력이 당신의 손과 팔을 끌어당기게 하여 두 손을 나무에서 떨어지는 이파리처럼 부드럽게 당신의 허벅지나 다리에 내려놓도록 하자.

숨을 들이키도록 하자. 그 공기가 정수리로 떨어지는 황금빛이나 코나 입에서 오고 있다고 상상해보자. 이 빛이 압력과 긴장, 그리고 부정적인 감정이 머물던 당신 몸의 어느 부위든 채우게 두자. 숨을 내쉴 때는 이 공기가 다리를 통해 발바닥 끝까지 순환하며 긴장과 압력과 부정적인 감정들을 쓸어내고 정화되기 위해 지구로 돌아가고 있다고 생각하자.

다시금 또 하나의 기분 좋고 기다란 숨을 들이키자, 그리고 이번에는 숨을 내쉴 때 다리를 통해 발바닥 끝에서부터 남은 스트레스를 모두 쓸어내고 있다고 상상하자. 몸 안에 남은 긴장이 있다고 여겨지면 호흡운동을 더 해도 괜찮다.

원한다면 잠시 동안 더 앉아 당신의 명령을 따르고 당신의 의식을 간직하여 당신에게 인생의 목표를 성취하도록 해주는 몸을 감사히 여기도록 하자. 이 얼마나 멋진가!

제 14 장

정화의 힘

부정적인 생각은 자연스럽지 않다.

그것은 정서적 오염 물질이고, 오염되고 파괴된

자연과 인류의 정신에 쌓인 엄청난 부정적인 사고 사이에는

깊은 연결 고리가 있다.

– 에크하르트 톨의 〈지금의 힘(The Power of Now)〉 중에서

우리가 매일 마주치는 냉소주의와 부정적인 사고방식은 그야말로 마음의 찌꺼기 중에서도 오염된 물질이라고 할 수 있다. 그 어느 때보다도 우리는 자연으로부터 희망과 지혜를 배워야 한다. 자연은 냉소주의를 몰아내고 우리 안에 잠재된 희망의 샘물을 샘솟게 하는 독특한 능력이 있다. 나는 희망을 어떤 가상의 존재가 아니라 실재하는 것이라고 생각한다.

그리스 신화 속의 판도라의 상자는 우리에게 친숙한 이야기다. 판도라는 자연의 여신이었는데 어떤 이들은 그녀의 이름이 모든 것을 주는

사람으로 해석될 수 있다고 주장한다. 신화에 따르면, 이 모든 것을 주는 여신은 판도라의 상자를 열었는데 이 상자 안에는 부정적인 마음의 찌꺼기들이 가득 들어 있었다. 그 상자 안에는 세상의 질병과 악과 인류가 겪을 수 있는 모든 종류의 고통이 다 들어 있었다. 신화의 구조상 판도라의 상자는 우리가 이해할 수 없는 모든 것을 담고 있는 것이다. 우리가 해결할 수 없는 모든 것들이 이 상자에 들어 있었던 것이다.

판도라는 상자를 닫았지만 이미 마음의 찌꺼기와 혼란들이 다 빠져나간 뒤였다. 이 이야기는 불행한 결말을 가진 것처럼 들린다. 인간이 과연 어떻게 이 상자 안에 담겨있던 무섭고 압도적인 것들과 맞부딪힐 수 있단 말인가? 모든 것이 끝난 것처럼 보였을 때 우리는 판도라의 상자 안에 아직 한 가지가 남아 있었음을 알게 된다. 그리고 그 작지만 강력한 해독제는 희망이었다.

이 이야기를 다른 각도에서 보면, 우리는 마음의 찌꺼기에게서 해방되고서야 비로소 내면의 희망을 찾을 수 있다. 절망과 모든 부정적인 감정에 집착하는 동안 희망은 마음의 찌꺼기 더미 맨 밑에 깔려 닿을 수도 없고 얻을 수도 없는 존재인 것이다. 다행스럽게도 희망은 그렇게 작거나 힘이 없는 존재가 아니다. 심리학자 에릭 에릭슨(Erik Erikson)은 다음과 같이 말했다. '희망은 살아 있는 상태에서 가장 빠르게 가지게 되는 가장 소중한 미덕이다. 설령 자신감에 상처를 받고 신뢰가 깨진 상태에서도 삶을 지속시키기 위해 희망은 반드시 있어야 한다.'

판도라의 이야기는 자연을 통해 우리가 이 희망이라는 이름의 숭고하고 힘찬, 다양한 모습을 가진 선물을 얻을 수 있다는 것을 시사한다. 자연과 우리가 가지는 깊은 연결 고리를 통해 신비한 삶의 주기를 볼 수 있다. 자연이 주는 교훈을 통해 끝장나지 않고 오히려 위로를 받는다. 어두운 밤이 지난 뒤 새벽이 오듯이 발견과 파멸, 절망, 수용, 희망, 부활, 그리고 새로운 삶이 온다는 것을 이해하게 된다.

자연은 존재하는 모든 오염 물질에서의 평화와 완전함 그리고 자유로의 길을 선도한다. 자연을 존중하지 않는다면, 자연을 경비하고 지키지 않는다면 자연은 죽는다. 그리고 자연과 함께 우리의 가장 나은 꿈들을 지탱하는 희망도 죽을 것이다.

희망은 물론 실천되어야 하는 것이다. 희망의 실질적인 목적은 무엇인가? 헨리 데이비드 소로(Henry David Thoreau)는 이 질문에 다음과 같은 훌륭한 답변을 내놓았다. '희망은 하루의 질을 결정하는 가장 높은 수준의 예술이다.' 희망은 수많은 훌륭하고 자그마한 방법으로 이와 같은 일을 해낸다. 그리고 희망을 전파하는 것도 예술의 일종이다. 왜냐하면 당신이 희망을 표현하는 방식은 당신이 누구인지와 연결되어 있고 당신이 어디서 어떻게 그것을 표출하느냐에 달려 있기 때문이다. 희망은 직장에서도, 집에서도, 매일의 일상에서 모습을 드러낼 수 있다.

진실을 말하자면 어떤 잘못된 학교 제도도, 부족도, 문화도, 기관도 희망 없이는 변화할 수 없다. 어떤 망가진 사람도 아이도 가족도 희망

없이는 치유될 수 없다. 어떤 망가진 세상도 희망 없이는 평화를 찾을 수가 없다. 그러니까 작은 시작점으로 먼저 당신의 삶과 당신이 속한 공동체에 희망과 낙관의 씨앗을 뿌려보자.

당신은 스타벅스에서 라떼를 주문하려고 긴 줄을 서서 기다리는 동안 인내심과 약간의 친절한 말 몇 마디로 희망의 씨앗을 심을 수 있다. 직장에서 온정적인 결정을 내릴 때마다 희망의 씨앗을 심을 수 있다. 사랑하는 사람이 밖에서 힘든 하루를 보내고 난 다음에 그들을 인내와 이해심으로써 희망의 씨앗을 심을 수 있다. 그리고 당신은 어려운 문제에 부닥쳐 현명한 해결책이 필요할 때마다 동료들과 상의함으로써도 희망의 씨앗을 심을 수 있다.

희망은 온갖 종류의 형태를 띄고 있으며 원하던 원치 않던 간에 우리가 모두 한 배에 타고 있다는 것을 항상 일깨워준다. 이 보트에서 물이 새는 구멍을 혼자서 다 막을 수 없다. 희망은 그래서 우리 중 한 명이 멸시나 가난이나, 잔인함이나, 부정이나 편견에 의해 어려움에 처해 있으면 우리 모두가 어려움에 처한다는 사실을 잊지 않게 해준다.

다른 사람에게 희망을 준다는 것은 모두의 고통을 줄여준다는 것이다. 희망으로 우리는 정말로 세상을 친절한 작은 행동 하나씩 하나씩으로 바꿀 수 있다. 당신이 맡은 역할과 책임이 무엇이든 간에, 당신의 가장 중요한 과업은 희망이 모자라거나 없는 이들을 위해 희망을 전도하는 것이다.

그렇다면 우리는 어떻게 자연과 희망의 정화하는 힘을 사용할 수 있을까? 우리는 어떻게 조니 애플시드(Johnny Appleseed. 미국 개척 시대에 사과 씨를 뿌리고 다녔다고 전해지는 인물)처럼 희망의 씨앗을 뿌리고 심어 우리가 가는 곳마다 조금씩 긍정적인 변화를 일으킬 수 있는가? 그것은 당신이 생각하는 것보다 쉬울지도 모른다.

이혼을 조정하는 동안 나는 어둡고 절망스러운 희망 없는 한 시기를 보냈다. 나는 항상 이혼은 다른 사람들에게만 일어나는 일이라고 여겨왔었다. 나한테는 일어나지 않는 일이라고 생각해왔던 것이다. 그럼에도 불구하고 내 아내와 나는 이혼하기로 합의했고, 그녀는 크리스마스 이브에 동생과 지내기 위해 애틀랜타로 떠나버렸다. 그녀가 떠난 동안 나는 혼자서 극도로 추운 집에서 며칠을 보내며 마치 닻을 잃어버려 어둡고 불투명한 바다에서 길을 잃은 배처럼 상실감을 느끼고 있었다.

때는 1월 초였고 내가 한 달에 오백 달러씩 나오는 난방비를 절약하려고 있었기 때문에 집은 문자 그대로 얼어붙고 있었다. 나는 가끔씩 나무토막을 태웠고 실내에서 두터운 양모 스웨터를 입고 스키 모자를 쓰고 있었다. 난롯가 가까이에 웅크리고 앉아 아내와 비통한 이메일을 주고받고는 했다. 우리는 둘 다 슬픔에 잠기고 두려움에 가득 찬 절박한 어조로 이야기를 했고 완전히 낙담해 있었다. 해결책을 찾고 싶었지만 그건 마치 내가 한 번도 제대로 맞춘 적이 없었던 루빅스 큐브를 다시 맞추는 것만큼이나 불가능해 보였다.

무엇을 해야 할지 모르는 채로 집 뒤로 가 밖을 바라보았다. 하늘은 크리스탈 꽃병만큼이나 청명하고 투명했다. 내가 과거에 수없이 그랬던

거처럼 나는 자연에서 평화와 아름다움과 위안을 찾기 시작했다. 그래서 나는 밖으로 나가 얼굴과 손으로 차가운 공기를 맛보았다. 그런 다음에 잔디밭을 가로질러가 키가 큰 전나무와 삼목 나무들을 마주보는 작은 벤치에 앉았다. 나는 시선을 부드럽게 흔들리는 나무 꼭대기로 준 다음, 별이 빛나는 광대한 밤하늘을 바라보았다. 내가 그 다음에 한 행동은 당신을 놀라게 할지도 모른다. 적어도 나에게는 놀라운 일이었다.

'나는 모든 걱정들을 놓아주었다.'

당신이 제대로 읽은 것이 맞다. 나는 모든 걸 나무와 하늘과 나보다 무한하게 월등하고 지혜로운 자연으로 떠나보냈다. 그것은 마치 새장을 열고 새를 자유롭게 날려 보내는 것과 같은 기분이었다. 내 눈가가 촉촉해졌고 계속해서 모든 것들을 흘려보냈다. 미래를 알지 못하는 것, 그 불확실함, 고통, 해결책을 찾고자 하는 갈망, 두려움, 슬픔, 의심, 그리고 현재 상황이 다르기를 바라는 마음들을 모두 다.

그 다음에 무슨 일이 벌어졌는지는 명확히 묘사하기 힘들다. 거기 앉아 시간의 흐름을 잊어버렸다. 모든 걱정과 짐을 짊어진 나라는 존재는 존재하기를 그치고 은거했다. 그가 어디로 숨었는지 묻지 말라. 어쩌면 그는 그냥 작아지고 중요성을 잃었는지도 모른다. 내가 내 안에서 너무나 작아졌기 때문에 나는 차가운 벤치나 얼어붙은 땅도 느낄 수 없었다. 그저 이 광대한 공간만이 존재했고 그 공간과 내가 연결되어 있다는 감각만이 존재했다. 하늘과 나무를 쳐다보던 나라는 존재는 거기 없었다. 어떤 경로에서든 자연의 큰 그림으로 흡수되었고 나무의 대성당과 우주와 별의 검은 신비로 가버렸던 것이다.

그때는 아무 말도 떠오르지 않았지만 그 뒤로 나는 그 감각을 묘사할 말을 생각해냈다.

'만물에 축복이 만연하다.'

축복은 만연해있었다. 좋은 것, 나쁜 것, 이혼, 두려움, 재정적 합의, 전부다 어떻게 되든 간에 모든 것은 축복이었다. 비록 내 문제를 해결해줄 구체적이고 단단한 해결책을 찾아 해매고 있었지만, 대신에 영혼의 해결책을 찾았던 것이다. 그 해결책은 예기치 못한 마음을 채워주는 길이었고 무척 절실했던 앞으로 나아갈 수 있다는 희망과 모든 것이 잘될 거라는 생각을 심어주었다.

얼마나 오래 거기서 나를 잊고 있었는지 모른다. 내가 아는 것은 그저 넓고 깊은 평화와 만족감의 바다에 잠겨 있었다는 것뿐이다.

그러다 예기치 못하게, 마치 대포에서 튀어나온 것처럼 나는 내 몸과 잔디밭으로 돌아왔다. 발이 아팠다. 내 손은 굳어져 냉기와 장갑을 끼는 것을 잊은 내 어리석음 덕분에 찌르는 듯이 아팠다.

그 후 내가 받았던 그 광대한 기분은 지속되지는 않았다. 이혼 조정 기간 동안 계속해서 두려움과 분노 그리고 온갖 종류의 불쾌함을 느꼈다. 하지만 그럴 때마다 나는 자연이 어떻게 나와 연결되었었는지를 떠올렸고 내가 실제로 무슨 생각을 하고 있었던 간에 그 때 느꼈던 만연한 축복을 떠올렸다.

몇 년이 지났지만 자연은 아직도 내 논리적이고 이성적인 마음이 갈수 없는 현명하고 치유로 가득한 공간으로 나를 전송시킨다. 당신이 어떻게 자연과 연결고리를 맺을지 나는 알 수 없다. 어쩌면 당신은 바닷

가나 숲이나 아니면 다른 어떤 신성한 장소로 긴 산책을 갈지도 모른다. 자연의 치유력과 찌꺼기를 비우는 지혜와 빛과 희망을 받기 위해 당신은 종교적일 필요도, 영적인 사람일 필요도 없다.

자연의 힘 받기

1970년대에 스테판 카플란이라는 심리학자는 〈주의 회복 이론〉이라고 알려진 분야를 선도하기 시작했다. 이 분야의 연구는 자연의 힘이 가지는 몰입감과 매력을 해명하는 것을 도왔고 카플란은 이 현상을 무의식 관심이라고 명명했다. 의식적 관심은 당신이 의식적으로 결정을 하거나 공부하거나 사업 구상을 하거나 쇼핑 목록을 작성하거나 혼잡한 거리를 건널 때 사용하는 것이다. 의식적 관심은 정신적 에너지를 소모하고 당신을 지치게 만든다. 몇 시간 동안 어떤 프로젝트에 몰두하고 난 다음을 생각해보아라. 반대로 무의식적 관심은 당신의 정신적 에너지를 회복시킨다. 그 관심은 말하자면 당신의 마음을 환기시키는 것이다.

연구 결과에 따르면 자연을 관찰할 시간을 가지는 것은 이로운 효과를 가진다. 예를 들어 자연에서 단 몇 분만 보내도 우리는 사고하고 집중할 능력을 회복하게 된다. 병원에 입원한 사람들이 자연을 쳐다볼 경우 더 빨리 회복된다는 연구 결과도 있었다. 자연은 스트레스와 공격성과 분노를 덜어주고 심지어 가벼운 우울증도 경감시켜준다는 결과도 있었다.

연구 결과에 따르면 자연에서 시간을 보내는 것은 비언어적인 감정적인 신호를 감지하는 능력이 손상된 어린이들이 회복하는 것을 도와준다.

수십 명의 아직 사춘기를 맞이하지 않은 어린이들이 얼굴 표정과 감정적 신호를 읽는 능력을 감정 받았다. 그들의 능력은 제한되어 있었고 아이들은 많은 경우에 감정을 정확히 지목하는 것을 실패했다. 그런 다음 학생들은 자연에서 숙박 캠프를 가졌는데, 핸드폰과 태블릿 기기들은 허용되지 않았다. 5일 동안 학생들은 얼굴을 맞대고 상호 교류하였다. 단 5일 동안 자연과 사람들과 직접적으로 보낸 시간 끝에 이 그룹은 감정적인 신호를 읽고 지목하는 시험을 다시 받았고 그들의 능력은 현저하게 나아져 있었다. 이 연구 결과는 자연이 물리적 감정적 찌꺼기에서 비롯된 다양한 종류의 부정적인 효과를 치료할 수 있다는 것을 드러낸다.

간혹 자연은 아무 해결책도 보이지 않을 때 예기치 못한 통찰력을 선사한다. 내 환자였던 웬디는 예순네 살이었는데 내게 그녀의 절망감을 털어놓았다. "매일 아침마다 저는 직장에 도착하면 제 사무실에 들어가 문을 닫고 울어요." 그녀는 떨리는 목소리로 털어놓았다. "다들 해고되고 있어요. 제 동료들도 대부분 해고당했고 이제 곧 제 차례가 될 거에요." 더욱이 비참하게도 성인인 웬디의 딸도 실직하고 집을 잃은 터라 어머니 집에 머무르고 있었다. 그렇기 때문에 웬디는 일을 그만둘 수 없었다.

나는 효과가 있는 것으로 널리 알려진 인지행동 치료법을 통해 웬디와 상담을 진행했다. 치료법은 조금 도움이 되었지만 그녀의 공포와 걱정은 다시금 돌아오곤 했다. 어느 날 웬디는 전혀 달라진 모습으로 진료실에 들어왔다. 그녀의 얼굴은 굳건하고 결의에 가득했고 전에 없던 평화와 고요함이 감돌고 있었다. 나는 그녀의 표정이 왜 바뀌었는지 물어보았다.

"저는 오전 휴식 시간에 밖에 나가 사내 공원에 있는 작은 벤치에 앉았어요." 그녀가 말했다. "거기 앉아 한 나무를 꼭대기서부터 훑어내려 지면에 시선이 닿았을 때였죠. 전 그전까지 한 번도 보지 못한 것을 눈치 챘어요. 정원사가 거기 자라고 있던 잡초 넝쿨들을 자른 적이 있었어요. 하지만 그 넝쿨들이 다시 자라나고 있었어요." 그녀는 몸을 앞으로 내밀었고 그녀의 목소리가 밝아졌다. "나는 그 넝쿨들을 보며 깨달음을 얻었어요. 그 넝쿨들은 나와 같아요. 나는 포기할 줄 모르고 앞으로 나아가죠. 넝쿨들은 정원사가 잘랐다고 해서 자라는 걸 포기하지 않았어요. 나도 포기하지 않을 거예요. 전 그런 사람이에요!"

얼마 지나지 않아 웬디는 자신이 예견했던 대로 실직자가 되었지만 그것이 그녀의 기를 꺾어 놓지는 못했다. 자연을 보면서 얻은 통찰력으로 그녀는 여정을 계속하기 위해 필요한 것을 얻었던 것이다. 그리고 그 힘으로 그녀는 놀라울 정도로 빠른 시간 내에 새 직장을 찾았다.

아래의 명상들은 하루를 보내며 자연에서 우러나는 희망의 힘을 얻을 수 있는 수단들이다. 나는 종종 자연이 비타민 N이라고 생각한다.

마음 청소도구:
자연을 초대하기

비타민 N을 매일의 일상에서 보충하는 방법은 두 가지가 있다. 창의적으로 자연을 접촉하려고 한다면 곧 하루에 몇 번이나 자연과 맞닿는 것을 느낄 수 있을 것이다. 그게 단 몇 초일지라도 상관없다. 자연과 함께하는 그 순간들은 당신을 회복시키고 속세의 사고에서 당신을 해방시켜 지금 여기에 당신을 데려올 것이다. 자연을 초대할 때 인내심만 가진다면 도덕경에 나와 있듯이 '가장 부드러운 물결로도 가장 단단한 바위도 깰 수 있을 것이다.'

〈5초 동안 자연과 명상하기〉

숨을 한 번 들이쉬고 내쉴 동안 당신의 시선을 자연의 문지방에 고정하라. 주변의 경관을 들이마시고 당신의 몸과 마음으로 들어오게 해 층층이 당신의 세포층까지 내려앉게 하라. 숨을 내쉴 때는 심신에 존재하는 모든 긴장과, 매듭과 부정적인 사고들을 발바닥에서부터 밀어 올려 대지로 돌려보내라.

5초 동안 자연과 명상하기 위해서 주변에서 다음 중 한 가지를 찾아보아라.

-나무 한 그루

-식물

-새 한 마리, 동물, 혹은 애완동물

-하늘

-대지

-나뭇잎

-가지

-구름

-허공

-물(강, 호수, 폭포, 분수)

-당신의 호흡에 따라 움직이는 당신의 몸

-다른 사람

-종이 한 조각

-연필 한 자루

-커피, 차 또는 음료 한 잔

〈하늘 보기 명상〉

하늘 보기 명상은 자연과 시선을 마주치는 방법이다. 시선을 하늘이나 지평선을 향해 두었다고 천천히 근처의 나무나 식물로 시선을 내림으로써 이 명상을 실천할 수 있다.

이 짧고 하기 쉬운 명상은 실내에서도 실외에서도 단 몇 분이면 시행할 수 있다. 당신이 마음의 찌꺼기의 피로를 느끼거나 지쳤다고 느낄 때마다 언제든 시행하면 된다. 이 명상은 당신이 중심을 잡고 기력을 되찾을 수 있도록 돕고 당신의 부산한 마음을 진정시켜 줄 것이다. 명상이 끝난 다음에는 재충전되어 다시 분명한 정신으로 집중할 수 있을 것이다.

비록 어떤 식물이든 이용해서 집 안에서도 이 명상을 할 수가 있지만 바깥에서 나무와 하늘이나 수평선을 보며 하는 것이 가장 효과적이다. 5분 동안 아래의 다섯 단계를 거쳐 명상하라.

자세 1

먼저 밖으로 나가 커다란 나무와 그 뒤에 펼쳐진 하늘을 볼 수 있는 지점을 찾아라. 이는 한 지점에 서서 쉽게 하늘에서 나무로 시선을 옮기기 위해서다. 가능하다면 그 나무에 팔 길이만큼 가까이 서라. 가까이 설 수 없다면 나무의 껍질과 잎들이 자세히 보일만큼만 가까이 서라. 가능하면 마음에 드는 매혹적인 나무를 골라라. 나뭇잎의 색깔이든 가지의 모양이든 아니면 줄기가 마음에 드는 나무든 뭐든 좋다.

자세 2

시작하기 전에 고개를 천천히 들고 하늘을 최대한 멀리 보아라. 당신을 괴롭히고 있는 모든 문제와 걱정을 당신 위의 광활한 공간 위로 놓아주는 것을 시각화하여 상상하라. 불확실함, 미지, 두려움, 슬픔, 의심, 그리고 달라졌으면 하는 생각도 괜찮다. 그 모든 걸 전부 받아들일 만큼 무한하게 드넓고 광활한 하늘로 날려 보내라. 전부 날려 보내고 그저 존재할 때까지 필요한 만큼 오래 서 있어라.

자세 3

시선을 하늘에서 당신 가까이 선 나무로 내리며 양손을 나무에 대라. 당신의 두 발이 마치 나무의 뿌리처럼 굳건히 대지에 뿌리를 내리고 있다고 상상해라. 나무가 지구상에 존재하는 유기체 중 가장 거대한 조직 중 하나라는 걸 알고 있는가? 나무에 손을 대고 생태계를 보호해 우리의 삶을 가능케 해주는 거대한 나무들의 성당을 느껴보아라. 손과 손가락으로 나무껍질을 느끼며 우리를 둘러싸고 우리를 지탱해주는 거대한 자연의 세계에 마음을 담가라.

자세 4

이제 나무 밑동부터 시작해서 천천히 시선을 다시 올려라. 나무껍질의 질감과 색깔이 변하는 곳과 새로운 가지가 자라는 곳 같은 가장 작은 디테일에 주의를 기울여라. 나무 꼭대기에 있는 가장 높은 가지에 시선이 닿을 때까지 시야를 넓혀라.

자세 5

자연과 일체감을 느끼며 자연의 지혜를 느끼며 당신의 고달픈 마음을 쉬게 하라. 자연과

계절의 교훈을 되새기며 모든 것에는 씨를 뿌리는 것과 기르는 것과 추수하는 것, 그리고 휴식기가 있다는 것을 되새겨라. 이 교훈을 어느 순간이든 어느 날에든 받아들일 수 있게 마음을 열어라.

명상을 마친 다음에는 자연과 함께 5분간 명상하는 것이 어떤 느낌이었는지 회상하라. 어떤 순간에 이 명상이 가장 도움이 되겠는가? 당신의 걱정을 광활한 하늘로 놓아 보내는 것은 어떤 기분이었는가? 마음의 찌꺼기를 제거하고 다른 시각을 갖는 데 이 명상이 도움이 되었는가?

제 15 장

내려놓기

당신의 끈적이는 마음을 코팅하라.

– 수리야 다스 라마의

〈지혜의 언어(Words of Wisdom)〉 중에서

고통은 대부분 우리 존재를 부정하거나 거부감으로 이루어진 마음의 찌꺼기를 쌓기 때문에 온다. 당신은 하루 동안 평균적으로 얼마나 자주 당신과 맞닥뜨리는 것들을 부정하는가? 지각한 출근길에 빨간불에 걸렸다고 생각해보자. 걱정과 절망 속에서, 당신은 지각을 빨간불이나 다른 운전자 탓으로 돌리는가? 당신이 식료품점에서 일한다고 생각해보자. 누군가가 마지막 순간에 한 무더기의 쿠폰을 꺼내든다면 당신은 인내심을 잃을 것인가, 눈을 굴릴 것인가, 아니면 당신의 운명을 탓할 것인가? 그도 아니면 그 쿠폰을 꺼내든 사람을 탓할 것인가? 어쩌면 당신은 직장에서 일에 무관심하거나 당신의 반만큼도 열심히 일하지 않는 의욕 없는 직장 동료를 보게 될지도 모른다. 분노와 거부감으로 이루어진 마음의 찌꺼기가 쌓여 당신 마음에 찍찍이처럼 붙게 되진 않는가? 당신은 빚을 갚고 싶지 않다는 충동을 느끼는가? 당신이 꿈꾸던 직장이나 원하던 경력을 갖게 되지 못한 것에 불만을 느끼는가? 새로운 상황에 맞닥뜨리면 낡은 습관대로 반응하는가 아니면 유연하고 가벼운 마음으로 대응하는가?

아무리 사소한 사건이라도 시련이 될 수 있다. 그러기 위해서 우리는 부드러워지는 법을 알아야 한다. 인생은 우리를 방해하고 화를 돋우기 위해 존재하는 것이 아니다. 그렇게 느껴지는 이유는 우리가 미리 정한 한계나 습관대로, 늘 정해진 상황대로, 우리의 좁은 편견이 옳다는 것을 항상 확인하고 싶기 때문이다. 이 때문에 우리는 불필요하고 원하지도 않는 끝없는 찌꺼기 덩어리를 마음에 들이게 된다. 부드러워진다는 것은 굽히되 부러지지 않는다는 것이다. 그것이 열려 있는 태도와 의지와 삶이 당신에게 무엇을 던지건 받아들이겠다는 태도를 형성하는 것이다. 당신이 유연해질수록 삶이 당신에게 어떤 시련을 안겨도 유연하게 돌아가는 법을 배울 것이다.

넓게 보면, 부드러움은 집착과 중독을 버린다는 뜻이다. 양보 할 수 없다고 여겼던 정치적 입장일 수도 있고, 외향적 목표나 보상에 대한 태도일 수도 있다. 이것들은 좋은 일을 만들어내고 영감을 주는 건강한 바람이나 소망과는 다르다. 하지만 이런 건강한 바람들도 끈적끈적한 거미줄 같은 집착이 되어 스트레스와 불행을 야기할 수 있다.

비결은 모든 기대를 놓아 버리는 것이다. 건강한 바람에도 매달리지 마라. 모든 경험을 흘러가게 내버려 두어라. 마음 챙김을 하는 사람조차도 마음 챙김에 집착하면 불행해 질 것이다. 모순처럼 보일지도 몰라도 결과에 집착 하지 않고 놓아주는 것은 정말로 당신의 마음과 정신을 열어준다. 강이 아무 걱정 없이 바다로 자연스레 흐르는 것처럼, 이러한 태도는 당신을 흐름에 맡기게 할 것이다.

벨크로처럼 생각하지 말고 테플론처럼 생각하자

작가 랜디 피츠제럴드는 그의 가문에 전통적으로 내려오는 성인식에 대해 이야기해준 적 있다. 그것은 증조부에서 조부에게로, 아버지에서 아들로 여러 세대를 걸쳐 가문에 벨크로(찍찍이)처럼 붙은 채 기계처럼 전해져 내려온 마음가짐이었다. 랜디에 따르면 이 성인식은 다음과 같았다.

8살이 되자, 나는 라이플을 한 자루 받게 되었어. 그리고 아버지와 한 무리의 다른 남자들과 함께 사냥을 떠났지. 우리는 텍사스 중부에 있는 커다란 목장으로 향했는데 내 목표는 내 첫 거대한 사냥감을 죽이는 것이었어. 나는 내 아버지와 할아버지와 우리 가족 중 남자 구성원들이 어떻게 이 첫 사냥을 성공적으로 해냈는지 들으며 자랐었지.

동이 틀 때 나는 사슴의 서식지에 홀로 남겨지며, 수사슴이 오기를 기다렸다가 죽이라는 말을 들었어. 그들은 내가 잡은 수사슴의 멋진 뿔을 차 앞에 걸고 승리감에 젖어 집에 돌아올 예정이었지. 얼마 지나지 않아 나는 사슴 한 가족을 보았어. 수사슴과 암사슴과 새끼 사슴 몇 마리가 가까이 오고 있었지. 그 수사슴은 커다랗고, 아름답고, 강하고, 우아해 보였어. 나는 그 사슴 가족이 풀과 나뭇잎을 뜯는 동안 침묵 속에 그들이 다가오기를 기다렸어. 마침내 수사슴이 사거리에 들어오자 나는 천천히 라이플을 들고 내 사냥감이자, 나에게 아버지와 다른 남자들의 칭찬을 가져다 줄 수사슴을 겨누었지.

하지만 난 방아쇠를 당길 수가 없었네. 나는 그 수사슴을 가족 앞에서 죽일 수가 없었어. 나는 그 사슴을 죽이면 끔찍한 죄책감을 느낄 것만 같았어. 하지만 한편으로 내가 사슴을 죽이지 않았다는 진실을 말했다면 나는 다른 남자들 앞에서 아버지에게 욕을 먹고 부끄러워해야 했을 거야. 나는 그 전까지 한 번도 아버지에게 거짓말을 한 적이 없었어. 하지만 아버지가 나에게 사슴을 봤냐고 물었을 때 나는 보지 못했다고 대답했어. 그리고 다시는 사슴 사냥에 참가하지 않았지.

가족에서 전통으로 내려오는 마음가짐이나 의식들을 아무런 의구심 없이 따르는 것은 우리에게 소속감을 줄지도 모르지만, 이러한 벨크로식 사고방식은 실제로 우리의 기분과 자기 평가에 영향을 미칠 수가 있다. 나는 미술 전시회를 보러 간적이 있었는데 거기 참가한 예술가들은 전부 우울증 같은 진단을 받은 정신 병력이 있었다. 작가들은 모두 마음에 와 닿는 개인적인 이야기를 썼는데, 그들의 병이 어떤 것인지 그리고 이 병이 얼마나 그들의 창작 과정에 중요한지에 대한 이야기였다. 그 이야기들이 모두 강렬한 감동을 자아내고 전시품도 모두 숨이 막힐 정도로 아름답기는 했지만 나는 이렇듯 스스로를 정신병이나 어떤 아이디어에서 떼어놓을 수 없는 존재로 규정하는 것이 그 사람이 성장하는 데 있어 어떤 영향을 미칠지 의문을 가지지 않을 수 없었다.

　노화에 대한 개인적, 문화적 고정 관념은 우리가 얼마나 쉽게 마음 찌꺼기에 집착하는지 보여주는 다른 예이다. 사회 심리학자이자 마음 챙김 연구가 엘렌 랭거는 저서 〈마음 챙김(Mindfulness)〉에서 노화에 대한 다양한 연구 결과를 소개한다. 그녀의 실험은 노화를 부정적인 밸크로식 사고방식으로 보는 것과 유연하게 '테플론(코팅된)' 사고방식으로 보는 것 사이의 육체적이고 심리적인 차이에 관한 것이었다. 우리가 코팅된 사고방식으로 노화를 대한다면, 우리 몸은 조금 더 젊은 상태로 돌아갈 수 있을까? 이를 위해 랭거는 75세에서 80세 사이의 남성들을 모았다. 남성들은 두 그룹으로 나뉘었는데, 그 중 실험군은 20년 전, 즉 55세 때와 동일하게 움직이도록 지시 받았다. 그들은 이십년 전을 그저 회상하기만 하여도 되었다.

　실험을 위해, 실험군은 닷새 동안 시골에 있는 거주 치료소로 머물렀다. 그곳의 모든 것들(TV 프로그램, 광고, 라디오, 잡지, 음악)은 모두 20년 전 것이었다. 참가자들은 이 모든 것을 과거의 것이 아니라 현재의 것인 것처럼 여기도록 권유 받았다. 실험군은 20년 전에 개봉한 영화를 보고 그곳에 대해 토론했다. 그리고 20년 전에 그러했던 것처럼, 자신의 집을 돌보기도 하였다.

연구자들은 이 두 집단의 외모를 기록하였다. 실험을 시작할 때와 끝날 때, 그들의 자세, 몸가짐, 발걸음, 신체적 수치 등을 기록하였던 것이다. 실험에 참가하지 않은 이들은 따로 구성되었고, 실험이 끝난 후, 이들의 자료와 신체 사진을 비교하여 나이를 평가하였다.

변화는 놀라웠다. 불과 닷새 만에, 평가자들은 실험군이 평균적으로 어려 보인다고 평가했다. 또한 실험군은 청각, 유연함, 민첩성, 손가락 길이, 시력의 변화, 심지어 앉은키까지도 향상되었다. 지능 역시 더 나은 점수를 받았다. 〈마음 집중하기〉에서 랭커는 "우리가 인생의 말로에 일반적으로 생각하는 '돌이킬 수 없는' 노화가 어쩌면 편견의 결과일지도 모른다. 만약 이런 편견에 따라야만 한다는 압박에서 벗어난다면, 우리는 수년간의 노쇠를 수년간의 성장이나 목적을 지닌 삶으로 바꿀 수 있는 기회를 가질 수 있을지도 모른다."고 결론내린다. 이 놀라운 결과는 유연한 태도로 자신을 평가하는 것이 얼마나 중요한지 보여준다.

고집 역시 벨크로식 사고방식의 결과일 수 있다. 물론 누구도 벨크로식 사고방식을 피해갈 순 없다. 나 또한 로스앤젤레스에서 시나리오 작가가 되겠다는 꿈에 집착한 적이 있었다. 당시에 나는 그와 같이 하나의 목적에 집중하는 마음가짐이 성공을 위한 필수적 조건이라고 생각했고, 성과가 없을 때도 이와 같은 마음을 고수했다. 물론, 한 가지 목표에 집중하는 것은 보통 유용한 일이다. 하지만 때때로 고집이 방황을 불러일으키고, 다른 목표를 찾는 걸 방해하기도 한다. 내가 그 고집을 버렸을 때, 나는 마침내 코팅된 사고를 할 수 있었고, 감사하게도 내 삶은 예기치 못한 방향으로 흘러갔다. 결론적으로 난 집착에 대한 교훈을 배웠던 것이다. 목표를 놓아주고 길을 바꾸는 건 괜찮을 뿐만 아니라 때때로 우리의 성장에 꼭 필요하다.

아인슈타인은 '만약'이라는 새롭고 신선한 사고방식을 통해 상대성 이론을 생각했고, 우리도 연습을 통해 그와 비슷한, 훨씬 유연한 코팅된 마음가짐을 만들어낼 수 있다. 정신을 코팅하기 위해선 당신의 주변을 돌아보고 한 가지 물체에 집중하라. 책상램프, 컴퓨터, TV, 핸드폰, 책, 의자, 테이블, 책상, 상관없다. 예를 들면 책상램프라고 해보자. 당신은 책상램프의 용도를 알고 있다. 빛을 밝히기 위한 것이다. 하지만 똑같은 책상램프라고 해도 다른 목적으로도 쓰일 수 있다. 코팅된 사고방식을 가지고, 그 다른 쓰임새가 어떤 것이 있을지 아래의 문장을 완성시켜보자.

책상 램프는 _____

코팅된 사고방식을 사용하면 책상 램프는 아주 여러 가지의 물건이 될 수가 있다. 문진도 될 수 있고, 손난로가 될 수도 있으며, 손을 말리는 도구, 운동용 바벨, 문 받침대, 그리고 갓을 벗기면 모자가 될 수도 있다. 이제, 방 안에서 또 다른 물체를 골라 그 물건은 어떻게 무수히 많은 다른 물체가 될 수 있는지 생각해보자. 다시 한 번 말하지만, 나는 우리가 그 물체를 그와 같은 목적으로 써야 한다고 말하는 게 아니다. 이 '만약에' 연습은 당신의 사고방식을 유연하게 하고 코팅된 마음가짐을 이루도록 도울 것이다.

이와 같이 코팅된 사고방식은 어떤 상황에서든 당신이 가질 태도를 형성하는데 도움이 될 수 있다. 당신이 어떻게 일상적 시련에 자동적으로 반응하는지 생각해보자. 이를테면 아침 출근 시간이라고 해보자. 다음 문장을 어떠한 방식으로 완성할 수 있는가?

출근 시간에 대한 나의 태도는 _____

코팅된 사고방식으로 보면 당신은 출근하며 다양한 태도를 취할 수 있다. 수용적일 수도 있고, 호기심이 많을 수도 있고, 흥미진진할 수도 있고, 열정에 가득 찰 수도 있다. 타인을 돕고 싶은 마음으로 가득할 수도 있으며, 의욕적일 수도 있고, 출근 시간에 갈 곳이 있다는 것에 감사할 수도 있다.

자, 이제 다른 시나리오들을 고려해보자.
-내 결혼생활이나/인간관계/자식들과 내 관계는 _____
-내 직업에 대한 내 태도는 _____
-걱정에 대한 내 태도는 _____
-모든 걸 통제해야한다는 내 생각은 _____

간혹 벨크로식 마음가짐에는 무의식적인 예상치 못한 이득이 있다. 예를 들어 우리는 무엇을 기대해야할지 정확히 알 수 있다. 그리고 우리의 통제를 벗어난 상황에 대해 정당하고 화가 날 권리가 있다는 감정도 느끼게 된다. 하지만 이러한 힘과 통제력의 환상은 말 그대로 환상일 뿐이다. 세상과 우리 삶에 예상치 못한 일이 일어났을 때 벨크로식 사고방식을 가지고 대한다면 그 일들을 무시하거나 삶이 예상치 못한 것들로 가득하다는 진실을 받아들이기보다는 저항할 가능성이 크다. 장기적으로 봤을 때 이것은 결국 우리를 눌러 죽이는 찌꺼기의 벽이 될 것이다.

매일 긍정적으로 생각하기

부정적이거나 긍정적인 사고방식이 어떻게 우리 몸의 면역 체계에 영향을 주는지에 대한 연구가 있다. 인간의 왼쪽 전두엽 피질은 낙관적이고 긍정적인 감정들을 관장한다. 연구자들은 왼쪽 전두엽 피질에서 높은 활동량을 보이는 개인들이 독감 백신이 주어졌을 때 더 향상된 면역 체계적 반응을 보이는지 알고 싶어 했다.

52명의 피실험자에게 다양한 감정적인 기억이 주어졌다. 그에 대한 반응과 왼쪽 전두엽 피질의 활동량으로 연구자들은 회의적으로 반응한 개인들과 낙관적이거나 긍정적으로 반응한 개인들을 나누었다. 다음에 모든 피실험자들에게는 독감 예방접종이 주어졌고 6개월에 걸쳐 세 번 그 결과를 테스트했다. 이것은 신체의 면역 반응 결과로 혈액 속에 얼마나 많은 항체가 생성되었는지를 측정하기 위한 것이었다. 결과는 긍정적인 감정을 나타내는 사람들이 부정적인 감정 사고를 보이는 사람들보다 더 강한 면역 반응을 뚜렷하게 보여줬다는 것이 판명되었다. 실험에 참가한 연구자 중 한 명 이었던 리처드 데이비드슨은 '감정은 몸의 건강을 조절하는 시스템에 영향을 미치는 중대한 역할을 한다 '는 것으로 연구를 결론지었다.

부정적인 찌꺼기에 계속하여 집착하는 것은, 혹은 벨크로식 사고방식은, 뇌에 익숙한 리듬을 만들어내어 마치 좋아하는 음악을 계속해서 반복 재생하듯 계속해서 같은 패턴을 인지시킨다, 그리고 우리는 이제 그 패턴이 신체 건강에도 영향을 미친다는 걸 알게 되었다. 긍정적인 패턴은 부정적인 낡은 습관을 막아주고 우리가 그 대신에 들을 새롭고 긍정적인 음악을 만들어준다. 의식적인 긍정적인 패턴을 만들어내면 새로운 정신적 사운드트랙이 생기는데 이 음악은 우리의 감정적인 반응뿐만 아니라 면역 반응도 바꿀 가능성을 지니고 있다. 그와 동시에 우리를 뒤흔들고 기계처럼 행동하게 할 사소하고 거의 무의식적인 패턴들인 마음이 속삭이는 소리들을 잡아내야 한다.

의식적으로 긍정적인 패턴을 이용하는 것을 생각할 때 그 생각에 대한 거부감을 의식하는 것은 매우 중요하다. 거부감을 표면으로 끌어낼 수 있다면 그걸 해독할 수 있다. 그리고 그렇게 함으로써 낡은 마음의 작동사니가 얼마나 깊이 내재되어 있고 얼마나 끌어올리기 힘든지 깨닫게 된다.

아래의 도구들은 어떻게 신중하게 골라내어진 마음을 돌보는 긍정적인 사고방식이 당신의 부정적인 마음의 찌꺼기를 막아 줄 수 있는지 보여준다. 이 방식을 이용해 당신의 뇌의 회로를 다시 구성할 수 있다면 경직된 사고를 몰아내고 그보다 큰 유연성과 수용성을 당신의 삶에 초대할 수 있을 것이다.

마음 청소도구: 긍정적인 패턴 만들기

여기 있는 긍정적인 사고는 당신이 시도할 수 있는 것들이다. 어떤 것들은 다양한 전통에서 온 기도문처럼 반복해서 말해질 수 있는 신성한 문구들이다. 다른 것들은 우리가 원하는 것이 뭐고 이 세상에서 어떻게 존재하고 싶은지 스스로에게 재확인시켜주는 간단한 문구들이다.

1. 개인의 강점과 좋은 점을 재확인하기
   - 나는 안전하다.
   - 나는 똑똑하다.
   - 나는 다른 사람들을 잘 돌본다.
   - 나는 침착하다.
   - 나는 인내심이 깊다.
   - 나는 매력적이고 아름다운 여성/남성이다.
   - 나는 열려 있고 수용적이다.
   - 나는 유연하고 즉흥적이다.
   - 나는 모험을 좋아한다.

- 나는 평화롭다.

- 나는 긍정적이다.

- 나는 영감이 있고 원기도 있으며 활동적이다.

2. 중심잡기, 평온해 지기, 수용하기를 재확인하기

- 사소한 일에 집착하지 않기.

- 개인적으로 받아들이지 않기.

- 너무 빠르거나 느리지도 않게 흐름에 몸을 맡기기.

- 결국 모든 일은 해결될 것이다.

- 사랑이 모든 걸 해결할 것이다.

- 평화를 믿어보아라.

- 모든 것은 그러하다.

- 나로 있자.

- 나는 치유할 시간과 공간을 받을 자격이 있다.

- 충분하다는 것은 충분하다는 것이다.

3. 영적인 깨달음과 도움 재확인하기

- 주 그리스도 예수님, 저에게 자비를 베푸소서. [이 고대의 기독교 기도문은 마음의 기도문이라고 불리기도 한다. 낮 동안 침묵 속에 올리는 기도며 성령과 당신의 가치관에 대한 믿음을 표현하는 기도문이다.]

- 옴 마니 반메훔. [이 티벳의 기도문은 연꽃에는 발화의 보석이 담

겨 있다는 의미다. 우리 의식의 발화에 언제나 신경 쓰라는 가르침이다.]

- 옴 타레 투 타레 타레 스와하. [부처의 여성적이고 연민에 가득한 면인 타라의 고대 만트라로, 다른 이들을 살리는 타라에 축복이 있기를, 이라는 뜻이다. 이 만트라는 다른 이에게 연민을 가지게 하는 타라의 기운을 일깨워 우리가 하는 일들을 돕도록 한다.]
- 옴 굼 가나빠타예 나마하. [이 고대의 힌두의 가네샤 기도문은 가나빠타예, 혹은 가나샤의 가호가 있기를, 그는 모든 장애를 치워주리니, 라는 뜻이다.]

당신과 가장 공감하는 긍정적인 문구는 어느 것인가?

긍정적으로 사고하는 데는 맞는 길도 틀린 길도 없다. 카드에 당신이 제일 좋아하는 구절을 적은 다음에 들고 다녀라. 아니면 핸드폰에 메모한 다음에 하루를 보내는 동안 들여다봐도 된다.

이 긍정적인 문구들은 그저 수박 겉핥기에 불과하다. 모든 관습에는 행복에서부터 부귀영화까지 거의 모든 것들을 위한 영적인 긍정적인 구문이 있다. 또한 위에 나온 구절을 골라 당신에게 맞게끔 고쳐 써도 된다.

이 책에 있는 다른 모든 생활 수행 도구처럼 이 구절들은 긍정적인 사고의 습관을 만드는 것을 돕는다. 당신이 이 문구를 마음에 단단히 심는 것에 따라 당신의 사고와 행동이 어떻게 변화하는지 지켜보아라.

제 4 부

마음 변화

매일 쌓이는 찌꺼기를 제거하는 것은 완전한 삶을 살기 위해 그만한 가
치가 있는 일이다. 하지만 우리의 삶은 현명해지고 수용적인 마음가짐
을 유지하며 세상이 부여하는 목적이라는 선물을 받아들이는 데 달려
있다. 다른 이들을 위해 사는 삶은 세상을 끌어올리고 유지시킨다. 제
일 중요한 것은 이 같은 삶은 사람이 서로를 치유하게 만들고 평화와
충만함을 향한 마음의 길 위로 인류를 전진시킨다는 것이다.

제 16 장

마음을 깨우다

가장 좋은 아름다운 것들은

눈에 보이지도 않으며

손으로 만져지지도 않는다.

그것들은 오로지 마음으로만 느낄 수 있다.

– 헬렌 켈러

마음의 벽을 세우기는 쉽다. 누구나 어떤 형태로든지 간에 상처나 트라우마, 중독을 경험한다. 인간의 몸을 가지고 있는 이상 우리는 상실과 슬픔과 비통과 그 밖의 온갖 심적이고 육체적인 고통을 알 수밖에 없다. 이러한 고통은 나쁘게 생각되지만 한편으로 고통은 우리의 마음을 열게 하고 모든 인간이 고통을 공유한다는 깨달음을 주기도 한다. 이 깨달음은 우리로 하여금 조금 더 열린, 신뢰하는, 자비로운 마음을 일구도록 해준다.

삶이 아무리 귀중하고 일시적인 것일지라도 어떻게 우리는 상처 입은 마음이나마 여는 것을 거부할 수 있겠는가?

스스로를 상처와 상실과 불용의 감옥에 가두는 것은 결국 스스로에게 모진 짓을 하는 꼴이 된다. 마음을 닫는 것은 음악가인 조니 미첼이 노래한 대로 '천국에 콘크리트를 깔아 주차장을 세우는 것과 같다.' 상처 받는 것을 피하기 위해 마음에 벽을 세우는 것은 결국에는 황폐하고 텅 빈 마음만 남길 뿐이다. 다행스럽게도 잡초는 언제나 콘크리트의 가장 미세한 틈 사이도 뚫고나온다. 스스로를 치유하고자 하는 마음도 잡초처럼 끈질기다.

우리의 뇌는 다른 사람을 사랑하고 유대를 쌓도록 진화해왔다. 사랑한다는 것은 숨을 쉬는 것만큼이나 자연스러운 충동이다. 신경심리학자 릭 한슨은 '뇌는 사람이 처음 돌로 도구를 만들기 시작한 시대에 비해 크기가 세 배 커졌는데 이 새로 생긴 뇌 면적은 주로 사랑과 그와 관련된 능력과 연관되어 있다. 우리는 건강해지고 충만함을 느끼기 위해서 사랑이 필요하다. 당신이 사랑을 막아 둔다면 당신이라는 존재를 막아 두는 것과 같다. 사랑은 물과 같아 흘러야만 한다'고 말했다. 만약 우리의 사랑이 이기적인 마음가짐과 불신, 이혼과 실망, 부정과 같은 다른 수많은 이유들 때문에 멈췄다면 사랑을 어떻게 다시 흐르게 할 수 있을까.

제니는 심신에 타격을 주는 두통과 우울증과 분노 때문에 나를 찾아왔다. 그 당시 그녀는 고등학교에 다니는 불과 17살의 소녀였다. 제니는 삶을 불행하게 만드는 많은 가시에도 불구하고 굉장히 성숙한 소녀였다. 제니는 한 번도 친부를 만난 적이 없었으며 어머니는 여러 가지의 중독증상과 싸우고 있었다. 그래서 어린 7살의 나이에 이모와 이모부와 살게 되었다. 그녀의 어머니는 중독자의 삶에서 벗어났지만 제니가 그토록 원했음에도 불구하고 딸을 사랑하는 것이 불가능한 듯 했다. 제니의 어머니는 나르시즘에 젖어 있었고 딸이 학교에서 성취한 많은 것들보다도 자신의 삶에만 관심을 보였다.

제니는 어머니를 방문할 때마다 자신이 필요 없는 사람이라는 느낌을 받았고, 가치 없는 사람이 된 느낌이 들었으며 우울해했다. 과거를 용서한다는 것은 고통을 수반하고 부당함은 많은 성인들도 받아들이기 힘들어하는 것이기에 나는 제니가 과연 해낼 수 있을지 확신을 가지기 힘들었다. 하지만 우리가 대화를 하는 동안 제니는 어머니를 용서한다는 생각에 이끌린다고 하였다. 우리는 왜 용서가 자신의 고통을 덜어주는지 대화를 나눴다. 그건 다른 사람들이 한 일을 잊는 것에 대한 것이 아니라 더 이상 우리를 괴롭히는 것을 막는 것에 대한 것이었다. 나는 제니에게 숙제로 그녀에게 의미 있게 다가오는 용서에 대한 인용문을 찾아오라고 시켰다. 그녀의 마음에 가장 와 닿은 것은 마하트마 간디가 한 말이었다. '약한 자는 결코 용서할 수 없다. 오로지 강자만이 용서를 베풀 수 있다.'

제니는 굉장히 특별한 일을 해냈다. 그녀는 어머니가 자신의 잘못된 행동에 대해 사과하고 다른 방식으로 이제 그녀를 대할 것이라는 모든 기대를 접었던 것이다. 그 대신에 제니는 자신의 마음에 어머니의 투쟁과 고통을 위한 공간을 만들었다.

그것은 결코 쉬운 여정이 아니었다. 제니는 열린 마음을 유지하고 어머니가 새로 만드는 상처를 그때그때 치유하여 그 상처와 분노가 곪지 않게 어머니를 뵙기 전과 뵙고 난 다음에 사랑하고 친절해지기 명상을 해야만 했다. 제니는 또한 용서를 통해 자신이 어머니에게 굉장히 특별한 선물을 하고 있으며, 자신을 제외한 누구도 어머니에게 그런 선물을 한 적이 없다는 것을 배웠다. 나는 어머니를 다정하게 대하고자 하는 제니의 노력이 무척 자랑스러웠고 어머니에 대한 용서는 제니의 인생에서 마음을 부드럽게 하고 열어두기를 항시 실천하는 수업의 현장이 되었다.

달라이 라마의 승려 중에 한 명은 수 년 동안 티벳의 감옥에서 고문을 당했다. 그가 풀려나고 나서 누군가 그가 겪은 가장 어려운 과제가 무엇이었냐고 질문했다. 그는 자신을 고문하는 이에 대한 자비로운 마음을 잃기 시작한 순간이었다고 대답했다. 그 승려는 자신의 마음을 콘크리트로 덮어 주차장으로 만들지 않았고 이것은 마음이 얼마나 질기고 증오와 공포를 이겨내고자 하는 그 능력이 얼마나 강한지에 대한 증표였다.

이와 같은 이야기들은 마음을 열어두는 것은 하나의 과정이라는 것을 우리에게 가르친다. 마음은 말로는 다할 수 없는 고통을 당할 수 있다, 하지만 마음은 또한 그 고통을 해독할 사랑과 희망과 용서와 자비로운 마음 같은 다양한 해독제도 담고 있다.

자비로운 마음 만들고 유지하기

한 번이라도 당신에게 무슨 이익이 있을지 생각하지 않고 누군가를 도와야겠다는 자연스러운 충동을 느낀 적이 있는가? 이것이 바로 자비로운 마음이다. 자비로운 마음에서 비롯되는 도움은 자아를 충족시키기 위해서나 자기중심적 사고관에서 오지 않는다. 자비로운 마음은 관용보다도 더 거대한 것이다. 또한 그것은 다른 이들이 느끼는 것에 공감하는 마음보다도 큰 것이다.

과학자들은 어떻게 사랑하기와 친절하기 명상(고대부터 전해진 자기 자신과 다른 사람에게 사랑과 보살핌의 감정을 투영하는 명상)이 어떻게 부정적인 생각과 우울증 그리고 심지어 고통에 영향을 미치는지 연구함으로써 자비로운 마음을 연구하기 시작했다. 사랑하기와 친절하기 명상이 직장인에게 가지는 효과를 과학적으로 실험한 연구가 있다. 연구자들은 제어 집단과 명상을 한 그룹 사이에 유효값을 가지는 차이점을 발견했다. 그들은 '이 명상은 시간이 지남에 따라 하루 동안 느끼는 긍정적 감정들을 증가시켰고 그 결과로 다양한 범주의 개인적 힘(예를 들어, 증가한 집중력, 삶의 목표, 사회적 서포트, 감소된 질병 징후)을 증가시켰다. 이와 같은 개인적 강점의 증대는 향상된 삶의 만족도와 감소한 우울증 증상들을 예견했다'고 보고한다.

또 다른 실험에서 듀크 대학의 의대는 만성 요통을 가진 성인들을 대상으로 사랑하고 친절하기 명상이 신체에 가지는 직접적인 영향을 드러내보였다.

아무 것도 받지 않은 제어 그룹과 비교했을 때 사랑하기 친절하기 명상을 시행한 통제 그룹은 상당히 감소된 고통량과 분노, 그리고 심리적 압박감을 느꼈다. 실험 직후나 사후에 이루어진 분석도 아무것도 변하지 않은 제어 그룹에 비해 통제 그룹의 증상이 상당히 나아졌다는 것을 보여줬다.

가장 본질적인 단계에서, 자비로운 마음은 우리의 뇌를 변화시킨다. 그 일례로 일만 시간이 넘는 시간동안 명상을 시행한 승려들을 대상으로 MRI 스캔을 실시하여 그들의 뇌의 활동을 관측한 적이 있었다. 과학자들은 이 같은 자비로운 마음을 훈련받은 뇌는 높은 폭의 동시발생적인 감마파를 발생시킨다는 것을 발견했다. 이와 같은 뇌파는 흔하지 않고 오로지 활동량이 높은 뇌의 상징으로만 여겨졌었다.

다행스럽게도 우리는 자비로운 마음의 장점을 누리기 위해 5년 동안 극단적인 명상을 시행하지 않아도 된다. 자비로운 행동은 고통의 누구에게나 찾아온다는 것과 고통의 뿌리만 이해하면 누구나 행할 수 있다. 먼저 사람들의 행동이 대부분 쾌락을 쫓거나 고통을 피하는 데서 기원한다는 걸 눈치 채는 데서 이 마음은 시작한다. 우리는 단지 우리 삶을 팔풍(八風, Eight Worldly Winds)을 통해 비추어보면 된다. 그러면 어떻게 원하는 것을 쫓고 원하지 않는 것을 밀어내는 것에서 고통의 찌꺼기가 태어나는지 깨닳을 수 있다.

당신이 이 진실을 파악하게 된다면 무지와 탐욕과 기만과 증오에 같은 방식으로 대응하지 않고 그것들을 뚜렷이 볼 수 있을 것이다. 이러한 부정적인 감정들을 치워버린다면 당신은 자유롭게 사랑과 이해와 자비로운 마음으로 주위를 대할 수 있다.

물론, 자비로운 마음은 집에서부터 적용하는 것이 좋다. 우리의 비통함을 질병으로 분류하는 대신에, 우울증이나 불안이나 기타 등등으로 부르는 대신에, 우리는 슬픔의 원인을 보게 될 것이다. 매달리고자 하는 마음과 건강하지 못한 집착이 우리를 꼼짝 못하게 만든다. 이렇게 꼼짝 못하는 것은 어떻게 보면 자연이 주는 삶의 일부다. 왜 굳이 자신을 비난하고, 부끄러워하고, 스스로를 탓하는가?

이렇듯 인간이 불완전하다것을 받아들여 이 순간을 치유할 수 있다. 우리의 분노와 슬픔과 불안과 우울증을 만든 요소들을 받아들인 다는 것은 자아를 놀라운 방법으로 변화시킨다. 스스로에게 관대해질 때마다 고통의 뿌리를 뽑아내는 것이나 다름없다. 그 과정은 느리지만 정직하고, 바르고 환영하며 자신을 대하는 과정이다. 물론 당신은 언제나 스스로를 결함 있고 도움이 필요하다고 분류할 수 있지만 다음을 기억해 보자. 그런 분류가 스스로를 어떻게 느끼게 하는가? 그러한 마음가짐이 당신이 무엇을 해결하는 걸 한번이라도 도운 적이 있는가?

자기 자신을 어질게 대하는 것이 훨씬 나은 길이다. 여기 쉽게 이 여정을 시작할 수 있는 방법이 있다. 잠시 시간을 들여 다음을 시행해보자.

– 자신의 탓으로 여기는 다른 사람을 상처 입힌 행동이나 말이나 생각을 되살려보자.

- 누구도 완전하지 못하다는 것을 아는 상태에서 어떻게 하면 더 큰 자기 수용과 자신에 대한 자비로운 마음을 키울 수 있는가? 위에 언급한 상처에 마음을 열고 당신의 시선을 조금 더 부드럽게 할 수 있는가?

우리 모두다 삶의 어떤 지점에서 다른 사람이나 자기 자신에게 상처를 입힌 적이 있다. 다음 몇 분간을 이 행동이나 생각이나 사고에 대해 자신을 용서하며 보내보자. 설령 당신이 이 용서를 받을 자격이 없다고 생각하더라도 선물로써 자신에게 주어라. 그리고 어떤 기분이 드는지 느끼도록 해라.

남부 캘리포니아에서 따뜻하고 화창한 오후를 즐기고 있을 때 나는 친구에게서 만날 기회가 없었던 영적인 선생님과 점심을 함께하자고 초대를 받은 적이 있었다. 그분과 이별할 시간이 되었을 때 나는 이 영적인 지도자와 악수를 할 준비를 하고 있었다. 그 대신에 그 분은 커다랗고 따스하게 한 마리 곰처럼 다정하게 나를 포옹해 끌어안았고 나 또한 그분을 끌어안았다. 즉시 나는 뭔가 미묘하고 평소와 다른 것을 느꼈지만 그게 무엇인지 정확하게 말로 표현하기는 어려웠다.

내가 방을 떠나기 위해 몸을 돌리자 꿀처럼 달콤하고 간지러운 기운이 내 등과 목을 타고 내려왔고 순식간에 내 몸 전체를 뒤덮었다. 내 몸에 있는 세포 하나하나가 순수한 사랑의 기운에 삼켜진 것처럼 느껴져 마치 내면의 전등이 번뜩 켜진 것처럼 느껴졌다. 이 들뜬 감각이 나를 채우자 나는 얼굴 가득해지는 미소를 멈출 수가 없었다. 밖으로 나갈 무렵이 되자 나는 너무나 나를 압도하는 환희의 기운에 둘러싸여 있었고 너무나 행복한 나머지 내가 차를 어디에 주차했는지 잊어버릴 지경이었다!

나는 기본적으로 회의론자다. 어쩌면 그것은 모든 것을 과학자의 태도로 접근했던 엔지니어였던 아버지의 영향인지도 모른다. 그분은 관찰할 수 없거나 증명할 수 없는 것은 진짜가 아니라고 여겼다. 하지만 그때 나는 누구도 부정할 수 없는 강력한 사랑과 친절한 기운에 둘러싸여 있었고 이 명상은 아주 오랫동안 내가 다른 선생님들께 배워 연습한 것이었다.

내가 그때까지 해왔던 사랑하고 친절하기 명상은 그 순간을 위한 준비과정이었던 것이다. 그 순간에야 비로소 나는 그것이 어떤 기분인지 알 수 있다. 더욱 중요하게는, 나는 이것이 진짜이고, 전기 배출구에 흐르는 전류만큼이나 실존한다는 것을 확신에 차서 알 수 있었다. 그뿐만 아니라 부처가 2천5백년도 전에 가르쳤듯이, 이 명상은 배우고자 하는 사람은 누구나 익힐 수 있었다. 그때까지 나는 몇 번이나 신비로운 체험을 했었지만 그 순간의 경험이 마침내 내 이성적인 마음에 대한 내 비이성적인 집착을 놓아주었다.

마음 청소도구:
사랑기와 친절하기로 마음 일깨우기

움직임과 시각화와 말하기가 동반되는 이 명상을 위해 먼저 당신이 앉거나 서거나 누울 수 있는 공간을 확보하자.

먼저 당신의 마음을 열고 의도성을 일깨우고 부드럽게 하는 것으로 정하자. 이것은 당신이 스스로와 모든 존재에게(친구들, 알기만 하는 사람, 그리고 심지어 친밀하지 않은 사람들이나 당신이 사랑하거나 관심을 가진 이들에게) 확대할 수 있는 무조건적인 종류의 사랑이다. 너무 의식해서 노력하지 말고 당신의 마음과 존재가 자연스럽게 나머지를 행하도록 하라. 당신이 두려움에 차 있거나 당신의 마음이 닫혀 벽 뒤로 숨었을 때 언제나 이 명상을 하면 된다.

파트 1

당신의 두 손과 손바닥을 천천히 하나씩 당신의 심장 위로 감싸는 것부터 시작하라. 그 자세를 부드럽게 유지해라. 당신의 손과 심장 사이의 온기를 느껴라. 온기를 느낄 수 없다면 황금빛을 상상하고 그 빛이 당신의 심장과 손을 감싸고 있다고 생각하라. 만약 당신의 심장이 무겁게 느껴지거나 주위에 벽을 세우고 있는 것처럼 느껴진다면 그 벽이 얇아지고 녹아 없어지는 것을 허락해라.

파트 2

당신의 심장이 지닌 보호하는 지혜가 빛나고 따스하게 자랄 수 있도록 해보자. 먼저 길고 기분 좋게 숨을 들이쉬며 우주의 사랑을 들이마셔라. 당신의 인생에 큰 영향을 미치거나 당신이 존경하는 당신의 후원자들이나 영적인 사람들의 사랑도 괜찮다. 이 사랑이 당신의 심장을 밝히는 황금빛이라고 상상한 다음 그 빛을 부드럽게 하고 온기와 자기 자신과 타인을 향한 친절함으로 빛나게 하라.

파트 3

이제 천천히 두 손을 심장에서 바깥을 향해 이동해라. 이렇게 하면서 심장의 온기와 빛을 확장하여 당신의 손과 계속 연결된 채로 있게 하라. 당신의 손을 바깥으로 움직여 당신의 앞에서 원을 형성하게 하라. 당신의 팔을 벌려 받아들이는 자세로 당신의 심장의 기운을 유지해라. 이 빛나는 심장의 온기가 다른 이들을 향해 넘쳐흐른다고 상상해 보아라. 이 빛이 비누 거품처럼 바깥을 향해 점점 커지며 닿는 모든 것을 황금빛으로 빛나는 원으로 감싼다고 생각하면 된다. 이 빛은 초대하는 온기이며, 누구에게나 닿을 수 있는 온기다. 이 빛은 또한 닿는 것을 보호하려고 하며 당신을 안전하게 하려 하면서 동시에 무차별적으로 다른 이들의 행복을 빌어준다.

파트 4

마침내, 원한다면 이 황금빛 사랑과 친절함이 확장하고 또 확장하여 이웃과, 마을과, 주와, 나라와, 북반구와, 전 세계와 태양계와 우주의 모든 존재로 확장된다고 상상해보자. 이 황금빛을 고통 받는 모든 존재들을 위해 들고 있어라.

마무리로 당신의 두 손을 다시 심장 위로 가져와라. 다시 두 손으로 심장 위를 감싸며 스스로에게 사랑과 친절함을 보내라. 그러면서 아래의 문장을 말하거나 생각하라.

내가 안전하고 행복하고 건강하고 잘 지내기를. 내가 고통과 배고픔과 시련을 느끼지 않기를.
이 세상 모든 존재들이 안전하고 행복하고 건강하고 잘 지내기를. 모든 존재들이 고통과 배고픔과 시련에서 자유롭기를.
부디 내가 고통 받는 모든 존재들을 위해서 행동할 수 있기를.

파트 5

마지막으로, 길고 기분 좋은 숨을 한두 번 들이쉰 다음 당신과 주변과 현재를 재정비해라. 숨을 내쉬며 당신이 손을 양쪽에 떨어뜨리고 명상을 끝내면 된다. 하루를 보내는 동안 언제든 이 명상 전체나 일부를 하면 된다. 움직임만도 괜찮고, 시각화만도 괜찮고, 말만도 괜찮다. 여기 일 분도 채 걸리지 않는 사랑하고 친절하기로 스스로의 중심을 잡을 수 있는 두 가지 연습이 있다.

1. 하루를 보내는 동안 속으로 아래의 말을 하여 중심을 잡고 마음을 열어두어라. '부디 나와 모든 존재가 안전하고 행복하고 건강하고 잘 지내기를.'

2. 언제든 아프거나 화가 나거나, 마음의 문이 닫히는 것을 느낄 때면 양 손을 들어 심장 위를 감싸 심장의 따스하고 자비로운 온기를 느끼도록 해라. 자비로운 마음과 용서를 들이마시고 고통을 들이쉬어라. 이런 식으로 호흡을 반복해라.

제 17 장

순간에 충실하라

진실로 살아 있다는 것은

매일의 삶 속에서

본인을 궁극적인 존재를 느끼는 것이다.

– 크리스찬 와이만(Christian Wiman)의

〈나의 밝은 혼돈(My Bright Abyss)〉 중에서

이탈리아의 16세기 수도승 성 베네딕틴의 가르침은 모든 수도승들의 지침이었다. 신참 수도승은 '수도 생활을 향한 정진(conversatio morum)'이라는 맹세를 해야 했는데, 이곳에서 정진(conversatio)라는 단어는 삶을 변화시킨다는 좀 더 깊은 의미를 담고 있다. 작가 로버트 존슨과 제리 룰은 저서 '만족'에서 이 문구의 의미를 '충실한 순간에 대한 맹세'라고 보고, 이 문구가 "영적인 여행을 떠나는 남녀를 돕도록 만들어졌다"고 주장한다. 베네딕트 수도승들이 충실한 순간을 수련하기 위해 하루에 일곱 찬송을 하고 기도문을 읊었다. 그리고 누구든 이

'충실한 순간'이라는 훌륭한 개념을 사용해 현대의 마음 찌꺼기를 청소할 수 있다.

한 순간에 충실하다는 건, 우리의 평범한 경험을 놀라울 정도로 바꿔 놓는다. 과거에는 마약 중독자였으나 현재는 열성적인 중독자 카운슬러인 내 친구 베니에게도 일어났던 일이다. 그 날은 그가 약을 끊기로 결심한 바로 그날이었다. 베니는 뉴욕의 한 거리를 따라 걷고 있었는데, 문득 어디선가 달콤하고 매혹적인 냄새가 공기를 타고 왔다. 베니는 그 알 수 없는 향기를 따라 모퉁이를 돌았다. 기쁘고 놀랍게도, 그의 코가 이끈 곳은 한 무더기의 아름다운 붉은 장미 더미였다. 그는 꽃의 아름다움에 놀라 한동안 서 있었다. 그 꽃은 악몽 같은 중독에서 벗어날 수 있는 계기였으며, 그가 순간에 충실하도록 결심한 바로 그 순간을 각인시켰다. 순간에 충실할 수 있다면 우리는 한 송이 장미, 한 사람, 한 음식을 보고 그저 "저기 또 하나의 장미로구나."라는 식의 자동화된 반응이 아닌 직접적이고 새로운 경험을 할 수 있다. 영화 '죽은 시인의 사회'에서 선생님은 학생들에게 '순간에 충실할 것'을 설파한다. "카르페 디엠(carpe diem). 현재를 잡아. 꼬마들, 이 말이 너희 삶을 특별하게 만들거야."

단순화하고, 단순화하고, 단순화해라

단순화한다는 것은 말 그대로 간단함이다. 당신은 걱정할 것이 적어지고, 해야 할 일이 적어지고, 결정해야할 일이 적어진다. 독자 여러분에게 자동차를 팔고 말이나 마차를 들이라고 말하고 있는 것이 아니다. 하지만 당신은 분명 '더 좋은 것'과 '충분해'를 구분할 수 있다. 이 둘의 차이를 구분하는 것이 단순하고 간단한 삶을 사는 중요한 능력이며, 또한 당신의 삶의 질을 높여야 하는지, 크기를 늘려야 하는지 선택하는데 기준이 되어 준다.

한때 난 테크놀러지에 중독되어 있었지만 이제는 컴퓨터가 정지하거나 작동하지 않을 때만 소프트웨어를 업그레이드한다. 물론 나는 여전히 사람들이 거대한 스마트폰을 들고 있으면 커다란 스크린에 대한 유혹을 느낀다. 이런 기분이 들 때마다 나는 내 핸드폰을 재평가한다. 내 폰은 내 주머니에 꼭 들어맞으며 내가 필요로 하는 모든 기능을 갖추고 있다. 당신이 이미 가진 것을 재평가하고 감사히 여기는 것은 간소화를 위한 좋은 전략이며, 더 좋은 것에 대한 열망을 이겨내는 강력한 힘이다. 단순화된 삶은 마음을 평화롭게 하고 새로운 것을 갖고자 하는 불안을 제거한다.

충분한 것과 더 좋은 것을 구분하는 것은 당신의 주위에도 적용될 수 있다. 집과 직장에 모두 적용될 수 있는데, 예를 들어 내 부엌에서 나는 한 때 내 찬장 가득 내가 평생 쓸 수 있는 것보다 더 많은 플라스틱 용기들을 가지고 있었다. 나는 그 용기들을 치우고 대부분을 기증했는데, 그것으로도 충분했다. 또한, 나는 내 옷장에서 넘쳐흐르는 옷과 차고에 있는 한 번도 연적 없는 상자들도 정리했다. 내가 기준으로 삼은 것은 '작년 한 해 동안 내가 이 옷을 입었는가?'라는 질문 등이었다. 이 같은 기준은 물리적인 찌꺼기에 적용되지만 이와 같은 마음가짐은 단순하고 효율적인 삶에도 도움이 된다.

삶을 단순화하는 것은 당신이 가지고 있는 물건에만 적용될 뿐만 아니라 당신이 어떻게 시간을 쓰고 관리하는지에도 적용될 수 있다. 시간은 귀중한 자원이며 당신의 감정적 건강과 균형을 위해서 현명하게 써야만 한다. 당신이 하루나 일주일이나 주말에 너무 많은 일을 하려고 하고 있다면 그 일들을 할 때마다 어떤 기분이 드는지 관찰해라.

단순한 삶에서 중요한 건 우리에게 필요한 것이 무엇이냐는 질문이 아니라, 우리에게 활동이 충분하냐는 질문이다. 만약 당신의 일정이 가득 차 있고 그 일정을 생각하는 것만으로도 피곤해진다면, 삶을 단순화할 시간이다. 일단 활동에 한계선을 세워보라. 언제까지 일할 것인지, 사람들과 언제까지 놀 것인지 등에 제한선을 두는 것이다. 당신은 자신을 위해 한계선을 세울 권리가 있고, 이런 단순한 삶으로 인하여 당신의 순간은 좀 더 충실해질 것이다. 그렇다면 일정에 치여 순간을 즐기지 못하는 일 역시 사라진다.

이하의 도구들은 순간에 충실할 수 있는 몇 가지 방법을 제시한다. 이것은 단순한 연습이 아니라 삶을 사는 방식이다. 현재에 더 충실할수록 순간을 더 즐길 수 있게 되며, 숭고한 일상을 더 감사히 여기게 될 것이다.

마음 청소도구: 순간에 충실해지자

순간에 충실하다는 건, 순간에 대한 어떤 기대나 편견도 없이 그 순간에 매진하는 것이다. 선사들은 이 마음을 무지의 마음이라고 불렀다. 답을 모르고 있다는 것은 얼마나 축복된 일인가? 옳은 방식으로 행동해야만 한다는 압박을 느끼지 않아도 된다는 것은 얼마나 좋은 일인가? 순간에 몸을 맡기겠다는 것은 당신이 한때 자연스럽게 가지고 있었던 어린이 같은 마음을 되찾는다는 것이다. 이 순간에는 성공도 실패도 존재하지 않고 그저 이 매 순간순간 새로운 순간에 대한 충실함만이 존재한다.

1. 호흡을 통해 충실함을 되찾자.

순간에 충실하지 못할 때마다, 길고 느린 호흡법을 통해 다시 순간에 충실해질 수 있다. 자문해보라. 이 호흡은 어제의 것인가? 내일의 것인가? 이 단 한 번의 호흡으로 당신은 충실한 순간을 되찾을 수 있다.

2. 다른 이들에게 충실하라.

마음을 부드럽게 하고 타인을 자신의 온 존재로 받아들여라. 이 사람에 대한 편견이나 기대를 버려라. 그 사람이 당신의 인생에서 가장 어려운 사람 같더라도, 마음을 열고 정말로 그 사람이 누구인지 보아라. 호기심을 가지고 눈을 열고 귀를 열고 감각을 열고 당신의 땀샘 하나하나를 열어라. 그 사람이 하는 말 뒤에 숨은 것을 들어라. 감정과 공감을 가지고 들어라. 그냥 보지 말고 그 사람의 눈과 얼굴과 존재를 들여다보아라. 당신의 사랑과 수용하는 태도가 말하게 하라. 각각의 사람이 두 다리가 달린 움직이는 나무라고 상상해보아라. 각각의 나무를 관찰하고 흥미를 가지고 평가해라. 왜냐하면 이 우주에 누구도 같은 사람은 없기 때문이다.

3. 자기 자신에게 충실해져라.

빈 그릇만이 채울 수 있다. 당신의 그릇을 비워라. 당신이 가진 당신의 이미지들을 버려라. 뭘 해야 하고, 어떻게 보여야 하는지 등, 숨막히는 조건들을 모두 놓아라. 많은 이들이 나 아닌 다른 누군가인 척 하기 위해 시간을 허비한다. 단 한 번도 아무도 아닌 척 하며, 마음에 빛과 공기와 공간을 들여보내면 어떻겠는가?

4. 오감에 충실해져라.

현존하는 육체는 풍요의 안테나이다. 그저 주파수만 맞춘다면, 몸이 연주하는 감각적이고 생동감 넘치는 삶과 감정의 교향곡을 들을 수 있다. 생각에 몰두한 나머지 육체에서 떠난 순간을 알아채보라. 그런 순간이 찾아온다면, 당신 자신이 대지 위에 서 있다는 것을 느끼도록 하라. 나무처럼, 당신의 발을 대지에 굳게 디뎌라. 의식을 발끝부터 머리끝까지 온 몸으로 퍼트려라. 육체의 어떤 부분에서 긴장, 헝클어짐, 압박, 부정적인 마음의 찌꺼기가 느껴진다면, 숨을 그곳으로 몰아라. 들

숨이 그 막힌 부위를 채우는 걸 상상해보라. 그리고 공기를 내쉬며, 긴장이나 부정적 감정을 대지에 뿌리박고 있는 다리를 통해 내보내보라. 필요한 만큼 이 정화의 호흡을 하라. 만약 육체에 나쁜 감정들(슬픔, 비통, 상실, 걱정, 우울, 좌절, 외로움)이 머문다면, 그건 당신의 삶을 위해 육체를 바꿔야 한다는 신호이니, 진지하게 귀를 기울여라. 그러나 그런 감정들은 그저 존재하는 것이지, 당신을 지배하는 것들이 아니다. 그 중 당신의 육체가 선호하는 감정이 있을텐데, 그것에 이름을 붙여보라. 그러면 삶을 이해하기가 좀 더 쉬워진다. 그리고 마지막으로 행동을 하라. 도움이나 지지를 받아도 괜찮다. 행동으로 내면의 조화를 되찾고, 이 귀중한 선물을 만끽하며 휴식하라. 육체가 당신을 위해 매일 하는 수고를 위해, 육체를 감사의 빛으로 물들여라. 이 얼마나 멋진가!

5. 걸을 때 충실해라.

부드럽고 유연히 걸어라. 고양이처럼 움직여라. 자신이 어떻게 움직이는 지 감지하라. 발을 들을 땐 어떤가, 다리는 어떻게 앞으로 나가는가, 어떻게 땅을 밟는지, 복숭아뼈는 어떻게 부드럽게 움직이는지, 무게중심은 어디로 이동하는지, 이 모든 걸 느껴라. 무엇보다 걸을 때는 그저 걷기만 해라. 다른 것은 하지 말아라. 당신이 바른 방향으로 움직이고만 있다면, 길을 잃을 일은 없을 것이다. 거기에 충실해지면 부딪치고 싶어도 그럴 수가 없다. 저 곳에 가기 위해 걷는 게 아니라, 이 곳에 있기 위에 걸어라.

6. 한 발 물러선 다음 단순하게 접근해라.

어떤 시련으로 스트레스나 마음찌꺼기가 쌓일 때마다, 자기 자신과 거리를 두고 스스로를 관찰해보라. 언덕 꼭대기나 헬리콥터에서 자신을 바라보고 있다고 상상하라. 그런 곳에서는 모든 일을 개인적으로 받아들이지 않아도 된다. 당신은 어떤 반응 없이도 멀리 떨어진 곳에 존재할 수 있다. 상황을 단순화 시켜라. 이런 헬리콥터 같은 관점에서 해결책을 고려하고, 현재 상황에 효율적으로 대처하라. 시련의 순간에 자기 수용이나 자기 연민을 가지는 것도 충실해지는 좋은 방법 중 하나이다.

이 도구들은 욕조에 붓는 세정제와 같은 것이다. 욕조를 문질러야지 비로소 묵은 때를 청소할 수 있다.

위에 나온 예제들을 전부 시행하고 습관을 붙여라. 시간이 좀 지나면 이 연습들은 자연스럽게 당신 하루의 일부가 될 것이고 당신도 보다 쉽게 순간에 충실해질 것이다.

시작점으로 이 마음 청소도구들을 당신의 해야 할 일 목록에 넣거나 다이어리에 추가해라. 어떤 예제들이 당신과 가장 잘 맞는지 보아라. 당신만의 독특한 조합으로 당신의 존재감을 강화하고, 마음을 유연하게 하라.

제 18 장

마음의 매듭을 풀다

매듭을 풀기 위해서는

먼저 매듭이 어떻게 묶여졌는지 알아야 한다.

왜냐하면 무언가의 원인을 아는 사람이

해결책도 알기 때문이다.

– 부처

문제가 없거나 부정적인 감정이 없는 사람을 단 한명이라도 만나본 적 있는가? 나쁜 감정을 아름다운 비단 천이 뒤엉킨 거대한 매듭 덩어리라고 상상해보라. 매듭들은 나쁜 감정들, 중독들, 습관적인 걱정, 질투, 분노, 좌절감을 상징한다. 이 천의 유려함이나 자유로운 모습은 이 수 많은 매듭들 때문에 눈에 들어오지도 않는다. 이 덩어리는 너무 뒤엉킨 나머지 매듭조차 매듭으로 이루어져 있는 경우가 있다. 당신의 덩어리는 어떻게 생겼는가? 얼마나 거대하고 무거운가? 이것을 지고 가는 것이 힘겨운가? 그 매듭을 모두 푼다면 어떤 기분일까? 혹은, 매듭이 생기기도 전에 그저 끈을 당기는 것만으로 풀어버린다면 어떤 기분일까?

믿거나 말거나, 가장 처참하게 뒤엉킨 매듭도 풀 수 있다. 어떻게? 좋은 일이든 나쁜 일이든 삶의 모든 측면을 겸허히 받아들이는 한 사람을 상상해보자. 그 사람은 시기, 질투, 탐욕으로부터 자유로우며, 과거의 아픔과 미래의 불안에 초연하다. 물론 이런 사람들도 실망을 느끼고, 인내심을 잃고, 좌절감을 느끼겠지만, 그 사람들은 그를 매듭으로 남기지 않고 흘려보낼 줄 아는 사람들이다. 선사 버니 글라스만(Bernie Glassman)이 그의 저서 〈한 남자와 한 선사(A Dude and the Zen Master)〉에서 말한 것과 같다.

만약 어떤 일이 너무 많은 것처럼 느껴진다면, 감정적으로 떠나라. 그 일은 아무데도 가지 않을 것이고, 언젠가 당신은 그 일을 착수할 준비가 되었다고 느낄 것이다. 지금은 그저 자신의 소리에 귀를 기울여라. 때가 아닌 듯하면, 무리하지 말라. 흐름에 맡겨라. 누군가 당신이 모든 일을 해야 한다고 말해도, 모든 일에는 때와 장소가 있는 법. 만약 그 일이 매듭처럼 느껴진다면 기다려라. 그 매듭은 당신과 우주가 준비되었을 때 다시 모습을 드러낼 것이다.

매듭을 놓아두는 것은 자신을 향한 친절이며, 지혜이다. 한숨 돌리고 스스로에게 여유를 주는 것은 도피가 아니라는 것을 이해하며, 한 발

물러서보라. 걱정하지 말라. 매듭은 돌아올 것이고, 언제든 그 매듭을 풀 수 있는 기회는 다시 온다.

잠시 멈추고, 이름 짓고, 받아들이고, 놓아주기.

주말이고 당신은 휴가를 받았다고 치자. 어느 토요일, 아이들은 친구 집에 놀러갔고, 당신은 실로 오랜만에 몸과 마음을 쉴 시간과 공간을 얻었다. 그런데 바로 그때, 친구들과 만나기 직전에 직장에서 연락이 와 일정을 조율하라고 한다. 그리고 다음 날도 비슷한 일이 반복된다. 소중한 커피 한 잔을 마시고 요가 수업을 들으러 나가기 직전에 직장에서 전화를 받고 시간 외 업무를 더 해야 하는 것이다.

당신은 친구인 보니에게 이런 매듭 같은 상황에 대해 이메일을 보내 하소연하기로 한다. 그리고 여기에 두 종류의 이메일이 있다. 하나는 매듭을 더욱 죄는 것이며, 다른 하나는 매듭을 푸는 것이다.

제목: 매듭 짓기

10시 30분 요가 수업을 위해 요가 센터 밖에 막 도착했어. 직장 덕분에 겨우 시간에 맞춰 도착할 수 있었어. 일요일 아침에 직장에서 전화와 문자를 받다니, 믿을 수 있어?! 정말 화가 나. 왜 내가 휴가 날 다시 일을 받아야 하지. 그들은 그럴 권리가 없어. 내일 직장에 전혀 가고 싶지 않아. 거기다 또 무슨 일이 일어났냐하면 바로 애들 저녁을 준비해야했어. 마지막 순간에 뭘 먹을지 정해야겠는데 너무 화가 난 나머지 뭘 만들어야할지 모르겠는 거야. 어쨌든. 이제는 요가 따위 하고 싶지도 않아. 그래도 하긴 해야지.

제목: 매듭 풀기

10시 30분 요가 수업을 위해 요가 센터 밖에 막 도착했어. 난 이 요가가 필요해. 애들의 저녁을 준비하기 위해 일어나야 했어. 저녁 메뉴를 마지막 순간에 바꾸느라고. 직장에서 전화와 문자도 받았어. 조금 짜증이 나더라. 왜 그들이 나를 또 휴일날 일하게 했는지 모르겠어. 그런 생각하다가 내버려뒀어. 어쨌든. 여기 온 것만으로 감사해.

첫 번째 이메일은 사람이 어떻게 쉽게 부정적인 감정 속에 뒤엉켜질 수 있는지 보여준다. 두 번째 이메일은 완전히 다른 접근법을 사용한다. 독자의 시선에서 볼 때 이 사람은 그냥 이 상황을 놓아준다는 태도를 지니고 있을지도 모르지만, 이 작가는 사실은 매우 능숙하게 이 상황을 다루고 있다. 이 두 번째 이메일은 (1)잠시 멈춰 서서 (2)감정을 관찰하고 지목하고 (3)상황과 감정이 일시적이라는 것을 받아들이고 (4)그것들을 놓아주고 내버려두는 네 가지 과정을 효율적으로 보여주고 있다. 이 과정은 순간의 감정적인 매듭을 풀어주는 데 도움이 된다는 것이 과학적으로 증명되었다. 이 과정을 조금 더 구체적으로 파고들어 보자.

학술지 〈식욕(Appetite)〉에 실린 한 연구는 과체중이거나 비만인 사람들이 가지는 음식 갈망을 연구했다. 연구자들은 마음 챙김을 통해 음식에 대한 갈망을 수용하는 것이 각 개인들이 정신적으로 음식 갈망에서 거리를 두도록 도와줘 음식물 섭취와 음식물 갈망 사이의 악순환의 고리를 끊을 수 있는지 궁금해 했다. 실험에 참가한 참가자들은 7주 동안 음식물 갈망을 알아채고 수용하는 훈련을 받았다. 실험이 끝날 무렵에 참가자들은 상당히 늦은 음식물 갈망을 가지게 되었다.

연구자들은 '집착적인 사고에서 벗어나 충동과 반응 사이에 자동적인 연계적 행동이 감소한 것'이 이와 같은 결과를 낳았다고 결론지었다. 이 말은 참가자들이 자신의 충동에서 잠시 멈춰 서서 물러설 수 있었다는 것을 의미한다. 자신의 음식물 갈망과 일체화 되어 음식물 갈망에서 자신을 분리하기보다는 그들은 일정한 거리를 두고 그 갈망을 관찰하고 지목할 수 있었다. 이렇게 한 발 물러나는 것이 그들로 하여금 자동적으로 충동적으로 반응하고 굴복하는 대신에 갈망을 수용하고 그때그때 눈치 채게 만들었던 것이다. 이 잠시 멈춰 서서 갈망이나 감정을 지목하는 과정은 우리가 그 충동으로부터 거리를 둘 수 있게 돕는다. 이는 낡고 자동적인 반응이나 중독적인 행동들이 자꾸 일어나는 것을 방해하고 방지하는 효과를 낳는다. 이런 식으로 마음으로 알아채기와 마음 챙김은 충동과 자동적인 반응에 대한 브레이크로 작용할 수 있다.

충동을 억누르거나 거부하는 것보다 수용하는 것이 더 효과가 있는데 이는 갈망이나 감정이 일시적이라는 것을 인정하기 때문이다. 결국 충동은 가라앉고 사라진다. 그것을 아는 것은 강력한 힘이 된다. 따라서 충동을 수용하면 그 끈질기고 오래된 매듭들을 바로 그 자리에서 풀 수 있다. 갈망이나 부정적 감정에서 거리를 두는 과정은 비단 음식물 갈망에만 적용될 뿐만 아니라 다른 모든 유해한 행동이나 중독적인 행동에도 해당된다. 이는 마약과 같은 심각한 중독이나 소프트 중독이라고 불리는 인터넷 섹스와 포르노 주독에도 적용된다.

자 이제 다시 한 번 두 이메일에 숨겨진 메시지들을 분석해보자. 첫 번째 이메일을 다시 읽으면 부정적인 감정에서 화자가 전혀 분리되어 있지 않다는 것을 알 수 있을 것이다. 화자는 나는 화가 났다던가 너무 화가 나서 아무생각이 안 들었다고 같은 문구를 쓰며 감정적인 매듭을 더 꽉 묶고 있다. 결과적으로 화자는 자신이 바로 이 감정들이라고 말하고 있는 것이다. 사실상 이 부정적인 매듭은 여러 겹으로 묶어져서 미래에도 영향을 끼칠 것이 암시되고 있다. '나는 내일 직장에 가는 것이 전혀 달갑지 않아.' 과거의 사건에서 시간이 상당히 지났음에도, 그리고 고작 몇 분을 직장 관련 일을 하는데 썼는데도 불구하고, 이 화자는 아직도 과거의 찌꺼기를 지고 요가 수업을 들으러 가고 있다. 무슨 일이 일어났는지에 대한 내적인 사고도, 고민도 호기심도 없다. 이 매듭은 풀어질 것처럼 보이지 않는다.

이제 두 번째 이메일을 다시 읽고 이 화자가 어떻게 감정을 눈치 채고 일체화하기를 거부하는지 알아채보자. 이 이메일에서 화자는 '나는 조금 짜증이 나는 것을 느꼈어'라고 말함으로써 자신과 감정 사이에 거리를 두고 있다. 이 화자는 능숙하게 잠시 멈춰 서서 감정을 관찰하고 지목한 다음 짜증의 정도도 말하고 있다. 이 화자는 또한 내적 사고를 하여 '왜 또 휴일 날 직장 관련 일을 하게 한 거지?" 하고 질문하고 있다. 질문은 우리에게 거리를 두게끔 해주기 때문에 아주 중요하다. 당신이 어떤 것에 대해 의구심을 품는 순간 당신은 어떤 사건이나 갈망이나 감정을 당신의 관심의 대상으로 만든다. 이제 당신은 매듭에 대해 생각하고 질문하지 새로운 매듭을 만들게 되지 않는 것이다.

마침내, 화자는 수용을 하고 이 상황을 놓아 보내준다. '나는 고민하다 내버려뒀어. 어쨌든, 여기 올 수 있어서 감사해.' 요가 수업에 가게 된 것에 감사함을 느낌으로써 이 화자는 일어났던 일을 놓아주고 현재의 순간으로 마음을 완전히 다시 집중한다. 이 화자는 더 이상 요가 자세를 취하는 동안 무겁고 풀 수 없는 매듭의 실 뭉치를 쥐고 있지 않을 것이다.

내면을 밝히고 흐름을 다시 느껴라.

인간으로서 우리는 온갖 종류의 감정적 매듭 찌꺼기에 노출되어 있다. 어떻게 하면 이 매듭들을 놓아주고, 하루의 자연스러운 흐름으로 돌아갈 수 있는지 알아보자. 일단, 찌꺼기가 쌓이는 건 피할 수 없다는 사실을 받아들이는 것만으로도 도움이 된다. 어느 순간, 매듭은 반드시 생길 것이다. 하지만 그걸 발견했을 때 당신의 태도가 차이점을 만든다. 핵심은 끝없이 변화하는 외부세계의 바람에 마음을 휩쓸리지 않는 것이다.

그 대신에 당신의 내면에 더 집중하라. 새로운 매듭이 눈앞에 나타날 때 부드럽고 열린 자세로 적응할 수 있도록 내적 감각을 닦고, 제15장에서 말한 헬리콥터식 사고방식을 연마하도록 하라. 그리고 이제 이 질문의 빛을 마음에 비추어 현재에 중심을 잡고, 언제나 매듭 없는 상태로 남는 방법을 알려주겠다.

직장에 지각한 상태에서 꽉 막힌 도로 한 가운데 갇혀 있다고 해보자. 꼭 직장이 아니어도 좋다. 하여튼 이런 상황에서 누군가 당신 차선으로 끼어들어 하마터면 사고가 날 뻔 했는데, 게다가 그 운전자가 무례하게 군다. 이것은 한 순간에 일어날 수 있는 강력한 부정적 반응의 사례에 불과하다. 부정적인 일들은 너무나 빠르게 한꺼번에 일어난다. 우리는 잠시 멈춰 어떻게 대응해야 하는지 차분하게 생각할 수도 없으며, 즉각적으로 반응할 수밖에 없다.

그렇기에 천천히 대응하는 것을 연습해야 한다. 위의 사례와 비슷한, 당신에게 실제로 일어났으며, 그때 습관대로 행동하였던 어떤 일을 회상해보자. 정말로 당황스러웠던 순간을 떠올려보았는가? 그 상황을 회상하며 당시에 느꼈던 부정적 감정들과 그것들이 일으킨 신체 변화를 느껴보자. 잠시 멈춰 서 숨을 길게 쉬어보자. 자, 이제 강력하게 충전된 날카로운 질문의 빛을 내면으로 돌려, 아래의 질문을 자문해보자.

-이 매듭은 언제 처음 맺어졌는가? 이 매듭의 첫 원인은 무엇인가?
-내가 이 매듭에서 느끼는 감정은 무엇인가?
- 그 감정은 얼마나 강렬한가? 내가 아는 사람 중에 이와 비슷한 반응을 보이는 이가 누가 있는가?

- 어쩌다가 매듭이 이렇게 질겨졌는가?
- 나는 몇 번이나 이와 같이 반응했는가?
- 나는 어쩌면 로봇처럼 자동적으로 대응한 것이 아닐까?

자, 이제 정말로, 당신 내면의 빛을 밝게 비추어 매듭에 대해 질문해 보자. 너무 깊게 생각하지는 말고 질문이 흐르게 두어라.

- 나는 이 상황이나 갈망에 대해 어떻게 느끼는 것을 피하고 있는가?
- 왜 나는 지금 벌어지고 있는 일들을 받아들일 수가 없는가?

이 질문에 지금은 답할 수 없을 수도 있고, 어쩌면 영원히 답을 찾지 못할 수도 있지만, 괜찮다. 중요한 것은 의심을 품고 질문을 하는 것이며, 자동적으로 반응하는 낡은 패턴을 깨는 것이다. 잠시 멈춰서 자기 내면을 질문의 빛으로 비출 용기를 가진 것을 축하한다.

자문하는 순간, 여전히 화나고, 당황스럽고, 절망적이고, 인내심이 끊어질 것 같거나 그 밖의 원래 느끼던 나쁜 감정이 느껴지던가? 아마 아닐 것이다. 왜냐하면 당신의 시각이 매우 심오하고 본질적으로 바뀌었기 때문이다. 당신은 중립적인 관찰자가 되었지, 낡은 로봇처럼 자동화된 반응을 보이는 사람이 아니었다.

질문을 하고 났으면, 자신을 더욱 확장해보자. 매듭을 더 느슨하게 푸는 것이다. 집요하게 매달리지 말고 조금 놓아줌으로서, 자신이 어떻게 느끼고 있었는지를 느껴보아라. 매듭은 계속 존재할 지도 모른다.

그러나 그 매듭을 당신이 더 조일 필요는 없다. 실로, 당신은 현재에 충실하고 경험에 마음을 열어 매듭을 풀 수 있다. 그저 질문을 하고 당신이 앞으로 경험할 일들에 열려 있으면 된다. 그 다음에 지금, 이곳에 충실해져라. 그리고 매듭을 풀어라. 매듭은 영원하지 않다. 하나를 풀면, 다른 것들도 자연히 풀릴 것이다.

마음 청소도구: 매듭 풀기

지금, 이곳에 충실하고 매듭에 매이지 않기 위한 유용한 도구가 있다. 이 명상을 하루에 최대 10분 정도 하라. 아니면 언제든 매듭이 조여지고 있다고 느낄 때도 괜찮다. 방해 받지 않는 조용한 곳을 찾아라. 이 명상의 목적은 당신 마음을 가라앉히는 것이다. 자갈처럼. 몰아치는 물살에 어떻게 자갈을 밑으로 가라앉힐 수 있겠는가? 이를 위해서는 물이 고요하고 평화로워야 한다. 자갈에 마음을 집중하라. 제멋대로 거칠게 날뛰는 마음의 표면을 가라앉혀라. 이런 자갈 명상은 부산한 마음에 쉬는 법을 가르쳐준다.

파트 1

눈앞에 자갈을 그려보라. 이 자갈은 완벽하게 둥글거나 모 없이 부드럽다. 태양빛을 받아 이 자갈이 어떻게 빛나고 반짝이고 있는지 상상해보라. 자갈 주변에 깨끗하고 고요한 물을 상상하라. 당신의 자갈이 단단히 앉아 있는 강이나 바다의 밑바닥을 상상해보라.

파트 2

당신의 자갈은 아무런 목적도 없다. 그것은 그저 한 조각이며 지나가는 물고기를 그저 바라보고 있을 뿐이다. 물의 표면에서 얼마나 많은 매듭과 생각의 소용돌이가 일어나고 있든, 자갈은 가만히 앉아 안정되고 안전하게 아무런 위협도 없이 존재한다. 자갈의 관점에서 어떻게 매듭들이 풀어지고 물의 빠른 흐름에 실려 떠내려가 버리는지 관찰해보자.

파트 3

자갈이 되어보는 것도 괜찮다. 자갈은 그저 존재하는 것 외에는 아무것도 할 일이 없다는 것을 명심해라. 그리고 호흡하라. 이는 자갈이 숨을 들이마시고 내쉬는 것이다. 만약 당신이 매혹적인 물고기(즐거운 생각)를 발견한다면 그 물고기를 따라가도 괜찮다. 나중에 자갈의 호흡과 육체로 돌아오기만 하면 된다. 만약 매듭 지어진 물고기나 심지어 주변에 상어(계속되는 부정적인 생각이나 공포스러운 생각)가 머무른다면 당신은 눈을 뜨고 다른 시간에 자갈 명상을 하면 된다. 대개 그 무서운 물고기는 시간이 지나면 헤엄쳐 가버릴 것이고 당신은 당신의 자갈의 호흡과 육체로 돌아올 수 있을 것이다.

자갈이 되기 위해 마음을 집중할 단어를 고르는 것도 도움이 된다. 중립적이거나 편안한 단어나 문구를 골라라. 하나, 평화, 휴식, 자갈, 초록, 혹은 마음에 잡념이나 자극을 일으키지 않는 단어라면 어떠한 것이든 괜찮다. 다만 너무 의식적으로 사용하진 마라. 이 자갈 단어를 다른 생각보다 조금 더 소중히 하며 당신의 호흡과 몸에 집중해라. 당신의 마음이 예쁜 물고기를 따라 간다면 그것도 괜찮다. 나중에 부드럽게 자갈이라는 단어나 문구로 돌아오면 된다.

이 연습이 어떻게 당신의 마음을 안정시키는가? 당신은 자갈의 호흡과 마음, 자갈 단어와 함께 있을 수 있는가?

다른 마음 청소하기 예제들과 마찬가지로 이 연습은 규칙적으로 할 때 가장 효과가 있다. 이 연습을 하루 일과에 넣어보자. 하루 중 어느 때, 하루의 매듭을 풀기에 가장 효과적이겠는가?

제 19 장

일상 속의 기쁨

당신이 가진 것에 만족하고

당신이 놓인 상황을 기뻐해라.

아무것도 부족함이 없음을 느낄 때

온 세상이 당신 것이 될 것이다.

−노자

여기 불행을 위한 더없이 훌륭한 레시피가 있다. 당신의 평범한 하루 동안 주위에서 일어나는 모든 좋고 괜찮은 일들을 무시하고 당신이 바꿀 수 없는 것들에 대해 불평해라, 아니, 당신이 바꿀 수 있는 것들에 대해서도 불평해라. 목록은 끝이 없다.

얼마 전 내가 서점에서 강연했을 때 스물다섯 명의 기분 좋고 아담한 청중이 함께 하고 있었다.

나는 이 그룹의 간을 보기 위해 질문으로 이 강연을 시작하기로 결심했다. 나는 그들에게 물었다. "여러분 중 얼마나 많은 분들이 오늘 하롯동안 있었던 일에 대해서 감사히 여기고 있나요?" 막 정오가 지난 시간이었기에 나는 사람들이 모두 적어도 무언가 감사할 것을 하나쯤은 떠올렸을 것이라고 생각했다. 흐르는 물. 빛나는 태양. 따뜻한 옷. 서고 걸을 수 있는 건강. 마트의 푸드 코트에서 가까웠기에 음식의 풍성함이라든가. 청중이 앉아 있던 편안하고 단단한 의자들. 하지만 단 한 명의 손도 올라가지 않았다. 그들은 역설적으로 굴고 있는 것이 아니었다. 그들은 바로 옆에 존재하는 그저 일상의 평범하고 괜찮은 좋은 것들을 놓치고 있었을 뿐이다.

이 함정에 빠지기는 너무나 싫다. 우리는 너무나 많은 기대를 품고 살고 너무나 큰 정도의 자극에 노출되어 있기에 우리가 주의를 기울이는 것은 가장 새로운 최신의 물건이나 드라마틱한 뉴스뿐인 듯하다. 당신이 정말로 일상의 찌꺼기를 청소하고 당신이 가진 것에 대한 고마움을 느끼고 싶다면 기쁨을 찾는 것보다 더 좋거나 더 저렴한 방법은 없다. 아니면 무료 급식소에 가서 가난한 자들과 대화해도 된다. 어떨 때 우리는 우리가 가진 것을 감사해하기 위해 눈을 뜨고 주변을 살펴볼 필요가 있다.

기쁨에 대해 몇 가지 말하고 왜 우리가 그걸 무시하거나 잘못 이해하기 쉬운지 말해보자. 먼저 기쁨에 몸을 맡긴다는 것은 당신의 현실의 어려움이나 시련에서 벗어나 현실을 도피하겠다는 것과 다르다. 삶이 도전과 상실을 내포하고 있다고 해서 당신이 동시에 주의를 돌려 기쁨을 표현할 수 없는 것이 아니다. 이것이 삶의 아름다운 모호함이다. 1+

1=2 같은 공식으로 삶은 명확히 떨어지지 않는다. 빛이 무지개의 모든 색깔을 포함 할 수 있는 것처럼 기쁨과 고통도 동시에 존재할 수 있다. 삶을 충만하게 살기 위해서 우리는 우리 바로 곁에 있는 일상에 숨겨진 기쁨을 찾을 줄 알아야 한다.

두 번째로, 길티 플래져(Guilty Pleasure)가 될 필요가 없다. 당신이 생산적인 시간을 보내고 있지 않다고 죄책감을 가질 필요가 없다는 것이다. 기쁨은 정말로 생산적이지 않다, 그렇지 않은가? 그것이 기쁨의 핵심이다. 기쁨은 삶에 대한 기계적인 시선에 맞선다. 우리는 기계처럼 우리가 얼마나 생산하는지에 의해 평가받을 필요가 없다. 기쁨은 우리 삶의 공통점이라고는 보이지 않는 분들을 함께 묶어준다. 기쁨으로 우리는 삶의 경험 그 자체를 감사히 여길 수 있다. 이러한 배경에서 우리의 직업에도 기쁨이 가득해질 수 있다. 기쁨은 우리의 삶 전체를 하나로 이어준다.

기쁨은 몸과 마음과 영혼에 좋은 약이다

기쁨과 행복의 차이는 미묘하지만 중요하다. 행복은 감정적인 도착지고 얻어지며 유지되는 것이다. 우리는 모두 다음과 같은 말을 들어본 적이 있을 것이다.

– 진급을 하면 정말로 행복할 거야.

- 내 삶은 내가 꿈꾸는 이상형을 찾기 전에는 완벽해지지 않아.
- 우리 이웃집의 반짝이는 새 차를 볼 때마다 내 차가 무척 부끄러워져. 내 차는 멀쩡한데도 말이야.

그렇다. 당신은 어떤 목표들을 이루게 되면 행복할지도 모른다. 하지만 그게 얼마나 가겠는가? 진실을 말하자면, 이러한 결과나 도착지는 또 다른 곳으로 가기위한 중간 역에 지나지 않는다. 우리가 그토록 목매는 결과들은 최종 도착지가 아니지만, 우리는 자주 그 도착지들을 어떤 감정적 상태와 연결시킨다. 마치 그 감정적 상태가 영원하기라도 할 것처럼. 불운하게도 부정적 감정을 피하고자 하는 노력이나 긍정적 감정을 유지하고자 하는 노력은 우리가 통제할 수 없는 외부의 무엇인가에 달려있기 때문에 오래 가지 못한다.

그렇다면 우리가 통제할 수 있는 것은 무엇인가? 우리는 어디에 집중하고 자신을 어떻게 통제할지 결정할 수 있다. 여기서 행복과 기쁨이 구분된다. 기쁨(joy)은 기뻐하라(to rejoice)는 말에서 그 어원이 왔다. 그 말은 물론 어떻게 놀고 기뻐할 것인가에 대한 것이다. 행복은 삶의 만족도와 다양한 척도에 의해 측정되지만 기쁨은 쏜살같이 지나가버리는, 마음을 들어 올리는 순간순간의 경험이다.

행복은 명사이지만 기뻐하는 것은 행위이며 동사이다. 기뻐하는 것은 현재의 순간에 참여하는 것을 말한다. 당신은 어떻게 노는 것을 좋아하는가? 당신이 마지막으로 온 힘을 다해 누구의 시선도 신경 쓰지 않고 기뻐하고 논 것은 언제인가?

웃는 것은 순간을 기뻐하는 좋은 사례 중 하나다. 과학자들은 웃음이 우리의 기분을 좋게 하는 것보다 더 많은 일을 한다는 것을 발견했다. 1960년에 노르만 커즌즈(Norman Cousins)는 신체적 건강에 웃음이 어떤 영향을 미치는지 연구했는데, 그도 목숨이 위태로운 질병에 걸려 있었다. 커즌즈는 살날이 6개월 밖에 남지 않았다는 말을 들었다.

그의 고통은 너무나 심한 나머지 잘 수도 없었다. 휴식을 너무나 갈구한 나머지 누구도 도움이 될 거라 생각하지 않은 처방을 스스로에게 내렸다. 엄청나게 많은 웃음을 자기 자신에게 처방했던 것이다.

커즌즈는 그가 입원하고 있던 병원에 35미리미터 영화의 프로젝터를 들여온 다음 웃긴 영화들을 한쪽 벽에 영사했다. 그는 곧 30분 동안 실컷 웃으면 두 시간까지 고통 없이 깊은 잠을 잘 수 있다는 것을 발견했다. (나중에 이루어진 연구가 이 초기 연구를 뒷받침했다.) 이것은 커즌즈의 회복으로 이어졌고 결국 그는 UCLA에서 일하게 되었다. 오늘날 커즌즈 정신 신경 면역학 센터는 계속해서 마음과 신체의 연결고리에 대한 놀라운 연구 결과를 내놓고 있다.

커즌즈가 자신에게 웃음을 치료했을 당시에 그는 어떻게 독성을 가진 스트레스 호르몬이 그의 시스템에서 씻겨 나가고 있는지 이해하지 못했다. 또한 그의 면역 체계가 강력한 힘을 받고 있다는 것도 알지 못했다. 그때로부터 수백 개의 과학적으로 검증된 연구 결과들이 이 과정이 어떻게 이루어지는지 증명한다. 〈보건과 의학에서의 대체 치료법(Alternative Therapies in health and Medicine)〉에 실린 한 연구는 암 환자들에게 웃긴 비디오가 어떤 효과를 가지는지 실험해보았다.

연구자들은 우스운 비디오를 본 그룹에서 스트레스 호르몬 레벨이 크게 감소하는 것을 발견하였다. 이것은 중요했는데 왜냐하면 스트레스 호르몬 코르티솔은 신체의 방어적 기재를 죽이거나 심지어 자연 살해 세포, 혹은 NK 세포를 죽이기 때문이다. NK 세포는 면역 세포로 바이러스와 몇몇 종류의 종양과 싸운다. 우스운 비디오를 봤던 암 그룹은 실제로 NK 세포의 활동이 급증하여 이로운 효과를 얻었던 것이다. 이 같은 발견 후에 연구자들은 '낮은 상태의 NK 세포 활동은 질병에 대한 거부권과 연결되어 있고 암이나 에이즈를 앓는 환자의 병의 증상과도 연결되어 있음으로, 웃음은 효과적인 인지 행동 처방제가 될 수 있다'고 결론지었다.

웃음은 또한 인간의 성장 호르몬과 고통을 경감시키는 엔돌핀의 양을 증가시키는 것으로 나타났다. 웃음이 그토록 기분 좋은 것도 놀랄 일이 아니다. 웃음은 또한 다른 사람과 유대감을 형성하게 해주면 사회적으로 놀고 기뻐하는 방법이다. 웃음과 다른 형태의 기쁨은 부정적인 감정을 극복하는 데 효과적이다. 예를 들어, 당신은 한 번이라도 기쁨과 분노를 동시에 느낀 적이 있는가? 아니면 감사함과 질투를 동시에 느낀 적이 있는가? 이들은 양립할 수 없는 감정들이다. 우리는 한 사람에게 감사함을 느끼면서 동시에 질투심이나 시기심을 느낄 수 없다.

반추나 부정적 감정의 찌꺼기가 기쁨을 막을 수 있는 것처럼 기쁨도 부정적 감정이 쌓이는 것을 방지할 수 있다. 알리나는 23살의 밝고 사교적이며 활기가 넘치는 여성이었는데 음식과 자신의 신체 이미지에 대한 집착이 재발하는 것을 느꼈을 때 나에게 와서 상담을 받았다. 그녀는 식이 장애가 재발하는 것을 두려워하고 있었다. 다행스럽게도 그녀는 아직 음식을 통제하거나 과하게 운동하기 시작하지는 않은 상태였다. 알리나가 3달 동안 시간을 보냈던 클리닉에서 수석 정신 건강 치료사로 일한 적이 있던 나는 식욕 부진이나 식욕 이상 항진증과 같은 장애를 극복하는 것이나 얼마나 잠시도 방심할 수 없는 어려운 일인지 잘 알고 있었다. 가장 작은 스트레스로도 음식을 통제하고 싶은 욕망이 되살아 날 수 있는 것이다.

  알리나는 집으로 돌아가 살고 있었는데 그녀 어머니가 자신의 먹는 습관을 감시하는 것 때문에 스트레스를 받고 있었다. 심지어 그녀의 남자친구조차 간병인 역할을 자처하며 그녀가 다시 아프지 않게끔 체크하고 있었다. 그녀의 집착적이고 식이 관련된 행동에서 해방된 자유로움을 느끼는 대신에 그녀는 모두들 자신의 식이 습관을 감시하는 것을 느끼고는 긴장하고 있었다. 처음에 그녀가 변화하는 시기에 있다는 점은 그런 상황을 받아들이는 데 조금이나 짐을 덜어주었다.

  하지만 알리나를 정말로 도와준 것은 기쁨에 집중하는 것이었다. 나는 우리의 첫 진료 시간동안 그녀가 어떻게 주변에서 기쁨을 발견하는지 감을 잡았다. 그녀는 최근에 뉴올리언스에 다녀온 이야기를 하면서 거기에서 먹어본 적 없는 음식을 먹거나 레스토랑의 메뉴를 점검하지도 않고도 즉흥적으로 방문하는 것에 아무런 불편함을 느끼지 않았다고 말했다. 그녀가 식이 장애 증상을 앓고 있을 때는 절대 하지 않았던 일이었다. 알리나는 소묘를 즐겨 그렸는데 뉴올리언스의 프렌치 쿼터나 부르봉 거리나 가든 구역이나 다른 관광지들을 많이 그렸다. 나는 그녀에게 그 소묘화들을 가져와 달라고 부탁했고 그녀는 기쁘게 그 그림들을 가져와 보여주었다. 명백하게도 그녀에게 기쁨을 주는 것에 집중하고 있을 때 그녀의 생각은 식이 장애라는 오래된 마음의 찌꺼기에서 멀어져 있었다. 그래서 나는 알리나에게 일반적이지 않은 과제를 주었다. 나는 그녀의 집이 있는 포틀랜드를 이국적인 도시라고 생각하고 그녀의 스케치북에 그 도시의 풍경을 그리라고 했다. 시각적인 사람이었던 알리나는 즉각 이 말을 알아들었다. 나는 알리나에게 식이 장애에 대한 생각이 다시 떠오를 때마다 스케치북을 꺼내서 무언가 아름답거나 낯선 것을 그리도록 했다. 다음 주에 그녀가 방문했을 때 그녀는 회복기에 들어서 있었다. 그녀는 기쁨과 열정을 느끼기 위해 그림을 그리는 것을 완전히 즐기고 있었고 그 결과 그녀의 식이 장애와 그에 대한 생각은 누그러들었다.

마음 청소도구: 매일 행복의 순간들 포착하기

아래의 세 가지 생활 수행 도구는 당신에게 기쁨을 찾는 능력을 길러

줄 것이다. 당신이 기쁨의 하루를 보내며 찾아낼 수 있기만 하다면 이 예제들은 당신이 노력할 필요도 없이 점점 더 자주 쓰일 것이다. 심지어 당신이 전에 짜증스럽거나 자극적이라고 느꼈던 상황과 부닥쳤을 때라도 행복의 순간을 포착하기 위해 고개를 돌리고 있을 지도 모른다. 이 얼마나 멋진가!

아래의 예제들을 가지고 시험을 한 다음 무엇이 당시 매일 기쁨의 순간들을 포착할 수 있게 도울 수 있을지 살펴보아라.

1. 감사한 순간을 돌아보자.

기쁨을 발견하는 하나의 유용한 방식은 감사함을 눈치 채거나 당신 삶에 있는 것들을 재평가 하는 것이다. 이것은 놀라울 정도로 쉽다. 감사함은 당신이 어디에 주의를 기울이는 지에 좌우된다. 당신에게는 선택지가 있다. 당신 삶에서 없는 것에 집중하거나 아니면 있는 것에 집중할 수 있다. 여기 당신이 느낄 수 있는 세 종류의 기쁨이 있다.

일상 속의 평범하고 개인적인 선물

당신 머리 위의 지붕	교통	잠
햇빛	건강	미소
흐르는 물	가구	의자
음식	커피/차	나무
걷기	오감	전기
직장	옷	침묵

인간관계 선물

친구들	가족	간병인
대화	친절	선물
받기	친밀함	웃음
동료들	지지자	공유하기
영적인 친구들	애완동물	열정
축하	함께하는 식사	협동

모순적 선물

모순적 선물은 당신의 삶에 있지 않은 것들을 생각하며 기쁨이나 감사함을 느끼는 것을 의미한다. 예를 들어 감기나 독감에 걸려 사무실에 나갈 수 없다면 잠시나마 한 숨 돌릴 수 있게 된 것에 대하여 감사함을 느끼고 앞으로는 자신을 더 잘 돌봐야겠다고 느끼고 그동안 부족했던 수면을 보충하는 것이다.

내가 참가한 워크숍에서 한 여성은 지갑을 잃어버려서 모순적으로 감사하다고 했는데 그 덕분에 많은 사람들이 그녀에게 친절하고 도움을 주려고 했다는 것이 그 이유였다. 내가 상담한 한 환자는 자신의 제일 친한 친구를 잃은 것을 모순적으로 기뻐했는데 왜냐하면 덕분에 그녀는 나가서 새로운 사람들을 만나고 더 잘 맞는 새로운 친한 친구를 만들 수 있었던 것이다. 모순적인 감사는 삶이 양자택일의 제안을 내놓지 않는다는 것을 보여준다. 한 현자가 말했듯이 '당신이 삶에 이미 가지고 있

는 것을 갖기를 기도한다면 당신은 절대로 실망하지 않을 것이다.'

이 연습을 위해 당신의 삶에 지금 있는 시련을 생각하고 테플론식 사고방식을 통해 그 안에 광명은 없는지 생각해보아라. 어떤 모순적인 감사나 기쁨이 당신을 기다리고 있는가?

2. 기쁨에 대한 인용문을 찾아보아라.

어떤 이들에게는 언어에 영감 받거나 존경하는 사람에게 영감을 받는 것이 기쁨을 포착할 때 도움이 될 수 있다. 아래의 인용문 중 하나를 사용하거나 당신의 마음에 드는 인용문를 찾아라. 당신이 기쁨을 포착할 수 있도록 영감을 불러일으키는 것이면 된다.

나는 간단하고 편견 없는 삶의 태도가
모두에게 가장 좋다고 여긴다. 심신 모두를 위해서도 가장 좋다.

– 알버트 아인슈타인

당신의 집에 실용적이지 않거나
아름답다고 여기지 않는 것은 두지 마라

–윌리엄 모리스

이 세상은 진흙처럼 빛나고 운덩이처럼 굉장하다.

– E.E. 커밍스

3. GLAD 포착하기.

GLAD는 내가 만든 약어로 기쁨과 균형을 찾는 것을 상징한다. 이 예제는 우리 주변에 늘 있는 것들 중 긍정적이지만 우리가 놓치기 쉬운 걸들에 주의를 기울이는 것을 포함한다. 쉬워 보이는가? 정말로 그렇다. 각 약자는 감사(gratitude), 배움(learning) 성취(acccomplishment), 그리고 기쁨(delight)을 상징한다. 각 단어는 당신이 포착할 수 있는 기쁨을 상징한다.

이 예제를 매일 연습하기 위해 당신의 핸드폰과 카드를 써서 매일 하루가 끝날 때 당신의 GLAD 경험을 기록해 놓아라. 다른 이들과 공유하고 한 주가 끝날 때는 당신이 얼마나 많은 기쁨을 포착했는지 세어 보아라.

- 감사:

오늘 있었던 일 중에 감사한 것 하나를 포착해라. 위에서 언급한 세 종류의 감사할 일 중 어떤 것도 괜찮다.

- 배움:

스스로에 대해 오늘 배운 것을 포착해라. 당신이 가진 통찰력이나 지혜도 괜찮다. 당신이 가진 테플론식 사고 방식으로 무언가 새롭고 흥미진진한 것을 발견한 것도 괜찮고 어떤 새로운 사실을 배웠거나 기쁨을 가져다주는 새로운 관점을 얻게 된 것도 괜찮다. 호기심을 가진다는 것은 즐거운 것이다.

- 성취:

당신이 오늘 성취한 것을 포착해라. 장기적인 계획의 작디 작은 하나의 성취도 괜찮다. 우리는 성취는 커다란 것에서 느껴야만 한다고 잘못 알고 있다. 하지만 때로 최고의 성취는 자기 관리나 타인에게 주는 것과 같은 평범한 행동에서 나온다.

－ 기쁨:

당신을 웃거나 미소 짓게 하거나 기쁨을 느끼게 한 것을 아무거나 하나 포착해라. 아름다운 것도 괜찮고 노래하는 새도 괜찮고, 꽃이나 재미있는 농담이나, 미소나 당신이 가장 좋아하는 색깔도 괜찮다.

위의 기쁨 예제 중에 당신과 가장 공감한 것은 무엇이었는가?
당신이 다른 이들과 기쁨 예제를 공유할 때마다, 아니면 누군가에게 무엇이 그들을 기쁘게 하거나 감사함을 느끼게 하는지 물을 때마다 당신은 삶에 기쁨의 순환을 만든다. 이 중에 어떤 예제들을 가족이나 친구들과 함께할 수 있는가?

제 20 장

지금 이 순간

성공의 비결은 꾸준히 목표를 추구하는 것이다.

－벤자민 디스라엘리

목적은 연금술사들이 말하는 현자의 돌과 같다. 목적은 가장 평범한 행동들이 황금으로 바뀐다. 목적은 삶을 더욱 즐겁고, 의미 있으며, 생명력 넘치는 빛으로 만들어준다. 강력한 용매처럼, 목적은 감정의 찌꺼기를 녹여 버린다. 목적은 현재에 광채를 주고, 우리에게 지혜와 명료함을 준다. 구체적인 목적은 삶이 가야할 방향과, 삶을 지탱해주는 가치가 된다.

처음 목적을 만들 때, 우리는 목적에 대해 질문하고 가까이 다가가 그 깊이를 이해할 수 있다. 목적에 닿는 것은 보통 네 가지 단계를 거친다. 첫째, 그 목적은 우리 인생에서 정말로 어떤 의미를 지녔는지 알아봐야 한다. 과거, 우리는 어떤 목적이나 가치를 추구하였는지 정직하게 돌아봐야 한다. 결국, 다음과 같은 질문을 스스로에게 던지게 된다.

내 삶을 뒤돌아보았을 때, 내가 방황할 때나, 내 삶의 목적이나 가치를 분명히 알지 못했을 때, 나는 다른 이들의 고통이나 시련을 의식적이든 무의식적이든 야기했던가?

이 질문은 당신을 슬프게 하거나 감정적인 찌꺼기를 창출함으로써 당신의 기분을 나쁘게 하려는 것이 아니다. 반대로, 후회를 할 수 있는 기회를 주며, 경로를 수정하여 건강과 치료의 두 번째 단계로 넘어가는 길목이다.

두 번째 단계는 후회이다. 후회는 나쁜 것이 아니며 죄책감과는 다르다. 죄책감은 당신을 바꿀 수 없는 사실을 원망하는 불필요한 감정이다. 후회는 과거에 대한 감정을 정비함으로써 앞으로는 다른 선택을 할 수 있도록 돕는다. 우리는 후회를 통해 쓸모없이 자신을 학대하는 것이 아니라 새로운 목적을 향해 나아갈 수 있다. 죄책감은 오래된 찌꺼기 같은 것이고, 후회는 적신호처럼 당신이 잠시 멈추고 스스로를 용서할 수 있게 하며, 파란불로 바뀌면 앞으로 나갈 수 있는 힘을 주는 것이다.

목적을 찾는 세 번째 단계는 용서이다. 용서는 우리에게 모든 것을 비우고 새로운 마음으로 시작하게끔 한다. 이것은 단순히 잊으라는 것이 아니라 기억하면서 용서하라는 것이다. 내가 타인에게 야기한 고통을 가지고 스스로를 용서하는 것이나 타인이 당신에게 초래한 고통을 가지고 그들을 용서하는 것은 아주 강력한 선물이다. 넬슨 만델라는 용서에 대해 현명하게 다음과 같이 말했다. '사람들을 좋게 여기는 것은 그 무엇보다도 그들을 더 좋은 사람으로 만든다.'

다른 이들을 용서하고, 그들을 좋게 생각할 수 있다면 스스로에게도 그럴 수 있다. 기억하라. 아무도 완벽하지 않다. 스스로 용서하는 것이 너무나 어렵다면 인간으로 산다는 것이 얼마나 힘든 일인지 받아들이고, 인간이 마주하는 시련과 과제들을 살아남기가 얼마나 힘든지 받아들여라. 앞에서 말했듯, 고통을 안다는 건 자신과 타인에 대한 사랑, 친절, 자비로 귀결된다. 누구나 좋은 의도를 가졌지만 실수 할 수 있다. 우리는 기계가 아니다. 우리가 실수를 통해 배울 수 있다는 건 얼마나 감사한 일인가? 용서는 우리에게 희망과 삶의 의지를 주고, 우리를 네 번째 단계로 이끈다. 바로 목적에 부합하는 목표들을 찾는 것이다. 목적은 영웅들이 갖는 것이므로 잠시 아래의 질문을 해보자.

나는 어떤 종류의 영웅인가? 내 영웅의 목적은 무엇인가?

이 질문에 답하기를 부끄러워하지 마라. 한 번이라도 자신을 인생의 영웅이라고 생각해보지 않았던가? 신화와 전설의 핵심은 영웅의 여로다. 결국 우리는 이로 인해 다른 이들과 공유할 특별한 선물을 갖게 된다. 바로 하나의 목적과 열정이다.

영웅의 여로를 통해 당신만의 목적 찾기

영웅의 여로의 원형은 신화학자이자 철학가이자 작가인 조셉 캠벨에 의해 철저하게 연구되었다. 기본적으로 영웅의 여로는 우리가 마주치는 시련에 의해 정의된다. 그것은 우리가 원하든 원하지 않든 반드시 수행해야할 부름이다. 근대적 예시로서 우리는 상업 영화를 들 수가 있는데, 이 영화에는 영웅이 아닌 것 같은 주인공이 자주 등장해 깊은 시련을 뛰어넘어 세상에 정의를 구현한다. 〈심판〉에서 폴 뉴먼은 완전히 망가진 술주정뱅이 변호사를 연기했는데 그는 삶의 목적을 잃은 채였다. 〈스타워즈〉에서 어리고 순진한 루크 스카이워커는 그의 두려움을 극복하고 포스를 믿도록 만들어진다. 〈노마 레이〉에서 샐리 필즈는 싱글맘이자 직조공인 여성을 연기해 모든 시련을 이겨내고 그녀가 일하는 풍차에 노조를 만들어낸다. 모든 영웅은 목적이 있다.

이 모든 목적을 가진 영웅들은 우리를 어릴 때부터 감화시킨다. 당신이 가장 좋아하는 어린이 책을 생각해보라. 아마 주인공은 시련을 통해 성장하였을 것이다. 사실, 당신이 새로운 삶을 위해 만드는 모든 변화는 영웅의 여로와 비견될 수 있다. 새로운 도시로 이사 가거나 새로운 직장을 찾거나 관계를 끝내거나 새로 시작하거나, 건강상의 문제를 맞닥뜨릴 때마다 당신은 현실에서 영웅의 여정을 떠나는 것이다.

한 번이라도 당신의 여정을 거부해 본 적이 있는가? 여정은 우리를 미지로 이끌기 때문에 그렇게 흔하지 않은 일이 아니다.

내가 일했던 식이 장애 클리닉에는 그웬이라는 서른다섯 살짜리 환자가 있었다. 그웬은 퇴원하기 위해 취해야 하는 필수적인 단계를 밟기를 거부했었다. 외부의 지원가와 약속을 잡기를 거부했던 것이다. 우리는 그녀가 서포트해 줄 시스템이 없는 채로 퇴원하는 것이 무척 걱정됐었다.

우연치 않게도 그웬의 클리닉에서의 마지막 날 나는 그룹 모임을 영웅의 여로를 묘사하는데 보냈다. 나는 심지어 모임방에 있는 커다란 화이트보드에 영웅의 여로를 그림으로 그리기도 했다. 내가 설명을 끝내자 그웬은 거의 의자에서 흥분된 상태로 뛰어올랐다. 그녀는 손을 들고 외쳤다. "나는 이제 내 회복의 여로를 위해 무얼 해야 할지 알겠어요! 치료사에게 전화를 걸어 상담 시간을 잡아야겠어요!" 영웅의 여정은 그웬에게 무엇을 해야 할지 뚜렷하게 알려줬던 것이다. 그녀는 그 순간 자신의 목적을 발견했다. 자신을 돌보는 데 적극적으로 참여하는 것이었다. 그녀는 행복한 마음으로 부름에 응했다.

우리는 일생동안 얼마나 많은 영웅의 여정을 다녀오는가? 개인적으로 나는 내가 셀 수 있는 것보다도 더 많은 수의 여정을 다녀왔고 그때마다 새로운 기술과 새로운 레벨의 마음집중하기를 터득했다. 어쩌면 내가 느린 학습자일지도 모르고 어쩌면 그것이 일생을 거치는 깨움과 찌꺼기를 치우는 여정의 본질일지도 모른다. 심지어 책을 읽는 것조차도 영웅의 여정에 비견될 수 있다. 중요한 것은 영웅들은 그저 신화적이거나 허구적인 인물들이 아니라는 것이다. 영웅은 당신이 매일 아침 들여다보는 거울 속에 있다. 여기 내가 운 좋게도 직접 만나게 되어 감사한 평범한 영웅들이 있다.

- 마약과 알코올 중독 상담사가 된 전직 중독자. 그녀의 목적은 자신의 시련을 극복하며 얻은 지혜를 남들에게 전파하는 것이었다.
- 코치가 된 전직 운동선수. 그의 목적은 자신이 팀워크와 운동을 하며 배운 많은 교훈을 다른 이들에게 가르치는 것이었다.
- 자신의 딸에게 헌신한 싱글맘. 그녀의 목적은 자신의 아이가 아버지나 아버지의 도움 없이 행복하게 크고 성장할 수 있는 기회를 갖는 것이었다.
- 정신병을 목격한 내가 만난 모든 가족들. 그들의 목적은 완전함과 건강을 되찾아 다른 이들을 돕는 것을 자원하거나 도울 수 있게끔 자신의 이야기를 관련 조직에 들어가 퍼뜨리는 것이었다.
- 어릴 때 학대를 당했던 터프한 오토바이 운전자. 그의 목적은 아동학대를 겪은 아이들을 서포트하고 보호하는 것이었다. 그는 이를 위해 '아동학대에 반대하는 국제 바이커 모임'에 가입했다.
- 만성 고통을 앓는 모든 여성과 남성들. 그들의 목적은 그들의 믿을 수 없는 용기를 다른 이들에게 보여주고 모든 신체적 한계에도 불구하고 기쁨과 영적인 의미를 찾는 것이었다.
- 남편의 알코올 중독과 학대를 극복한 한 여성. 그녀의 목적은 독립한 다음 모임에 가 다른 이들에게 도움이 되게끔 자신의 이야기를 들려주는 것이었다.

아래에 나는 영웅의 여로의 원형을 몇 가지 단계로 나누어보았다. 읽으면서 당신이 현재 가고 있는 여정이나 당신이 지금 떠나길 요구받는 여정에 대해 생각해보아라. 또한 기억해라, 인간관계도 여정이고, 직장이나 경력도 여정이고, 부모노릇을 하는 것도 여정이며, 그 외에도 여정은 많다. 당신이 지금 여러 개의 여정을 동시에 가고 있다면 당신이게 가장 의미 깊은 것을 하나 골라 아래를 생각해보아라.

- 영웅이 부름을 받아 여정이나 모험을 떠나 그 과정에서 개인적 성장을 하게 된다.
- 영웅이 현자나 멘토나 선생님에게 도움을 청하거나 접근 받아 부름에 응하게끔 격려를 받게 된다.
- 영웅이 여정을 출발해 친숙한 구역에서 미지의 세계로 건너가며 평범한 세상에서 비범한 알려지지 않은 신비의 세계로 떠난다. 현실에서는 치료나 상담이나 회복 프로그램에 들어가는 것과 비견될 수 있다.
- 영웅은 한 가지 이상의 시련을 받아 동지나 적을 만나고 시험을 받게 된다. 이 시련은 더 큰 성장을 위한 계기가 되며 영웅으로 하여금 다시 여정을 계속할 결의를 굳히게끔 한다.
- 영웅은 가장 깊은 동굴로 들어가 극단적인 시련을 받게 된다. 이 시련은 영웅의 가장 큰 의심을 마주하는 것을 포함하며 영웅의 영혼의 어둠으로 주로 상징화된다.
- 영웅이 자신의 가장 큰 시련을 도와줄 칼을 잡아 시련을 극복하고 성공적으로 여정을 끝마친다. 이 칼은 무엇이든 될 수 있다. 이 책에 나타난 마음 챙김과 마음 청소도구일 수도 있다.

- 영웅은 자신이 왔던 평범한 세계로 돌아오게 된다.
- 영웅은 집에 돌아온다. 여정에서의 경험에 의해 큰 변화를 하게 된 영웅은 이 새로운 지식과 지혜를 공유하게 되고 평범한 세계에 사는 이들에게는 보물이자 이로운 지식이 된다.

변화가 여정을 그토록 특별하게 만든다. 영웅이 너무나도 바뀌어 여정에서 돌아왔을 때 그는 새로운 가치관과 믿음을 가지고 있다. 이것은 완전히 새로운 목적과 평범한 세계의 일상에서 어떻게 하면 의미 있고 효과적으로 교류할지에 대한 이해를 의미한다. 모든 사람들의 목적은 각자의 여정에 따라 다르지만, 이 목적에는 공통점이 있다. 죠셉 캠벨이 말했듯이, '당신의 축복을 따라가라.'

이제 당신의 개인적 여정을 되돌아본 뒤에 다음과 같은 질문을 스스로에게 던져라. 당신이 당신의 여정의 출발지나 가운데나 끝에 있던 그것은 괜찮다. 이 질문을 마음 속 깊이 질문해라. 당신은 여전히 목적을 찾을 수 있다.

- 나는 여정에서 어느 지점에 서 있는가?
- 내가 아직 여정을 떠나지 못했다면 그 이유는 무엇인가
- 여정을 떠난다면 어떻게 도움과 자원을 찾을 수 있는가?
- 여정에 대한 나의 진지함을 어떻게 보여줄 것인가?
- 이 여정을 성공적으로 끝마치는 걸 도와줄 어떤 기술이나 도구가 있는가?

– 만약 여정이 끝났다면 어떤 지혜와 목적을 나는 찾았는가?
– 내 여정은 어떻게 나에게 특별하고 독특한 목적을 보다 명료하게
찾을 수 있도록 도와주었는가?

목적은 우리가 나눌 수 있는 선물이다.

당신의 목적이 삶을 초월하거나 세계를 바꾸는 등 거대해야만 가치가 있는 것이 아니다.

6세기의 승려 샨티데바(Shantideva)는 다음과 같이 말했다.

세상에 존재하는 모든 고통은
자신의 행복을 추구하는 데서 비롯된다.
세상에 존재하는 모든 행복은
다른 이들의 행복을 추구하는 데서 비롯된다.

과학은 이 나눔의 지혜를 실험해보았다. 결과는, 타인을 위해 소소하고 직접적인 목적을 가지는 것이 수명을 연장하고 두뇌에 좋다는 사실이 밝혀졌다. 〈노인학: 의과학 저널〉에 실린 한 연구는 어린 아이들을 위한 자원봉사가 인지 장애를 가진 노인들(평균 연령 88세)을 어떻게 도왔는지를 보여준다. 연구자는 참가자를 무작위로 둘로 나누었다. 첫 번째 그룹은 첫 번째 그룹은 공동체에 속한 Experience Corps라는 프로그램에 등록되었고 통제 그룹은 그들의 삶을 계속했다. 두 그룹은 모

두 실험 전과 후에 인지 테스트를 받았는데 이것은 뇌의 활동량을 측정하는 fMRI테스트를 포함했다. Experience Corps에 등록된 이들은 초등학교 학생들에게 글자와 도서관 지원과 말다툼 해결하기를 일주일에 열다섯 시간 이상 가르치거나 지도했다. 그들의 대조군과 비교했을 때 선생으로 일한 그룹은 인지 테스트에서 상당한 발전을 보였고 뇌 활동에서도 긍정적인 변화를 보였다. 연구자들은 다음과 같이 결론 지었다.

"이 결과는 고연령층의 뇌 사용과 의지가 뇌의 유연성과 관련 있다는 것을 보여준다. 매일 뇌 활동을 장려하는 것은 뇌의 유연성을 증대시켜, 뇌의 주요 기능들을 강화 시킨다." 다르게 표현하자면, 이 실험은 이타적 목적이 가지는 힘을 보여주었다.

그렇다면 조금 더 작은 목적은 어떨까? 가령 운동을 하기 위한 이유는? 운동 연구가인 윌리엄 모건은 뚜렷한 목표가 운동 프로그램을 지속하는 데 도움이 될 수 있는지에 대해 연구하였다. 그 결과 목적부여가 100%의 참여율로 이어진다는 것을 발견하였다. 런닝머신이나 타원형 기계를 목적 없이 달리는 것보다, 무언가 육체적 활동에 의미를 부여하는 것은 스스로에게 도움이 된다. 애완동물과 함께 산책을 가거나, 직장으로 걸어가거나, 뒤뜰의 정원을 꾸미기 위해 돌길을 놓는 것도 좋다. 목적을 통해 마음을 청소하고 균형을 찾는 방법은 다양하다. 다른 이들과의 연결고리를 형성함으로써 우리는 매일의 일상에 목적을 부여할 수 있다.

마음 청소도구:
목적이 파트너십이고, 파트너십이 목적이다.

모퉁이를 돌아오는 간단한 산책을 위해 집 밖으로 나섰다고 해보자. 이것이 개인 활동으로 보일 수도 있지만, 더 주의 깊게 살펴보자. 산책은 당신이 맺고 있는 수많은 관계를 드러낸다. 입은 옷, 신발, 날시, 환경, 이웃집, 산책하는 사람들, 조깅하는 사람들, 자전거 타는 사람들, 자동차, 트럭, 당신이 듣는 소리, 애완동물, 도로들…. 심지어 당신이 하는 생각 역시 당신과 관계를 맺고 있다고 볼 수 있다. 무엇을 하든, 이것은 진실이다. 당신이 이 문단을 읽는 것조차, 그것은 나와의 어떤 관계를 경험하는 것이다. 당신이 무엇을 하든, 아래와 같은 질문들을 던져보라.

- 어떻게 하면 치유가 되는 열정적인 파트너십을 내 삶에 만들 수가 있을까?
- 내가 현재 가지고 있는 다양한 파트너십의 목적은 무엇인가?
- 다른 이들과 갖는 파트너십이 어떻게 서로의 삶의 목적을 위해 상호보완적일 수 있을까?
- 어떻게 하면 나는 지속적인 파트너십의 관계를 형성해서 삶의 목적을 형성하여 미래 세대에 도움이 될 수 있을까?
- 나는 어떻게 하면 다른 이들이 나에게 하듯 그들과 내 목적을 공유하여 우리 모두의 목적을 구현할 수 있을까?

일단, 실천 가능한 작고 현실적인 목표를 하나 적어라. 친절한 말로 누군가를 미소 짓게 만드는 것, 당신의 일에 최선을 다하는 것, 다른 이들의 말에 귀를 기울이는 것, 자비로운 마음이나 자기 관리를 위해 무언가를 하는 것도 괜찮다.

다음으로 당신에게 의미 있는 구체적이고 장기적인 목적을 하나 적어라. 다음 주에 당신이 한 명 이상의 사람들에게 줄 수 있는 것이면 된다. 가족, 친구, 아이, 손자들과 시간을 보내는 것일 수도 있고, 봉사활동을 하는 것일 수도 있고, 고통을 줄이기 위한 그룹을 만드는 것일 수도 있으며, 당신의 여정을 누군가와 공유하는 것일 수도 있다. 자신의 목표를 타인과 공유할 때마다, 타인에게 목적의식을 줄 때마다, 당신은 삶에 있는 목적의 순환 고리를 창출하게 된다.

끝맺음은 새로운 시작이다

영웅의 여정처럼, 나는 모든 책의 끝은 새로운 시작이라고 생각한다. 모든 여정은 우리를 순환시키며, 우리가 얼마나 멀리 왔는지 깨닫게 하며, 다음에 무슨 일이 일어날지 기대하게 한다.

마무리로 이 여정을 위해 당신이 쓸 수 있는, 하루 한 번 마음 청소 축복이 있다.

부디 하루를 지낼 힘을 낼 수 있기를.

부디 내가 마음 엘리베이터의 주인이 되기를.

부디 내가 마음과 정신의 귀를 열어

다른 모든 존재들의 음악을 들을 수 있기를.

부디 내 안에서 영원한 평화를 찾고

고통과 찌꺼기에서 해방되기를.

그리고 부디 내가 다른 모든 존재에게 자비로운 마음을 가지기를

이 찌꺼기 없는 순간에 충실한 길목에서

목적과 기쁨을 가지고 단순한 삶을 살 수 있기를.

즐겨라, 즐겨라,
삶은 우리에게 순간순간에 나뉘어서만 주어진다.

– 리처드 커스틴 다이엔사이

도널드 앨트먼 지음
한때 불교 승려였고 현재는 심리치료사로 활동하고 있다. 또한 의식적인 섭식을 위한 센터(Center for Mindful Eating, TCME.org) 이사회의 일원이며, 에미상 수상 경력의 작가기도 하다. 현재 루이스 앤 클락 칼리지 대학원의 겸임교수이자 포트랜드 주립대학의 대인 신경생물학(interpersonal neurobiology) 프로그램의 강사로도 활약하고 있다. 그는 전국을 순회하며 마음집중의 삶과 의식적인 섭식에 관해 워크숍 및 명상을 실시하고 있으며, 일상생활에서 마음집중과 영적가치를 적용할 수 있는 방법을 전파하는 역할을 하는 마음집중 코치(Mindfulness Coach)로 알려져 있다. 그는 마음집중의 네 가지 대상(The Four Foundations of Mindfulness)의 저자 우 실라난다 스님(Venerable U Silananda)과 함께 남부 캘리포니아의 샌버나디노(San Bernardino) 산 근처에 위치한 한 불교 사찰에서 수행한 바 있다. 그는 현재 버마불교협회의 회원이다. 30년 넘게 다작을 해 온 저자는 어린이 프로그램과 다큐멘터리 작가로 활동하고 있으며, 인쇄매체에도 수많은 글을 기고해왔다.

소하영 옮김
이화여자대학교 영어교육학과를 졸업하고 현재 전문 번역가로 활동 중이다.
역서로는 공역 〈원자 폭탄 : 세상에서 가장 위험한 비밀 프로젝트〉, 〈하버드 머스트 리드 에센셜〉, 〈다빈치에서 인터넷까지〉, 〈성전의 상인들〉, 〈예비 엄마를 위한 임신 출산 행동수칙〉, 〈어떻게 당하지 않고 살 것인가〉 등이 있다.

하루 한 번
마음 청소

2016년   12월   1일 1판 1쇄 인쇄
2016년   12월   5일 1판 1쇄 발행

펴낸곳 | 파주 북스
펴낸이 | 하명호
지은이 | 도널드 앨트먼
옮긴이 | 소하영
주   소 | 경기도 고양시 일산서구 대화동 2058-9호
전화 | (031)906-3426
팩스 | (031)906-3427
e-Mail | dhbooks96@hanmail.net
출판등록 제2013-000177호
ISBN 979-11-86558-08-9 (03320)
값 13,000원

- **파주 북스**는 '마음 속 깊이 간직하고 싶은 책' 이라는 뜻입니다.
- 값은 뒷표지에 있습니다.
- 잘못 만들어진 책은 구입하신 서점에서 바꿔 드립니다.